경쟁정보가 울려주는

비즈니스 조기경보

경쟁정보가 울려주는 비즈니스 조기경보

발행일	2018년 1월 31일		
지은이	이 윤 석		
펴낸이	손 형 국		
펴낸곳	(주)북랩		
편집인	선일영	편집	권혁신, 오경진, 최예은, 최승헌
디자인	이현수, 김민하, 김윤주, 한수희	제작	박기성, 황동현, 구성우, 정성배
마케팅	김회란, 박진관, 유한호		
출판등록	2004. 12. 1(제2012-000051호)		
주소	서울시 금천구 가산디지털 1로 168, 우림라이온스밸리 B동 B113, 114호		
홈페이지	www.book.co.kr		
전화번호	(02)2026-5777	팩스	(02)2026-5747

ISBN   979-11-5987-809-1 03320 (종이책)   979-11-5987-810-7 05320 (전자책)

이 도서의 국립중앙도서관 출판예정도서목록(CIP)은 서지정보유통지원시스템 홈페이지(http://seoji.nl.go.kr)와 국가자료공동목록시스템(http://www.nl.go.kr/kolisnet)에서 이용하실 수 있습니다.

(주)북랩 성공출판의 파트너

북랩 홈페이지와 패밀리 사이트에서 다양한 출판 솔루션을 만나 보세요!

홈페이지 book.co.kr   자가출판 플랫폼 해피소드 happisode.com
블로그 blog.naver.com/essaybook   원고모집 book@book.co.kr

어떤 상황에서도 살아남을 수 있는 기업의 위기감지와 기회포착 기술

경쟁정보가 울려주는
Competitive Intelligence

비즈니스 조기경보

이윤석 지음

북랩 book Lab

목차

경쟁정보가 울려주는

비즈니스 조기경보

한때 세계 최고, 세계 최초를 자랑했던 우리나라의 조선 3사가 지금 심각한 경영 위기를 겪고 있다. 그런데, 가만히 한번 생각해 보자. 왜 이런 위기를 겪고 있는 것일까? 이런 위기에 대해 미리 준비할 수는 없었을까? 자, 여기에서 한 번 솔직해 보자. 이들 기업들은 이러한 위기가 올 수도 있다는 것을 정말로 알지 못했을까? 아니다. 그들은 위기가 다가오고 있음을 알고 있었다. 그러나 상황이 유리하게 바뀌기를 기다리면서 그저 지켜보고만 있었던 것이다.

비즈니스 조기경보가 무엇인가?

그럼 이들 조선 3사는 왜 위기가 올 수도 있다는 것을 알고 있으면서도 아무런 준비를 하지 않고 그저 바라만 보고 있었던 것일까? 추측건대, 위기의 실체에 대해 정확하게 파악하지 못하고 있었거나 아니면, 우려하고 있는 상황이 발생하기까지는 아직 멀었다고 생각해 차일피일 미루고 있었거나 둘 중의 하나였을 것이다.

자, 원인이 뭐였든 간에 이들 조선 3사는 제때에 필요한 조치를 취하지 않았다. 왜 그랬을까? 그것은 시장에 메가톤급 충격을 줄 수 있는 변화나 기업에 심각한 위기를 줄 수 있는 사건이라도 초기 시그널은 아주 미미하거나 모호한 경우가 대부분이기 때문이다.

그래서 사람들은 초기의 시그널을 무시한다. 당연히, 필요한 조치도 취하지 않는다. 문제는 이러한 시그널을 누구나 보고 느낄 수 있을 즈음에는 이미 너무 늦어서 걷잡을 수 없는 상황으로 되어 버린다는 데 있다. 이와 같이, 기업이 미래에 대한 위기관리 없이 일상적인 기업 활동만을 하는 것은 마치 밀림의 늪지대에서 악어가 물 밑으로 살며시 다가오는 것을 알아차리지 못하고 물 먹는 데만 급급한 가엾은 얼룩말의 모습과 다를 바가 전혀 없는 것이다. 그래서 초기의 미묘한 시그널을 정확하게 감지하는 능력이 필요한 것이고, 이를 기술적으로 가능하게 하는 것이 비즈니스 조기경보다.

비즈니스란 무엇인가? 리스크를 대가로 하여 수익을 창출하는 활동이다. 따라서 리스크, 다시 말하면 위기는 피할 수 없는 것이다. 그런데 많은 기업들이 눈에 보이는 수익에만 관심이 있고 다른 한쪽에 도사리고 있는 위기에 대해서는 알려고 하지를 않는다. 앞서 얘기했듯이, 기업의 생존 전략은 근본적으로 밀림 속 동물들의 생존 전략과 크게 다르지 않다. 주변의 변화를 제대로 파악하지 못한 동물은 곧바로 천적의 먹잇감이 되거나 깊은 구렁텅이에 빠질 수밖에 없듯이, 시장 변화에 대처하지 못한 기업은 몰락할 수밖에 없는 것이고, 이러한 몰락의 결과는 CEO, 직원 등 수많은 사람들에게 이루 말할 수 없을 만큼의 고통을 요구한다.

미래 비즈니스에 대한 올바른 의사결정을 하기 어려운 오늘날과 같은 시대에 기업이 생존하고 성장하기 위한 가장 중요한 요소는 무엇일까? 아마도 다른 기업들보다 한발 앞서 위기를 감지하고 기회를 포착하는 능력일 것이다. 비즈니스 조기경보가 바로 이러한 역할을 하는 것이다.

그런데 성공적인 조기경보를 위해서는 제대로 된 준비와 인내심이 반드시 필요하다. 조기경보는 기업의 전략적 의사결정을 위한 하나의 프로세스이지 즉각적으로 효과가 나타나는 특효약이나 미봉책 같은 것이 아니기 때문이다. 본문에서 자세히 살펴보겠지만, 비즈니스 조기경보를 위한 구성 요소는 산업과 시장의 변화, 기술, 규제, 대체재, 경쟁사, 고객의 움직임 등 다양하다. 조기경보의 핵심은 당구공과 같은 이러한 구성 요소들이 어디로 향하고, 어떻게 상호작용 할 것인가를 면밀히 살피는 것이다. 왜냐하면, 이러한 모든 것들이 비즈니스의 결과를 변화시키고 결국은 기업의 미래를 결정짓기 때문이다.

그런데 지금까지 저자가 수많은 기업경영, 기업전략, 기업정보에 관한 책을 읽고 또 전문가들을 만나면서 항상 느끼는 것이 하나 있다. 모두가 미래를 얘기하고, 위기를 얘기하고, 변화를 얘기하지만 위기와 변화를 감지하는 구체적인 방법은 그 어느 누구도 말하지 않고 있다는 것이다. 그래서 "도대체 어떻게 하란 말인가?" 이러한 답답함이 항상 남아 있었다. 물론, 이 책이 이런 답답함을 한꺼번에 모두 풀어 주지는 못한다. 그렇지만 최소한의 실마리는 제공해 줄 것이다.

산업의 변화, 시장의 움직임, 기업의 위기 시그널을 어떻게 감지할 수 있을까? 어떤 정보가 언제 필요한지를 어떻게 알 수 있을까? 또, 중요한 정보가 있을 때 기업이 어떻게 행동해야 하는가? 이제 여러분은 이런 질문들에 대한 답을 생각해 보고, 지금까지와는 다른 새로운 시각으로 경쟁 환경을 정확하게 진단하는 것이 얼마나 중요한 것인지에 대해 알아볼 것이다. 또, 여러분의 회사가 끓는 물속의 개구리와 같은 우둔함을 범하지 않도록 하기 위해서 단계적으로 어떻게 준비해야 하는지에 대해서도 알아볼 것이다.

본문에서 조기경보에 대한 이런저런 얘기를 하겠지만, 여기에서 한 가지만은 당부하고 싶다. 산업의 붕괴, 기업의 위기 징후를 100% 정확하게 예측하겠다는 욕심을 버려야 한다는 것이다. 미래를 볼 수 있는 예지력이나 선견지명과 같은 것은 동화나 공상과학 영화에서나 가능한 것이다. 우리가 할 수 있는 유일한 방법은 하나의 시각으로 미래를 바라보는 것이 아니고 산업의 붕괴, 기업의 위기를 불러올 수 있는 다양한 미래 스토리를 만들고 이러한 스토리의 구성 요소가 되는 다양한 시그널들을 찾아내어 추적하고 통합하는 것이다. 이것이 조기경보의 전부다. 이 세상에 붕괴로부터 자유로울 수 있는 산업과 기업은 단 하나도 없다. 여러분의 회사도 또 여러분의 회사와 관련된 산업도 언제든지 역사의 뒤안길로 사라질 수 있다. 따라서 기업이 지속적으로 생존하고 성장하기 위해서는 남들이 보지 못하는 시장의 시그널을 빠르게 감지하여 최적의 타이밍에 행동으로 옮기는 것뿐이다.

경쟁정보는 무엇인가?

본문에서 자세히 소개하겠지만 이 책의 제목에 들어 있는 경쟁정보(Competitive Intelligence, 경쟁사 정보가 아님.)에 대해 알아보자. 아마 많은 사람들에게 이 '경쟁정보'라는 말은 생소할 것이다. 경쟁정보를 간단하게 정의하면, 비즈니스 의사결정에 활용할 수 있는 정보라고 할 수 있다. 다시 말하면, 경쟁우위와 통찰력을 줄 수 있는 정보를 말한다. 물론, 이를 위해서는 다양하고 분산된 정보조각들을 분류하고 통합하는 과정, 즉 분석이라는 과정을 거쳐야 한다. 너무 학술적인 냄새가 나는가? 그러나 달리 쉽게 설명할 수 있는 방법이 없다.

경쟁정보에서의 정보 즉, 인텔리전스는 우리가 무엇을 발견했다는 단순한 사실이 아니다. 인텔리전스는 행동을 유도할 수 있어야 한다. 기업이 어떤 정보를 토대로 의사결정이라는 행동을 취할 수 없다면 그것은 인텔리전스가 아니다. 다시 말하면, 경쟁정보가 아닌 것이다. 해외의 내로라하는 경쟁정보 전문가들마다 정의는 약간씩 다르게 하지만 의사결정을 할 수 있도록 분석된 정보라는 데는 이견이 없다. 사실, 이 분석이라는 말에 많은 사람들이 알레르기 반응을 보일 수도 있지만 걱정하지 않아도 된다. 5부에서 설명하겠지만 분석이란 것은 그렇게 복잡할 필요가 전혀 없다.

자, 여러분이 기업 활동을 하다 보면 이런저런 정보들을 접할 것이다. 예컨대, SNS상에서 떠돌고 있는 루머부터 업계의 지각변동을 일으킬 만한 큰 M&A가 임박했다는 소문, 경쟁사의 신제품에 대한 소식, 정부의 규제 방향에 대한 얘기에 이르기까지 각종 소문과 정보들을 접하게 된다. 그러나 이러한 모든 것들이 진실은 아닐 것이고 또 보이는 모습이 전부도 아닐 것이다. 따라서 이러한 소문과 정보의 연막 속에서 남들보다 한발 앞서 그 실체를 빠르고 정확히 꿰뚫어 볼 수 있어야 한다. 기업은 정보의 연막이 걷힐 때까지 기다릴 수가 없다. 비즈니스는 타이밍이 중요하기 때문에 유통기한이 지난 정보는 아무런 쓸모가 없는 것이다. 따라서 남들보다 한발 앞서 미미하고 모호한 정보조각들을 퍼즐 맞추듯이 빠르게 선별하고 통합해 나가야 한다. 경쟁정보 활동은 기업의 생존과 직결되는 다양한 형태의 정보를 수집하고 분석해 나가는 과정이라고 할 수 있다.

여기에서 정보조각이라고 하는 것은 앞서 잠시 언급했지만, 인터넷 정보부터 고객, 공급사, 유통사, 기술 전문가, 산업 전문가, 규제 전문가들과의 휴먼 네트워크를 통해 얻은 정보, 전시회나 컨퍼런스 참석을 통해 확보한 산업 동향 정보, 정부 문서 공개 청구를 통해 수집된 각종 비즈니스 정보, 기술 논문과 특허 분석을 통해 도출된 경쟁사의 R&D 정보 등 다양하다. 물론, 이런 정보들은 합법적이고 윤리적인 방법으로 얼마든지 구할 수 있다.

그런데 좀 엉뚱한 얘기 같지만 인상파 화가들의 그림이 어떻게 만들어졌는지를 이해하고 있다면 경쟁정보에 대해 좀 더 쉽게 이해할 수 있다. 쇠라나 모네와 같은 점묘파 화가들의 그림을 15cm 정도의 짧은 거리에서 보거나 신문의 그림을 아주 가까이에서 보면 수많은 점들만이 보일 것이다. 그러나 몇 발자국만 뒤로 물러나서 바라보면 이미지, 그림자, 빛 등 전체적인 모습이 한눈에 선명하게 들어온다. 비즈니스도 마찬가지다. 기업이 생존하고 성장하기 위해서는 자사가 아닌 제3자의 시각에서 다양한 정보의 점들을 종합적으로 볼 수 있어야 한다. 그렇지 않고 자사 중심의 시각과 단편적인 정보만으로 비즈니스를 바라본다면 시장 상황을 정확하게 인식하지 못할 것이고 이것은 결국 비즈니스의 실패로 이어지는 것이다.

일례를 보자. 우리나라는 자원 외교라는 이름으로 해외 기업들을 무리하게 사들여 수십조 원의 손실을 입었다. 예컨대, 한국석유공사는 2009년 캐나다 하베스트 에너지(Harvest Energy)를 3조 5천억 원에 인수했는데 지금은 수천억 원의 손실만을 내는 애물단지가 되었다. 인수 당시, 캐나다의 일간지인 캘거리 헤럴드조차도 "한국인들은 무슨 생각을 하는 걸까?(What were the Koreans thinking?)"라는 제목의 기사에서 한국석유공사가 47%의 프리미엄까지 주면서 왜 부실기업을 인수하는지 모르겠다며 의문을 제기했다.

석유공사는 2009년 하베스트 에너지를 인수할 당시, 이 회사의 자회사인 노스아틀랜틱리파이닝(NARL)도 1조 320억 원에 함께 매입했는데 5년 후인 2014년에 노스아틀랜틱리파이닝을 900억 원에 매각했다. 매입가의 10분의 1도 안 되는 돈을 받고 미국 기업에 팔았다. 왜 이런 현상이 발생하는 것일까? 참으로 기가 막힐 일이다. 이제와 돌이켜 본들 아무 소용없는 일이지만, 경쟁정보 관점에서 산업을 바라보고, 시장을 바라보고, 하베스트 에너지를 바라보았더라면 이러한 무모한 결정은 결코 하지 않았을 것이다.

퓨처스 그룹(Futures Group)의 조사에 의하면 매출 100억 달러 이상 되는 미국 기업 중 82%가 경쟁정보 조직을 가지고 있는 것으로 나타났다. 그런데 우리나라의 경우 아직까지도 경쟁정보라는 용어조차 생소하여 기업에서 경쟁정보 조직을 운영하면서 체계적으로 비즈니스 전략을 수립하는 곳은 찾아보기 힘들다. 물론, 경쟁정보라는 말은 쓰지 않았지만 우리 기업들도 정보활동을 한다. 그렇지만 대부분의 기업들은 자사 중심의 1차원적인 관점에서 극히 좁은 의미의 정보활동만을 하고 있다. 다시 말하면, 수치로 나타나고 눈에 보이는 정보만을 수집하고 분석하는 반쪽자리 정보활동만을 하고 있다. 미국, 캐나다, 프랑스, 중국 등에서는 이미 오래전부터 경쟁정보의 개념이 도입되고 확산되어 수많은 기업에서 경쟁정보 활동을 체계적으로 하고 있다. 그렇지만 우리나라는 아직도 경쟁정보에 대한 연구, 출판, 교육 등 전반적인 기반이 거의 전무한 상태다.

생각해 보자. 기업이 생존하기 위해서는 성장해야 하고, 성장하기 위해서는 변화해야 하고, 제대로 변화하기 위해서는 시장의 움직임을 읽을 수 있어야 하고, 이러한 움직임을 정확히 읽기 위해서는 시장을 꿰뚫어 볼 수 있는 경쟁정보가 반드시 필요하다. 결국, 조기경보는 경쟁정보를 통해 울리게 되는 것이다. 물론, 경쟁정보가 미래를 내다볼 수 있는 수정 구슬 같은 것은 아니다. 그러나 경쟁정보가 조기경보의 기능을 할 수 있다는 것은 분명한 사실이다. 그렇지 않고서야 그 많은 글로벌 기업들이 너나없이 경쟁정보 활동을 그토록 열심히 하겠는가? 세계적인 기업들의 경쟁정보 활동과 조기경보 시스템에 대한 얘기는 4부의 2장에서 자세히 하도록 하겠다.

책의 구성에 대한 소개

이 책은 우리 기업들에게 생소한 경쟁정보에 대해 소개하고, 이를 통해 어떻게 하면 우리 기업들이 비즈니스 통찰력을 얻을 수 있을까라는 고민에서 출발했다. 사실, 비즈니스 조기경보란 말도 생소할 수 있다. 왜냐하면, 국내에는 아직 비즈니스 조기경보에 대한 책 한 권도 없는 것이 현실이기 때문이다. 그래서 2부의 2장에서는 비즈니스 조기경보의 개념에 대해 자세히 설명을 했다.

제1부: 다가오는 위기를 그저 바라보고만 있는 기업들

기업들이 위기 대처를 제대로 하지 못하는 근본 원인에 대해 알아보고, 산업의 붕괴와 기업의 위기를 어떻게 예측할 것인가에 대한 방향성을 제시했다.

제2부: 비즈니스 조기경보가 무엇인가?

품질관리, 운영 효율성 중심의 시각을 버리지 못하면서 일상적인 기업 활동만을 열심히 하는 기업들이 왜 위기를 겪을 수밖에 없는지에 대해 설명했다. 이어서, 시그널 추적을 통해 산업과 시장의 변화를 감지하는 방법과 전략적 조기경보 시스템을 만들기 위한 구성 요소인 타임라인, 포커스, 프로세스에 대해 설명했다. 예컨대, 하이테크 산업, 제약 산업, 에너지 산업 등 산업별 특성에 따라 조기경보 시간 프레임이 어떻게 달라져야 하는지에 대해 설명한 후, 잠재적 위기에 대한 정확한 정의와 진단을 위해 기업 스스로 어떤 질문을 해야 하는지에 대한 얘기를 했다. 또, 기업의 전략이 시장에서 견뎌낼 수 있을 것인가를 사전에 테스트 할 수 있는 전략 시뮬레이션 기법에 대해 소개했다. 2부의 마지막 장은 조기경보가 기업에서 정착하지 못하는 원인을 다양한 각도에서 조명했다.

제3부: 시장에는 딱 두 부류의 기업이 있다

기업의 조기경보 성공과 실패 사례에 대해 설명했다. 1장은 위기를 그저 바라만 보고 있었던 기업들에 대한 얘기다. 예컨대, 1975년에 세계 최초로 디지털 카메라를 개발한 코닥이 왜 산업의 변화에 대처하지 못해 파산했는지를 위기 시그널 3단계 모델로 설명했다.

이어서, 근거 없는 낙관론에 젖어 있다가 위기를 자초한 한국의 조선 3사에 대한 얘기와 함께 과거의 시그널만을 바라보고 있는 기업으로 삼성을 지목했는데, 저자가 왜 그렇게 보고 있는지에 대한 근거를 제시했다. 그리고 똑똑한 CEO들이 시장의 현실을 제대로 직시하지 못하고 잘못된 의사결정을 하는 것이 블라인드 스팟(Blind spot) 때문임을 설명하고, 이와 같은 맹점을 걷어내기 위한 구체적인 방안을 제시했다.

2장은 위기를 빠르게 감지하고 행동으로 옮긴 기업들에 대한 얘기다. 넓은 시각으로 시장을 바라본 기네스 맥주, 미래 시나리오를 만들고 집요하게 시그널을 추적한 비자카드, 경쟁사의 숨겨진 의도를 간파한 한 중견기업, 쟁쟁한 경쟁사들과 정면승부를 하지 않고 시장의 선도 기업이 된 프랫앤드휘트니(P&W)에 대한 얘기를 경쟁정보 관점에서 조명했다. 마지막으로, 사양 산업을 유망 산업으로 바꾼 한 CEO의 통찰력에 대해 설명했다.

제4부: 한국의 기업들, 이제 경쟁정보에 주목하라

1장에서는 경쟁정보가 무엇이고 왜 중요한지에 대해 설명했다. 또, 기업의 정보활동을 네 가지 유형으로 나누어 여러분의 회사가 지금 어떤 정보활동을 주로 하고 있는지를 진단하고, 어떻게 변화를 줄 것인가에 대해 기업 스스로 생각해 볼 수 있도록 했다. 이어서, 비즈니스 조기경보를 위해서 기업이 반드시 파악해야 할 것들을 하나의 표로 정리했다.

2장은 어느 분야에서 누가 경쟁정보를 잘 활용하고 있는지에 대한 얘기다. 예컨대, 한 영세기업이 어떻게 대기업들보다 높은 생산성을 달성하고 있는지를 경쟁정보 관점에서 살펴봤다. 이어서, 외환은행을 인수한 후 4조 원 이상의 매각 차익을 내고 우리나라를 떠난 글로벌 투자 자본 론스타를 비롯한 세계적인 투자은행, 사모펀드, 국제 M&A 브로커들의 정보 전략에 대해 구체적으로 알아보았다.

또 매출, 수익률 등 재무제표상의 숫자만을 보고 기업을 인수하는 것이 얼마나 위험한 것인가에 대해 설명한 후, 인수합병(M&A)을 할 때 눈에 보이지는 않지만 반드시 체크해야만 하는 열 개의 정보를 제시했다. 사실, 경쟁정보가 필요한 것은 비단 기업만이 아니다. 우리나라는 2011년부터 2017년까지 법률시장이 단계적으로 거의 다 개방되었다. 따라서 한국의 소규모 로펌들 역시 머지않아 붕괴 위기에 직면할 수 있다. 그런데 해외의 대규모 로펌들은 이미 오래 전부터 경쟁정보 활동을 하고 있었다. 그 이유에 대해 알아보았다. 마지막으로, 미래를 정확하게 예측하는 기업으로 세계적인 명성이 나있는 쉘(Royal Dutch Shell) 등 조기경보 시스템을 잘 운영하고 있는 기업들의 특성에 대해 알아보았다.

제5부: 비즈니스 기회와 위기, 어떻게 감지할 것인가?

1장에서는 여러 산업에서 감지되고 있는 다양한 위기 시그널에 대해 살펴봤다. 변화의 중심에 서 있는 자동차 산업, 붕괴가 임박해 있는 교육 산업, 베일이 벗겨지기 시작하는 제약 산업, 그리고 해외시장에서 감지되고 있는 위기 시그널에 대해 설명했다. 이어서, 기존의 대기업들이 가지고 있었던 다양한 이점들이 무너질 수밖에 없는 이유에 대해 알아보았다.

2장은 아주 실무적인 관점에서 어떻게 정보를 수집하고 분석할 것인가에 대한 얘기다. 기본적인 정보 수집 방법부터 창조적인 방법까지 다양한 정보 수집 방법들을 소개했다. 또, 왜 정보를 분석해야 하는지, 비즈니스 문제에 따라 분석 기법을 왜 달리해야 하는지에 대해 설명했다. 마지막으로, 하나의 분석 사례를 들어 분석에 대한 이해를 돕도록 했다.

제6부: 결론은 단순하다. 교육과 훈련으로 준비하라

이제, 우리 기업들이 해야 할 가장 중요한 일은 무엇인가에 대해 고민을 하는 장이다. 기업의 운명을 최종적으로 책임지는 사람은 CEO이기 때문에 CEO에 대해 말하지 않을 수 없다. CEO가 해야 할 가장 중요한 일은 무엇일까라는 고민에서 출발하여 CEO와 직원들의 분명한 역할 분담에 대한 얘기와 함께 CEO가 갖추어야 할 세 가지 능력에 대해 설명했다. 이어서, 직원들의 정보 경쟁력을 높이기 위한 교육과 훈련에 대한 얘기를 했다. 기업의 경쟁력은 기회를 포착하고 위기를 감지하는 능력에서 시작되는데, 이러한 경쟁력은 결국 교육과 훈련을 통해서 나올 수밖에 없기 때문이다.

언제까지 원론적인 얘기들만 할 것인가?

우리나라 경제에 대한 우려의 목소리가 여기저기서 터져 나온다. 여러 기관에서 발표하는 경제 전망치 역시 그다지 밝지 않다. 전문가라는 사람들이 내놓는 진단과 해법이라는 것을 보면 늘 똑같은 레퍼토리다. 우리나라 경제가 중국과 일본에 낀 샌드위치라는 말과 글로벌 경쟁력을 키워야 한다는 말만 앵무새처럼 되풀이한다. 도대체 언제까지 이런 신세타령과 원론적인 얘기들만 할 것인가? 이제는 각 분야에서 구체적인 대응 방안 제시와 이에 대한 치열한 토론 과정을 통해 문제들을 하나하나 해결해 나가야 한다.

오늘날과 같은 기업 환경 속에서 정보를 빠르고 정확하게 수집하고 분석하여 비즈니스 환경에 대처하는 것은 기업의 생존과 직결되는 매우 중요한 문제다. 이 책을 읽고 있는 여러분의 회사도 산업의 변화와 시장의 움직임을 제대로 파악하지 못한다면 어느 순간 위기에 봉착할 수밖에 없다는 것은 불을 보듯 훤한 것이다. 따라서 제대로 된 방법을 활용하여 지속적으로 시장의 신호와 변화를 살피는 것은 너무나 당연한 것이다. 그런데 이 당연한 것이 무시되고 있고 제대로 작동되지 않고 있다.

이 책을 통해 우리나라의 기업들이 근시안적이고 편협한 사고와 시각에서 벗어나 다양한 관점에서 산업과 시장, 경쟁 상황을 바라봄으로써 기업의 위기와 기회를 감지하는 데 조금이나마 도움이 되기를 간절히 바란다.

2018년 1월에

이윤석 씀

제1부

다가오는 위기를
그저 바라보고만 있는 기업들

Competitive Intelligence

1. 위기를 인식하지 못하는 기업들

영화 〈오스틴 파워〉에서 오스틴이 악당 이블 박사의 부하에게 다가오는 스팀롤러를 어서 피하라고 소리치는 장면을 기억하는 사람이 있을지 모르겠다. 오스틴의 경고에도 불구하고 그 부하는 그 자리에서 꿈쩍도 하지 않은 채 다가오는 스팀롤러를 향해 단지 "스톱"이라고 외치고만 있다. 그 부하는 어떻게 되었겠는가? 다음 장면은 그 부하의 부인이 남편의 비극적인 소식을 접하는 것으로 이어진다. 야간 도로의 한가운데 서 있는 야생동물이 달려오고 있는 차의 전조등을 그저 바라보고만 있는 것을 본 적이 있는가? 여러분이 이런 광경을 목격한다면 어떤 생각이 들 것 같은가? 참으로 안타깝다는 생각이 들 것이다. "왜 옆길로 피하지 않고 제자리에서 멍하니 다가오는 위협을 바라만보고 있을까?" 뭐 이런 생각이 들 것이다. 그런데 오늘날 많은 기업들의 모습도 이블 박사의 부하나 이 야생동물의 행태와 별반 다르지 않다.

서문에서 얘기했듯이 한때 세계 최고, 세계 최초를 자랑했던 우리나라의 조선 3사가 심각한 경영위기를 겪고 있다. 그런데 한 번 생각해 보자. 2008년 미국 발 금융위기 이후 세계 경기는 둔화되고 있었다. 이로 인해 상선수주가 줄어들 수 있다는 것을 이들 조선 3사는 알지 못했을까? 조선 산업이 경기를 많이 타는 경기 민감형 산업이라는 것을 이들 조선 3사만 몰랐단 말인가? 호황이 길지 않을 것이라는 전망과 시장의 움직임이 심상 치 않다는 시그널들은 이미 오래전부터 여기저기에서 감지되고 있었다. 조선 3사 역시, 뭔가 변화가 감지되고 있고 위기가 다가오고 있음을 분명히 알고 있었을 것이다. 그러나 시장이 그들에게 유리하게 바뀌기를 기다리면 서 그저 바라보고만 있었던 것이다.

기업들의 이런 행태는 글로벌 기업들도 예외가 아니다. 코닥은 디지털 시장으로의 변화에 대응하지 못해 2011년에 파산했다. 30년간 세계 IT 업계의 강자로 군림하던 선마이크로시스템즈는 오픈소스의 흐름을 무시했다. 뒤늦게 오픈소스 소프트웨어 트렌드에 적응하기 위해 필사적인 몸부림을 쳤지만 결국 2010년 오라클에게 합병되고 말았다.

1960년대에 전 세계 약 300여 개의 진공관 기업들이 한꺼번에 파산하는 일이 있었다. 300여 개 기업 중 어느 하나도 디지털 트랜지스터로의 변화에 적응하지 못하고 몰락했다. 이것이 믿기는가? 그러나 사실이다. 당시의 진공관 제조 기업들을 보자. 웨스팅하우스, RCA, 제니스, 제너럴 라디오, 레이티온 등 크고 작은 300여 개의 기업들은 진공관 시장을 두고 치열하게 경쟁하고 있었다. 그들은 스스로를 진공관을 만드는 기업이라고 생각했고, 그들의 경쟁사도 진공관을 만드는 기업이라고 생각했다. 이들 기업은 어떻게 되었을까? 대부분이 역사 속으로 사라졌고 일부 살아남은 기업들도 명맥만 겨우 유지하거나 다른 기업에 인수되었다. 모두가 자신들이 최고의 진공관 제조 기업이라고 생각하면서 파산한 것이다. 그 뒤를 이어 수백 개의 기업들이 디지털 트랜지스터를 만들었지만 IC 집적회로가 다가오는 것을 알지 못했다. 이와 유사한 일들은 비즈니스 역사를 조금만 뒤적여 보면 결코 새삼스러운 것들이 아니다.

자, 생각해 보자. 이와 같은 파산 기업들의 직원들과 주주들 가운데 "변하지 말고 몰락합시다."라고 말한 사람은 없었을 것이다. 문제는 대부분의 기업들이 변화와 혁신을 좀 더 작게, 좀 더 가볍게, 좀 더 빠르게, 좀 더 저렴하게 만들기 위한 품질향상, 생산성 향상, 운영 효율성 향상과 같은 작은 개선으로만 생각하면서 산업의 큰 흐름이 바뀌고 있다는 것을 인식하지 못한다는데 있다. 하기야, 시장의 위기 시그널을 제대로 파악하지 못해 몰락한 기업이 어디 이들 기업뿐이겠는가?

2. 파산 기업들,
왜 자꾸만 늘어나는 것일까?

지난 십여 년 동안에 국내외 여러 기업들에게 어떤 일들이 생겼는지 잠시 살펴보자. 델타, 텍사코, 보더스, K마트, 월드콤, 크라이슬러, GM, 엔론, 유나이티드 에어라인, 워싱턴 뮤추얼, 식스플래그, 코닥, 이들 기업의 공통점은 무엇일까? 아, 해외 기업들이라 쉽게 떠오르지 않을지도 모르겠다. 그렇다면 극동건설, STX조선해양, 벽산건설, 진로그룹, 쌍용그룹, 해태그룹 이들 기업의 공통점은 무엇인가? 맞다. 파산한 기업들이다. 대부분 비즈니스 역사의 뒤안길로 사라졌다. 어디 이들 기업뿐이겠는가? 이름 없

이미지 소스 : http://www.reuters.com/article/us-stockton-bankruptcy

는 중소기업들까지 치면 수도 없이 많은 기업들이 파산했고 지금 이 순간 파산 위기에 처해 있다.

법원 통계에 따르면 2016년 한 해에 파산 또는 기업회생 절차를 신청한 기업이 1,533개로 사상 최대치를 기록했다. 2011년에는 1,024개, 2013년에는 1,296개, 2015년에는 1,512개로 계속 증가 추세에 있었다. 비교적 규모가 있는 기업들도 안심할 상황은 아니다. 기업 구조조정 자문사인 알릭스파트너스(AlixPartners)가 2014년에 한국의 상장기업 1,600여 개를 조사한 결과, 전체의 17%가 기업 부실 정도 측면에서 경고(On Alert) 단계에 해당한다고 밝힌 바 있다.

자, 해외로 눈을 돌려 보자. 여러분은 1955년 포춘(Fortune) 500대 기업 중 2014년까지 500대 기업에 들어 있는 기업이 얼마나 될 것이라고 생각하는가? 단지 12%(61개 기업)에 불과하다. 88%(439개 기업)가 포춘 500대 리스트에서 사라졌다. 이러한 모든 것들은 무엇을 말해 주는가? 기업을 지속적으로 생존시키고 성장시키는 것이 얼마나 어려운가를 단적으로 보여 주는 것이다.

자, 그럼 도대체, 파산하는 기업들은 왜 계속해서 생기는 것일까? 오늘의 웬만한 기업들, 최고의 학벌을 자랑하는 인력들이 얼마나 많은가? 이런저런 기업 경험을 가지고 있는 경력자들은 또 얼마나 많은가? 고객관리 시스템, 경영정보 시스템, 지식관리 시스템 등 각종 정보 시스템부터 빅 데이터에 이르기까지 얼마나 많은 최신의 경영 도구들을 사용하여 시장과 고객을 분석하는가? 내로라하는 해외 유명 컨설팅사에게 거액을 주면서 경영 자문도 받는다. 이러한 좋은 경영 조건에도 불구하고 왜 실패하고 파산하는 기업들은 계속해서 나올까? 좀 이상하지 않은가?

당연히, 파산의 원인은 있다. 무리한 M&A 때문에, 한 가지 사업만을 고수했기 때문에, 시장성 없는 기술에 모든 것을 걸었기 때문에, 산업과 시장의 변화를 쫓아가지 못했기 때문에, 고객의 선호도 변화를 잘못 파악했기 때문에, 대체재나 경쟁사 때문에, 유동성 위기 때문에, 경영진의 도덕적 해이 때문에, 또 무엇이 있을까? 사연도 가지각색이다. 그런데 겉으로 나타난 이러한 원인들이 전부일까? 아니다. 이러한 것들은 눈에 보이는 증상에 불과한 것이다. 그럼, 이러한 증상들은 왜 생겼을까? 파산의 원인들을 잘 살펴보자. 이러한 다양한 파산의 원인들 속에는 눈에 보이지 않는 한 가지 공통점이 숨어 있다. 모든 파산 원인들의 기저에는 그 무엇인가에 대한 진실이나 실체를 제대로 파악하지 못하고 의사결정을 했다는 공통점이 있다.

사실, 기업 경영은 올바른 의사결정이 전부라고 할 수 있다. 의사결정의 중요성이야 더 이상 말해 무엇 하겠는가? 자, 그런데 이것 하나만은 분명히 인식하고 넘어가자. 기업의 파산은 늘 일어나는 일이기 때문에 크게 주목받지 못할 수도 있다. 그렇지만 늘 있을 수 있는 일이라고 해서 고통이 덜하다거나 덜 비참하다는 것은 결코 아니다. 기업 몰락의 결과는 CEO와 직원들뿐만 아니라 수많은 사람들에게 말할 수 없을 만큼의 참혹함과 고통을 요구한다.

3. 위기는 하루아침에 발생하는 것이 아니다

이미지 소스 : https://www.express.co.uk/news/science/814620/Mt-St-Helens

비즈니스 환경이 급변하고 있다고 모두가 말한다. 이런 말이 미처 준비하지 못한 것에 대한 위로가 될 수 있을지는 모르지만 변명이 될 수는 없다. 그런데 한번 생각해 보자. 모두가 하나같이 귀가 따갑도록 환경이 급변하고 있다고들 말하는데 이것이 정말 사실일까? 전문가라는 사람들의 말만 듣고 있으면 사물 인터넷, 가상현실, 인공지능, 3D 프린팅, 빅 데이터 등 소위 말하는 4차 산업혁명이란 것들이 세상의 모든 것을 하루아침에 바꾸어 놓을 것 같고, 세상이 정말 정신없이 빠르게 변하고 있는 것 같이 느껴진다. 하지만, 오늘날의 변화가 우리가 과거에 겪어 왔던 변화에 비해 유독 빠른 것은 아니다.

물론, 이것은 저자 개인의 생각만은 아니다. 런던 경영대학원의 프릭 버뮬렌(Freek Vermeulen) 교수는 『비즈니스의 거짓말』(2011, 프롬북스)에서 오늘날 비즈니스 환경의 변화 속도가 과거와 별반 다르지 않다고 말한다. 많은 사람들이 오늘날의 비즈니스 환경이 과거보다 훨씬 더 빠른 속도로 변하고 있다고 말하는데, 이것은 사실이 아니라는 것이다. 사람들은 10~20년 전에 더 많은 변화가 있었다는 사실을 잊고, 항상 지금이 가장 빠르게 변하는 것처럼 느낀다는 것이다.

그런데 굳이 프릭 교수의 말을 빌리지 않더라도 비즈니스의 역사를 가만히 잘 살펴보면, 모든 것은 서서히 변하고 있다는 것을 분명하게 알 수 있다. 실패 사례의 전형으로 회자되고 있는 코닥을 보자. 코닥을 망하게 한 디지털 카메라 기술은 갑자기 나타난 게 아니었다. 코닥이 파산하기 약 30년 전인 1975년에 코닥이 최초로 개발한 기술이었다. 그런데 코닥은 그들이 개발에 성공했던 바로 그 디지털 기술 때문에 망했다. 코닥이 급변하는 기술을 따라가지 못해서 망한 것이 아니다. 그럼에도 불구하고, 사람들은 기업이 급변하는 기술과 환경에 적응하지 못해 실패한다고 믿는다. 아마도 그렇게 믿고 싶은 것일지도 모르겠다.

10년 전과 비교해서 여러분의 삶에서 어떤 특별한 변화가 있었는가? 여전히 사무실에 출근하여 잔뜩 쌓인 이메일을 처리해야 하고, 물건을 만들어 팔아야 하고, 또 어떤 사람들은 여전히 농사를 짓고 고기를 잡아야 한다. 오늘날 인터넷과 스마트폰으로 대표되는 정보통신 기술의 발달로 인해 커뮤니케이션 수단과 일하는 방법은 변했지만 시장과 비즈니스의 본질은 변하지 않는다. 제발, 세상이 정신없이 변하고 있다고 더 이상 말하지 말자.

혹시 저자가 너무 억지를 부리고 있다고 생각하는가? 조금만 참고 이번 장을 읽어 보길 바란다. 세인트 헬렌스 산은 미국 워싱턴주의 스카마니아에 있는 활화산이다. 이 활화산은 1980년에 대폭발로 산꼭대기가 날아가는 참변을 겪었다. 미국 역사상 가장 큰 피해를 끼쳤던 화산 폭발이었다. 산의 높이가 2,950m에서 2,550m로 낮아졌고 울창했던 숲은 바위와 화산재로 뒤덮였다. 분출된 화산재가 240km까지 확산되어 한낮이었지만 주변은 한밤중처럼 어두웠다. 말 그대로 암흑천지가 되었다.

그런데 얼마 전 유튜브로 세인트 헬렌스 화산이 다시 폭발하는 장면을 보았다. 이 영상은 단지 몇 분 사이의 변화를 담고 있지만 실제로 이러한 변화는 1980년 대폭발 이후, 화산 활동이 다시 시작된 지난 2004년까지 24년에 걸쳐 발생한 것이다. 지표면에서 눈으로 볼 수 있는 이러한 폭발 모습은 며칠 또는 몇 주에 걸쳐서 발생한다. 그러나 땅속에서는 마그마의 움직임이 20년 이상 지속되고 있었던 것이다. 단지, 우리가 땅속에서 일어나는 현상들을 보지 못했을 뿐이다.

산업 붕괴도 화산 폭발과 크게 다르지 않다. 디지털 카메라의 시작은 1980년에 소니가 마비카(Mavica)를 시장에 선보임으로써 본격화되었다. 앞서 얘기했듯이, 최초로 디지털 카메라를 개발한 기업은 코닥이었다. 그러나 코닥은 당시의 주력 사업인 필름만을 바라보았다. 2005년에 코닥의 매출은 반 토막이 되어 수천 명의 직원들은 해고되었고 2011년에 결국 파산했다. 폭발 징후가 보이기 시작한 1980년부터 2005년까지 붕괴 경과 시간은 25년이다. 25년은 결코 짧은 시간이 아니다.

미국 통신 시장의 규제 완화는 1984년에 시작되었다. 당시 세계 최대의 통신 기업이었던 AT&T가 장거리 사업자 AT&T와 7개의 지역 사업자로 분리되면서 시작되었다. 이후 장거리와 지역 전화, 케이블 TV 등 다각화를 통한 완전경쟁 체제를 목적으로 1996년에 통신법이 제정되었는데, 이때부터 무선통신 개발이 본격화되었다.

그러나 유선전화는 여전히 시장을 점유하고 있었기 때문에 AT&T는 통화 중 대기, 통화 중 착신호 전환 서비스, 음성 메일과 같은 점진적인 개선만을 시도하고 있었다. 그러나 무선통신은 통신 시장을 변화시키기 시작했고, 스마트폰의 등장으로 인해 유선전화 시장은 완전히 붕괴되었다. 미국은 2009년도에 처음으로 스마트폰만을 사용하는 가정의 수가 유선전화를 사용하는 가정의 수를 앞서기 시작했다. 1984년부터 2009년까지 붕괴 경과 시간은 25년이다.

1973년 석유파동이 시작되면서 전 세계 각국은 엄청난 경제적 타격을 입었다. 그 당시부터 전기 자동차에 대한 논의는 시작되었다. 그러나 1997년에 토요타가 세계 최초의 하이브리드 전기 자동차인 프리우스를 일본 시장에 출시하기 전까지는 어느 회사도 전기 자동차에 관심을 보이지 않았다. 그런데 프리우스 출시 이후, 많은 자동차 회사들이 앞 다투어 전기 자동차 시장에 뛰어들었다. 1973년부터 1997년까지 24년이 걸렸다. 이후 전기 자동차는 테슬라(Tesla)의 성공으로 세계적인 주목을 받고 있는데 테슬라의 초창기 모델인 로드스터(Roadster)가 2008년에 나왔으니, 어떻게 보면 실질적인 붕괴 경과 시간은 35년인 셈이다.

이러한 모든 것들은 무엇을 말하는가? 새로운 기술이 서서히 도입되고 전파된다는 것을 뜻한다. 다른 한편으로 생각해 보면, 기업이 아주 느린 변화에도 잘 적응하지 못한다는 것을 보여주는 것이기도 하다. 그런데 여기서 잊지 말아야 할 것이 하나 있다. 이러한 붕괴는 시장의 요구에 의해 발생되었고 하루아침에 생긴 일이 결코 아니라는 것이다. 초기의 시그널을 빠르게 간파한 토요타, 캐논, 애플, 삼성과 같은 기업들은 성공했고, 당시에 산업의 주도권을 쥐고 있었던 크라이슬러, 코닥, AT&T와 같은 기업들은 파산하고 말았다.

앞으로 수년 내지 수십 년에 걸쳐서 일어날 땅속 마그마의 움직임과 변화를 감지하기 위해서 우리 기업들은 무엇을 해야만 하는가? 앞서 서문에서 얘기했지만, 산업의 붕괴, 기업의 위기 징후를 100% 정확하게 예측하겠다는 욕심을 버려야 한다. 우리가 할 수 있는 유일한 방법은 하나의 시각으로 미래를 바라보는 것이 아니고, 붕괴와 위기를 불러올 수 있는 다양한 미래 스토리를 만들고, 이러한 스토리의 구성 요소가 되는 시그널들을 찾아내어 추적하고 통합하는 것이다. 이러한 시나리오를 통해 100% 정확하게 예측할 수는 없어도 다가올 미래를 다양한 시각으로 바라보면서 준비할 수 있다.

붕괴로부터 자유로울 수 있는 산업과 기업은 하나도 없다. 여러분의 회사도, 여러분의 회사와 관련된 산업도 언제든지 역사의 뒤안길로 사라질 수 있다. 다시 한 번 강조하지만, 중요한 것은 남들이 보지 못하는 미미한 시그널들의 변화를 추적하고 통합하여 최적의 타이밍에 행동으로 옮기는 것이다. 절대 너무 오래 미루어서는 안 된다. 왜냐하면, 세인트 헬렌스 화산은 영원히 유순하게 있지 않기 때문이다.

4. 미루는 것에 익숙해진 사람들

우리는 얼마나 자주 우리 자신에게 묻고 있는가? 왜 우리는 산업과 시장이 변하고 있다는 것을 알지 못했을까? 왜 우리는 경쟁사가 이러한 신제품을 출시할 수도 있다는 것을 몰랐을까? 왜 우리는 고객의 선호도가 변할 수 있다는 것을 몰랐을까? 왜 우리는 정부의 규제가 강화될 것이라는 것을 몰랐을까? 왜 우리는 소비자의 지갑이 다른 대체재로 향하고 있다는 것을 몰랐을까?

자, 대답을 하기 전에 한번 솔직해 보자. 과연 우리는 정말 모르고 있었을까? 아니다. 우리는 뭔가가 다가오고 있고 시장이 예전과 다르다는 것을 알고 있었다. 하지만 상황이 유리하게 바뀌기를 기다리면서 차일피일 미루고 있었다는 것이 솔직한 대답일 것이다.

우리는 기업이 제때에 올바른 의사결정을 하지 못해 치명적 손상을 입은 경우를 허다하게 목격할 수 있다. 산업이 붕괴하고, 시장이 변하고, 기업이 파산할 수도 있다는 것을 알고 있으면서도 왜 제때에 제대로 대처하지 못했을까? 도대체 무엇이 문제였을까? 모든 것의 원인은 사람에게 있었다. 기술의 문제, 제도의 문제, 환경의 문제, 치열한 경쟁의 문제가 아니었다. 그럼 사람의 무엇이 문제였을까? 바로 미루는 습관이다. 만성적으로 되어 버린 미루는 습관으로 인해 심각한 문제를 겪고 있는 사람들이 수억 명에 달한다고 한다.

그런데 다른 한편으로 생각해 보면, 우리가 일상생활 속에서 생기는 이 런저런 소소한 일들을 미루는 것이 뭐가 그렇게 큰 문제가 될 수 있다는 말인가, 라고 생각할 수도 있다. 문제는 이러한 미루는 습관이 기업 경영에 서도 그대로 발생하고 있다는 데 있다. 비즈니스 역시 사람이 하는 일이기 때문이다.

5. 메아리와 같은 공허한 말은 더 이상 필요 없다

요즘 어딜 가나 화려한 프레젠테이션 슬라이드에는 글로벌 경쟁력과 미 래에 관한 얘기들이 빠짐없이 들어있다. "글로벌 경쟁 압력이 점점 높아지 고 있다.", "급변하는 환경에 빠르게 대응하는 것만이 살길이다.", "불확실성 을 극복하여 미래 경쟁력을 확보해야 한다.", "원활한 소통으로 빠르고 정 확한 의사결정을 해야 한다." 여러분이 기업의 직원이라면 아마 지난 몇 개 월 동안 CEO의 신년 메시지나 이런저런 회의에서 이러한 말들을 적어도 열 번 이상은 들었을 것이다. 만약에 스무 번 이상 듣지 않았다면 운이 되 게 좋은 경우다.

기업에서 습관적으로 사용하는 이러한 틀에 박힌 말들이 여러분에게는 어떻게 들리는가? 저자에게는 이런 말로 들린다. "지구야, 회전을 멈추어다오. 나는 내리고 싶다." 이 얼마나 공허한 말인가? 대부분의 기업들이 전략이라면서 하는 말들은 지구의 회전을 멈추어 달라고 외치는 말과 별반 다르지 않다. 왜일까? 글로벌 경쟁 압력이 높아지고 있고, 기업 환경이 변하고 있다는 것은 삼척동자도 다 아는 사실이기 때문이다.

그런데도 많은 기업들이 회사의 사훈, 마케팅 구호, 기업의 CEO가 신년사에서 말하는 틀에 박힌 문구를 전략으로 생각한다. 안타깝기 그지없는 일들이 실제로 기업현장에서 벌어지고 있다. 기업에서 필요한 것은 더 이상 틀에 박힌 구호가 아니다. 기업에서 필요한 것은 시장의 변화를 정확하게 인식하고 대응할 수 있는 살아 숨 쉬는 진짜 전략이다.

6. 위기 시그널을 무시했던 아픈 역사

자, 잠시 다른 얘기를 해 보자. 임진왜란, 병자호란, 일제강점기, 모두가 가슴 아픈 우리의 지난 역사다. 그런데 우리의 역사를 가만히 뒤돌아보자. 왜 이런 고통스러운 일들이 발생했을까? 한마디로 말하면, 당시의 잘못된 판단과 결정 때문이다. 모두 일차원적인 시각, 조선의 시각만으로 국제 정세를 바라봤다. 일본의 시각, 청나라의 시각, 보다 큰 시각에서 조선을 들여다봤어야 했다. 상대방의 시각으로 보면 나의 시각으로 봤을 때는 미처 알지 못했던 것들이 보인다. 왜냐하면, 관점이 다르기 때문이다.

당시 선조가 풍신수길의 입장에서 동북아 정세를 바라보았더라면 어떠했을까? 인조가 청 태종의 입장에서 조선을 바라보았다면 어떠했을까? 당시의 국제 정세에 대한 정보, 주변국들의 속셈, 연막으로 인해 가려진 진실, 이 모든 것들을 제대로 파악하지 못하고 내린 의사결정으로 인해 얼마나 많은 사람들이 고통을 당하면서 참혹하게 죽어갔고, 포로로 끌려갔고, 국토가 황폐화되었는가?

그런데 가만히 살펴보면, 국가 간의 무력 전쟁과 비즈니스 전쟁이 아주 유사하다는 것을 알 수 있다. 둘 다 한쪽에서는 빼앗고 다른 한쪽에서는 빼앗기지 않고 살아남으려는 처절한 몸부림이라고 할 수 있다. 단지, 경쟁의 대상과 방법이 다를 뿐이다. 영토나 주권을 빼앗으려는 국가 간의 전쟁이나 고객과 시장을 빼앗으려는 비즈니스 전쟁이나 그 기저에는 경쟁과 전략이라는 것이 있고, 승자와 패자가 있기 마련이다. 당연히 패자에게는 말할 수 없을 만큼의 엄청난 고통을 요구한다.

여기서 우리는 과거의 가슴 아픈 역사와 수많은 파산 기업들의 사례를 통해서 중요한 사실을 발견해야 한다. 무력 전쟁이든 비즈니스 전쟁이든 간에, 우리의 시각으로 세상과 시장을 바라봐서는 안 된다는 것이다. 자사 중심의 시각과 단편적인 정보만으로는 큰 그림을 볼 수 없다. 경쟁사, 대체재, 고객, 유통업체, 공급사, 규제기관 등 다양한 시장 참여자들의 시각으로 시장을 바라봐야 한다. 그래야 우리의 관점으로만 봐서는 알 수 없었던 새로운 것들이 보이기 시작하기 때문이다.

제2부

비즈니스 조기경보가
무엇인가?

Competitive Intelligence

1장

나무만 보고
숲을 보지 못하는 기업들

1. 반쪽짜리 위기관리만을 하고 있는 기업들

구글에서 'Big data'로 검색을 하면 3억 3,800만 건의 결과(2017. 10)가 나온다. 상위의 결과들을 보자. 오라클, IBM, 인포매티카와 같은 빅 데이터 분석 솔루션 제공 기업과 데이터 플랫폼, 데이터 통합, 데이터 가상화, 데이터 관리 등 온갖 용어들이 정신을 혼미하게 한다. 아, 분명 빅 데이터가 이슈이고 돈이 되는 아이템이구나 하는 생각을 하게 된다. 발 빠른 빅 데이터 분석 솔루션 제공 기업들은 빅 데이터가 얼마나 유용하고 중요한지를 설명해 주는 수많은 성공 사례들을 쏟아낸다.

맞다. 빅 데이터는 보다 빠르고 정확한 예측을 할 수 있도록 해 준다. 빅 데이터를 활용하여 좀 더 정확하게 타겟 마케팅을 할 수 있고 고객을 보다 정밀하게 세분화 할 수 있다. 또, 생산과 재고관리를 잘할 수 있고 제품과 서비스 품질을 높일 수 있다. 50년 전에 품질관리의 대가인 에드워드 데밍(W. Edwards Deming)이 일본 기업들을 대상으로 이것을 증명해 주었다.(일본 기업들은 1960~1980년대에 품질관리로 세계시장을 장악한 바 있다.)

그렇다면 눈에 보이는 이러한 운영 지표만을 개선하면 기업 경영을 성공적으로 할 수 있을까? 새로운 방향, 혁신과 변화를 말할 때도 데이터 중심으로만 해야 할까? 그렇지 않다. 출시되는 소비재 식품의 95%가 실패하고, 신약 출시의 65%가 실패한다. 이러한 출시를 위해서 얼마나 많은 시장조사를 하고, 얼마나 많은 데이터들이 사용되고 있는지를 알면 여러분은 놀랄지도 모른다. 자, 일본 기업들 얘기를 좀 더 해보자.

1980년대의 일본 기업들은 서구 기업들에 비해 우수한 정보 수집 능력을 가지고 있었다. 엄청난 기업 데이터를 수집하는 일본 기업들의 능력으로 인해 세계의 많은 기업들은 두려움을 가지고 있었다. 특히, 서구의 기업들이 부러워했던 것은 그들의 기업 문화였다. 관리자, 영업직원, 연구 개발자 등 모든 직원들이 경쟁사에 대한 정보를 수집하고 보고하는 것이 관행으로 되어 있었다. 서구의 많은 기업들이 이러한 일본의 기업 문화를 모방하려고 했지만 그것은 쉽지 않았다.

자, 이제 30년이 지났다

2008년 이후 계속적으로 손실을 내고 있는 소니에 대해 2014년 국제 신용평가사 무디스는 소니의 장기 신용 등급을 투자 부적격(정크) 수준으로 평가했다. 구조조정 등을 통해 회생을 위한 안간힘을 쓰고 있지만 수익성을 개선하고 안정화 시키는데 한계에 직면한 것으로 생각한 것이다. 히타치, 파나소닉, 샤프 등도 계속적인 손실로 인해 핵심 사업을 처분하면서 생존을 위한 변화에 안간힘을 쏟고 있다.

최근 들어 일부 글로벌 헤지펀드들이 아베 정부의 경기부양책 효과를 기대하면서 몇몇 일본 기업들에게 관심을 보이고 있지만 정부 정책이 앞으로 어떻게 변할지 모르는 상황에서 이러한 투자 자본들이 어떻게 움직일지는 지켜볼 일이다. 물론, 일본 기업들은 여전히 가공할 만한 힘을 가지고 있다. 그러나 2000년대 들어 일본 기업들의 수익률이 미국, 유럽, 중국, 한국의 기업들에 비해 현저히 떨어지고 있다는 것은 분명한 사실이다. 특히, TV, 스마트 폰 등 몇몇 분야에서는 중국과 한국 기업들에게 상당히 뒤처지고 있다.

이코노미스트(2015. 6)는 한때 세계 최고의 일본 기업들이 왜 이렇게 비틀거리는가에 대해 몇 가지 원인을 분석했다. 기사를 잠시 보자. 소니의 CEO인 히라이 카즈오는 인터뷰에서 소니가 경쟁 환경에 대한 이해가 부족했다고 말했다. 샤프의 CEO인 다카하시 고조 역시 샤프가 변화에 대응하는 것이 늦었음을 인정했다. 여기에 역설적인 측면이 있다. "도대체 왜, 소니, 샤프, 히타치, 파나소닉과 같은 내로라하는 일본 기업들이 경쟁 환경을 잘못 이해했고, 정보 수집과 분석의 천재와도 같았던 그들이 시장 변화를 과소평가했을까?"

경쟁정보 전문가들은 이렇게 설명한다. 단순히 많은 양의 정보를 수집하는 것과 경쟁정보는 다르다고 말한다. 세부적인 숫자, 엄청난 데이터가 보다 나은 의사결정을 의미하지는 않는다는 것이다. 경쟁정보는 많은 데이터가 아니다. 복잡한 검색 알고리즘도 아니다. 숫자로 가득한 엑셀 시트도 아니다. 화려한 그림과 차트로 가득 찬 파워포인트 자료도 아니다. 또, 일 상적으로 경쟁하는 경쟁사의 모든 움직임을 모니터링 하는 것도 아니고 데이터 숭배자들처럼 무조건적으로 SNS 데이터를 캐내는 것도 아니다. CEO들이 어떻게 활용해야 되는지도 모르는 두꺼운 컨설팅 보고서도 물 론 아니다. 경쟁정보는 통찰력 있는 시각이며 큰 그림 속에서 중요한 변화 에 집중하는 것이다. 경쟁정보에 대해서는 4부의 1장에서 자세히 설명하도 록 하겠다.

일본 기업들은 경쟁사의 세부 정보를 파악하고 모방하는 데는 선수지만 시장의 큰 흐름을 읽는 데는 실패했다. 그들은 2차 대전 후 데이터 관리, 품질관리로 자동차와 전자 산업의 글로벌 리더로 등극했다. 그러나 그것 은 2000년도 이전의 패러다임이다. 21세기 시장은 새로운 패러다임을 요 구하지만 그들은 여전히 품질관리, 운영 효율성 중심의 시각을 버리지 못 하고 있었다. 그런데 안타깝게도, 많은 우리나라의 기업들이 여전히 일본 의 경쟁사들을 그대로 따라하고 있다. 경쟁사를 무작정 따라하면 왜 실패 할 수밖에 없는지에 대해서는 4부의 2장에서 설명하도록 하겠다.

운영 효율성을 기업의 전략으로 착각한다

기업의 빅 데이터 분석은 고객 관계 관리, 내부 프로세스 개선, 생산성 개선 등을 목적으로 기업 내부 데이터, SNS 등을 활용하는 분석을 말한 다. 그렇기 때문에, 지금의 빅 데이터 분석은 소위 말하는 기업의 운영 효 율성에 맞추어져 있다. 그런데 우리는 이 운영 효율성이라는 것이 기업의 전략적 방향성과는 전혀 다르다는 것을 정확히 인식해야 한다. 운영 효율성은 말 그대로, 현재의 것을 좀 더 잘하자는 것이다. 다시 말하면, 목표를 달성하기 위한 하나의 전술이고 기술이다. 그러나 전략적 방향성은 기업이 어디로 가야 할 것인가에 대한 근본적 문제를 말하는 것이다. 그런데 많은 기업들이 운영 효율에 몰입되어 전략적 방향을 보지 못한다. 운영이 전략의 자리를 꿰차고 있는 것이다. 왜 이런 현상이 나타나는 것일까? 답은 단순하다. 운영 효율은 눈으로 쉽게 확인할 수 있지만 전략적 방향은 눈으로 볼 수 있는 그런 종류의 것이 아니기 때문이다.

많은 데이터가 통찰력을 의미하는 것은 아니다

물론, 데이터 중심의 시각으로 시장을 바라볼 필요가 있는 경우가 있다. 그러나 정말 중요한 의사결정을 할 때, 데이터로는 설명할 수 없는 모호한 경우가 많다. 또 이런 상황에서는 데이터 역시 한 방향만을 말해주지 않는다. 그렇기 때문에, 데이터가 모든 비즈니스 문제를 해결하는 만병통치약이 아니라는 것을 알아야 한다. 때로는 데이터를 무시하고 보다 큰 시각에서 바라보는 것이 훨씬 더 중요할 수 있다. 스티브 잡스를 생각해 보자. 스티브 잡스가 과거의 고객 데이터를 분석하여 아이팟과 아이폰을 만들고 애플을 혁신 기업의 아이콘으로 만들었는가? 그렇지 않다. 시장을 바라보는 그의 통찰력이 전부였다. 공급사, 유통사, 고객, 경쟁사 등 시장 참여자들의 채워지지 않는 욕구를 다양한 관점에서 바라보고 이것에 대한 해결책을 내놓은 것이 혁신의 기회를 만든 것이다.

자, 생각해 보자. 보다 나은 관리를 하고, 보다 개선된 제품을 만들어야 한다는 것은 모든 CEO들의 머릿속에 항상 들어 있는 생각이다. 그러나 이것만으로는 지속 가능한 경쟁 우위를 가질 수 없다. 어떤 기업이 고객의 이용 행태에 대한 빅 데이터 분석을 하면 경쟁사도 똑같은 분석을 할 것이다. 이러한 경쟁은 IBM, SAS, 인포매티카, 오라클과 같은 빅 데이터 솔루션 판매 기업들이 더욱더 커지고 매출이 올라갈 때까지 계속될 것이다. 결국, 이러한 플랫폼 제공 기업들과 컨설턴트들은 더욱더 부자가 될 것이고 정작 빅 데이터를 사용한 기업들은 그렇지 않을 것이다.

저자는 빅 데이터가 중요하지 않다는 말이 아니다. 저자가 몸담고 있는 연구원에서도 바이오, 천문우주, 계산과학 등 과학기술 빅 데이터와 관련된 다양한 연구를 한다. 과학적 사실은 시대나 장소에 관계없이 절대적 규칙이 존재하기 때문에 축적된 데이터의 중요성은 두말할 나위가 없다. 그러나 비즈니스는 다르다. 산업이 다르고, 시장이 다르고, 제품이 다르고, 고객이 다르다. 한마디로 말하면, 절대적 규칙이 존재하지 않는다. 따라서 그때그때마다 해법이 다를 수밖에 없는 것이다.

2. 눈에 보이는 위기와 눈에 보이지 않는 위기

기업이 처할 수 있는 위기에 대해서 한번 생각해 보자. 기업의 위기는 위기의 성격, 예측 가능성, 기업의 통제 가능성 정도에 따라 거시 환경적 위기, 산업의 위기, 전략의 위기, 운영상의 위기 등 네 가지 유형으로 나누어 생각해 볼 수 있다.

거시 환경적 위기는 전쟁, 자연재해, 정치, 경제, 사회의 불안 등 불가항력적인 원인으로 인해 발생한 위기다. 이러한 위기는 경우에 따라서 어느 정도 예측이 가능한 것도 있지만 지진 등의 자연재해와 같이 전혀 예측이 불가능한 경우도 있다. 사실, 이러한 거시 환경적 위기는 기업이 통제할 수 있는 여지가 거의 없다. 따라서 예측이 가능한 범위 내에서 소극적으로 대응할 수밖에 없다.

두 번째는 산업의 위기다. 이것은 기술, 공급사, 유통사, 경쟁사, 대체재, 규제 등 산업과 시장을 구성하는 다양한 요소들과 관련된 위기다. 이러한 위기는 경우에 따라서 일정 부분 기업이 통제하거나 관여할 수 있는 여지가 있지만, 이 역시 대부분은 개별 기업이 어찌할 수 없는 것들이다.

반면, 전략의 위기와 운영상의 위기는 기업 내부적 요인에 의한 위기라고 할 수 있다. 전략의 위기는 기업의 시장 포지션, 차별화, 원가 우위, 포트폴리오, M&A, 신사업 진출, R&D 등과 같이 기업의 경쟁 전략과 관련되어 있다.

전략의 위기는 기업의 생존과 직결되는 것들이기 때문에 위기관리가 아주 중요하지만 이 전략이라는 것이 눈에 보이지도 않고 측정하는 것도 쉽지 않기 때문에 제대로 위기관리를 하는 기업은 많지 않다. 그런데 자세히 살펴보면, 기업 파산의 대부분은 이 전략의 위기를 정확하게 인식하지 못하거나 대응하지 못해 발생한다는 것을 알 수 있다.

마지막으로, 모든 기업들이 가장 많은 투자를 하는 것이 운영상의 위기관리다. 왜냐하면, 운영상의 위기는 눈으로 확인할 수 있고 측정이 가능하기 때문이다. 운영상의 위기는 구매, 생산, 품질관리, 디자인, 마케팅, 고객관리 등 전술적 개념의 것들과 관련되어 있다. 예컨대, 대한항공의 땅콩 회항 사건, 파리바게뜨의 쥐식빵 사건 등과 같은 것이 대표적인 운영상의 위기다. 이러한 위기관리는 제품이나 서비스에 치명적인 문제가 발생했을 때 회사에 대한 들끓는 여론을 잠재우고 고객의 분노와 이탈을 막는 방법에 집중되어 있다. 사실, 운영상의 위기관리는 기업경영의 기본이기 때문에 아주 중요하지만, 대부분의 기업들이 유사한 방법으로 경쟁을 하고 있기 때문에 큰 차별성을 갖기가 쉽지 않다.

|표 2-1| 기업 위기의 유형

거시환경적 위기	산업의 위기
- 전쟁, 자연재해, 정치, 경제, 사회불안 등 불가항력적 원인에 의한 위기	- 기술, 공급사, 유통사, 경쟁사, 대체재, 규제 변화 등과 관련된 위기

기업 외부 환경에 의한 위기

전략의 위기	운영상의 위기
- 차별화, 원가 우위, 포트폴리오, M&A, 신사업 진출 등과 관련된 위기	- 구매, 생산, 품질관리, 디자인, 마케팅, 고객 관리 등과 관련된 위기

기업 내부 원인에 의한 위기

원론적으로 생각해 보면, 비즈니스 조기경보는 위에서 말한 네 가지 유형의 위기를 모두 다루는 것이 맞다. 그러나 현실적으로, 기업이 외부에서 발생하는 모든 위기를 관리하고 대응하는 것은 불가능하다. 특히, 거시 환경적 위기는 기업에게 치명적 영향을 미치지만, 기업이 통제할 수 있는 여지가 거의 없기 때문에 이 책에서는 다루지 않을 것이다. 앞서 언급했듯이, 기업에서 말하는 대부분의 위기관리는 운영상의 위기관리인데 이 역시 다루지 않을 것이다.

이 책에서 말하는 조기경보는 산업의 붕괴와 전략의 위기를 예측하고 대처하기 위한 고민에서 출발했다. 그렇기 때문에, 기업에서 일반적으로 생각하는 위기관리와 이 책에서 말하는 조기경보는 완전히 다른 개념이라고 할 수 있다. 우리 기업들은 이제 전통적으로 해 오던 생산성 향상과 원가 절감에만 관심을 가져서는 안 된다. 왜냐하면, 기업의 치명적 위기는 이러한 운영상의 위기보다는 산업의 위기, 전략의 위기로부터 오는 경우가 대부분이기 때문이다.

Competitive Intelligence

2장
비즈니스 조기경보

1. 조기경보, 왜 필요한 것인가?

여러분 중에 혹시 〈더 임파서블〉이라는 영화를 본 사람이 있는지 모르겠다. 이 영화는 초대형 지진 쓰나미로 인해 30만 명 이상의 사상자가 발생한 사건을 소재로 한 영화다. 2004년 12월 26일 오전 9시경, 인도네시아 스마트라섬 서부 해안 40km 지점의 해저에서 규모 9.1의 지진이 발생했고, 불과 15분 만에 최고 30m가 넘는 엄청난 높이의 쓰나미가 남아시아 전 지역의 해안으로 몰려왔다. 동물들은 쓰나미의 급습을 직감하고 높은 곳으로 달아났다고 한다. 사람들만 아무것도 모른 채 한가로이 해안에 머물고 있다가 희생되었다.

정말 안타까운 것은 지진 발생 직후에 쓰나미의 급습 가능성을 빨리 알렸더라면 사람들이 대피하거나 높은 곳으로 이동할 수 있는 시간이 있었다는 사실이다. 지진 발생 후, 쓰나미가 육지를 덮치는 데 걸린 시간은 진원지와의 거리에 따라 15분에서 7시간까지 차이가 났다. 그런데 이와 같은 시간은 거리에 따라 차이가 있겠지만, 피신하는 것이 도저히 불가능할 정도로 짧은 시간은 아니었다. 그러나 아무런 경보도 내려지지 않았다. 마침 이날은 크리스마스 다음 날이자 일요일이어서 모든 관공서가 휴무였다. 운명의 그 날, 쓰나미는 소리 없이 그렇게 다가온 것이다. 이 영화는 진한 가족애와 함께 적절한 타이밍에 정확한 정보의 전달이 얼마나 중요한지를 다시 한 번 느끼게 했다.

2014년 피어슨 보고서에 따르면 지난 35년간 자연재해로 인해 약 250만 명의 사람들이 목숨을 잃었고, 지난 10년간 2조 5천억 달러의 경제적 손실을 가져왔는데 대부분 개발도상국이 피해를 입은 것으로 나타났다. 이러한 결과를 초래하는 원인을 들여다봤더니 자연재해에 대한 인식 부족, 조기경보 시스템의 부족, 재해 대응 훈련의 부족이 주요 원인으로 나타났다.

그런데 지진이나 태풍, 가뭄, 화산 폭발과 같은 자연현상이 모두 끔찍한 재앙으로 이어지는 것은 아니다. 재앙은 이러한 자연현상에 무방비로 노출되어 제대로 대처할 수 없을 때 발생하는 것이다. 폭우가 쏟아지더라도 배수 시설이 잘되어 있는 지역에서의 폭우는 재앙으로까지 이어지지 않는다. 그러나 같은 폭우라도 기반이 취약한 지역에서는 나무를 뽑아내고 산사태를 발생시키고 생명을 위협하는 끔찍한 재앙으로 이어진다. 내전으로 인해 농업 기반 시설이 부족한 아프리카의 몇몇 국가에서는 약간의 가뭄도 기근으로 이어진다. 이 취약성이라는 것이 자연현상을 재앙으로까지 이어지게 하는 것이다. 취약한 곳이 없다면 사실 조기경보가 필요 없을 수도 있다. 그런데 한번 생각해 보자. 이 세상에 취약한 곳 없는 지역이 어디 있겠는가? 또 취약한 곳 없는 기업이 어디 있겠는가?

2. 비즈니스 조기경보는 무엇인가?

기업을 하다 보면 위기는 언제나 찾아오기 마련이다. 산업의 붕괴, 경쟁사의 혁신적인 기술, 대체재의 출현, 점점 강화되는 규제, 업계의 지각을 흔드는 M&A 등 경쟁의 패러다임과 게임의 룰을 바꿀 수 있는 위기가 언제든지 올 수 있다. 그런데 이러한 위기는 자연재해로 인한 위기와 달리 절대로 하루아침에 발생하지 않는다. 모든 비즈니스 위기에는 반드시 시그널이 있고 골든타임이 존재한다. 시그널을 감지하고 못하고는 순전히 기업의 몫이다. 운 좋게 시그널을 감지했다고 하더라도 제때에 필요한 조치를 취하고 안 취하는 것 역시 기업의 몫이다.

기업 실패의 대명사로 알려져 있는 코닥 얘기를 잠시 해 보자. 코닥은 2011년에 파산했다. 그런데 코닥의 위기 시그널은 1980년대부터 지속적으로 감지되고 있었다. 1980년에 필름의 주재료인 은 파동 사건이 있었고, 1981년에는 소니가 마비카(Mavica)라는 브랜드로 최초의 디지털카메라를 출시했다. 코닥이 파산하기 딱 30년 전이다. 사태의 심각성을 느낀 코닥은 1997년에 이르러서야 디지털 사업에 뛰어들었다. 그러나 버스는 이미 떠났다. 앞서 얘기했듯이, 1980년대로 접어들면서 코닥의 위기 시그널은 계속해서 감지되고 있었고 10년 정도의 골든타임도 있었다. 그러나 코닥은 모든 것을 무시했다. 필름에서 여전히 수익이 나오고 있었기 때문이다.

서문에서 언급했듯이, 우리나라의 조선 3사가 지금 심각한 위기를 겪고 있다. 자, 그런데 솔직히 한번 말해 보자. 이들 기업은 이런 위기가 올 수도 있다는 것을 정말로 알지 못했을까? 아니다. 그들은 위기가 다가오고 있음을 알고 있었다. 그러나 상황이 유리하게 바뀌기를 기다리면서 차일피일 미루고 있다가 이 지경까지 이르게 된 것이다. 그럼 도대체 왜 미루었을까? 위기의 실체를 정확히 파악하지 못했거나 위기가 설마 이렇게까지 빨리 들이닥치지는 않을 것이라고 생각했거나 둘 중 하나일 것이다. 왜 이런 현상이 발생하는 것일까? 초기 시그널이 아주 미미하고 모호했기 때문이다. 그래서 초기의 미묘한 시그널을 정확하게 감지하는 능력이 필요한 것이고, 이를 기술적으로 가능하게 하는 것이 비즈니스 조기경보다. 뭐든지 제때, 소위 말하는 골든타임 내에 해야 소용이 있는 것이다. 골든타임이 지난 후에는 브레이크가 고장 난 자동차처럼 걷잡을 수 없는 상황으로 되어 버리는 경우가 대부분이기 때문이다.

조기경보는 기업에 영향을 미칠 수 있는 잠재적인 사건들을 예측하고 모니터링하여 위기와 기회를 사전에 인식하는 것이 목표다. 그렇기 때문에, 제대로 된 조기경보를 위해서는 산업의 변화. 시장의 움직임, 기술, 규제, 대체재, 경쟁사, 고객의 선호도와 같은 다양한 요소들이 어디로 향하고 있고, 어떻게 상호작용할 것인가를 면밀히 살펴야 한다. 왜냐하면, 이러한 모든 것들이 비즈니스의 결과를 변화시키고 결국은 기업의 미래를 결정짓기 때문이다. 그런데 여기에서 한 가지만은 당부하고 싶다. 산업의 붕괴나 기업의 위기 징후를 100% 정확하게 예측하겠다는 욕심을 버려야 한다는 것이다. 우리가 할 수 있는 유일한 방법은 하나의 시각으로 미래를 바라보는 것이 아니고 산업의 붕괴, 기업의 위기를 불러올 수 있는 다양한 미래 스토리를 만들고 이러한 스토리의 구성 요소가 되는 시그널들을 찾아내어 추적하고 통합하는 것뿐이다. 이것이 조기경보의 전부라고 할 수 있다.

또 하나, 짚고 넘어가야 할 것이 있다. 조기경보는 기업 문화 내지는 비즈니스 프로세스로 이해를 해야지, 전사적자원관리(ERP)와 같은 하나의 정보시스템으로 생각해서는 안 된다. 이 말은 다시 말하면, 어느 기업에게나 꼭 맞는 표준화된 시스템이 있을 수 없다는 말이다. 뒤에서 자세히 살펴보겠지만, 조기경보 시스템이 가장 잘 되어 있는 것으로 알려진 쉘(Shell)의 조기경보 시스템이 여러분 기업의 조기경보 시스템이 될 수는 없다는 말이다. 왜냐하면, 산업이 다르고, 시장이 다르고, 제품과 서비스의 수명 주기가 다르고, 기업의 자원이 다르고, 기업의 전략이 다르기 때문이다.

자, 그런데 많은 기업들이 어떻게 하고 있는가? 조기경보는커녕, 연초에 한 해의 사업 전략을 짤 때나 경영진이 바뀔 때, 또 위기가 코앞까지 들이닥쳐서야 허겁지겁 정보를 찾고 해결 방안을 찾는다. 이렇게 급조된 전략이 제대로 만들어졌을 리는 만무하다. 비즈니스 전략과 시장 정보를 제공하는 국내의 한 기업 담당자에 의하면 연초만 되면 회원 가입이 급증한다고 한다. 평상시에는 경쟁 환경 변화에 대해 무신경하게 있다가 연초에 CEO 업무 보고 자료를 만들기 위해 이런저런 조사와 분석을 한다고 난리를 친다는 것이다.

조기경보는 미래의 불확실성에 대비하는 것이기 때문에 어찌 보면 보험과 유사하다. 보험은 누구에게 필요한 것인가? 재벌가의 사람들에게 필요한 것일까? 아니면 평범한 직장인들에게 필요한 것일까? 당연히 평범한 직장인들에게 필요한 것이다. 이유는 굳이 말할 필요가 없을 것이다. 조기경보도 마찬가지다. 한두 번의 실패를 감수할 수 있는 자산을 충분히 가지고 있는 대기업들은 조기경보에 둔감할 수 있다. 왜냐하면, 실패를 하더라도 회복하고 재기할 수 있는 여력이 있기 때문이다. 그러나 그렇지 않은 기업들은 조기경보가 반드시 필요하다. 한 번의 위기, 한 번의 실수로 모든 것을 잃을 수도 있기 때문이다.

기업 경영의 실패라는 것이 앞서 얘기한 쓰나미와 같은 끔찍한 참사로 이어지지는 않을지라도 파산 기업의 CEO와 직원들이 겪는 고통과 괴로움은 결코 작지 않다. 이루 말할 수 없을 만큼의 참혹함과 고통을 요구한다. 그렇기 때문에, 비즈니스 조기경보의 중요성은 자연재해의 그것에 비해 결코 뒤지지 않는 것이다.

3. 조기경보 시그널, 어떻게 추적할 것인가?

시그널에 대해 얘기하기 전에 우선, 어떤 관점으로 시장을 바라봐야 하는지에 대해 잠시 생각해 보자. 혁신의 아이콘인 스티브 잡스가 어떻게 음반 시장을 재편했는지 알아보자. 모든 기업들이 변화를 말하고, 고객을 말하고, 혁신을 말한다. 그런데 좀 더 저렴하게 생산하고, 좀 더 작게 만들고, 좀 더 성능을 개선하는 것에만 관심을 가지고 있다. 그러나 스티브 잡스는 큰 시각으로 음반 시장의 다양한 시그널을 읽었다. 그리고 이 시장이 안고 있는 근본적 문제에 대한 해법을 제시했다. 그는 음반 시장의 세 이해 당사자들을 바라보았다. 그들은 아티스트, 음반 제작자, 소비자다. 아티스트들은 마땅한 음반 제작자를 찾기가 어려웠고 어렵사리 계약을 해도 매출의 3%만을 받는 것은 말이 안 된다고 생각했다. 또 그들의 음악이 디지털화되어 불법으로 유통되는 것에 대해 항상 불안감을 가지고 있었다. 음반 제작자들도 음반이 복제되고 도용되는 것에 대해 아티스트들과 똑같은 불안감을 가지고 있었고 제작된 음반의 80%가 항상 재고로 남아 있는 것에 대해 걱정하고 있었다. 그들은 좋은 음악을 선별하고 음반을 제작할 줄은 알았지만 음반 유통에 있어서는 상당한 어려움을 겪고 있었다.

소비자들은 또 어떤가? 듣고 싶은 음악은 단 한 곡뿐인데도 이 한 곡을 듣기 위해 수십 곡이 수록된 CD나 DVD를 사야 했다. 스티브 잡스는 이러한 시장 참여자들의 욕구와 불만을 수백억 달러의 혁신 기회로 연결하여 증명시켰다. 이것이 아이팟이다. 우리가 특정 기술이나 경쟁사에 지나치게 몰입되지 말고 보다 큰 그림을 봐야만 하는 이유가 여기에 있다. 전문가라는 사람들이 말하는 미래 기술, 첨단 기술만이 혁신으로 이어지는 것이 아니다. 공급사, 생산자, 유통사, 고객, 경쟁사 등 시장 참여자들의 채워지지 않는 욕구를 새로운 관점에서 바라보고 이것에 대한 해결책을 내놓는 것이 바로 혁신의 기회라는 것을 알아야 한다.

평범한 사람이 하루아침에 스티브 잡스와 같은 통찰력이 생기지는 않겠지만, 나무만을 보지 않고 숲을 보기 위한 노력을 하는 것은 아주 중요하다. 자, 이제 조기경보 시그널에 대해 생각해 보자. 첫 번째로 해야 할 일은 위기를 유발시킬 수 있는 잠재적 원인들을 찾아내는 것이다. 이를 위하여 잠재적인 위기 발생 유발 요소들을 시간의 흐름에 따라 순차적으로 배열해 보는 것이 큰 도움이 된다. 위기를 유발시킬 수 있는 초기의 원인이나 중간 원인을 사전에 파악할 수 있다면 시간을 갖고 유연하게 다양한 각도에서 대응할 수 있다.

자, 이해를 돕기 위해서 단순한 사례를 생각해 보자. 어떤 회사의 CEO가 부채 상환 불이행으로 인해 발생할 수도 있는 위기에 대해 걱정하고 있다. 왜냐하면, 이 회사는 최근에 상당한 규모의 은행 차입을 통해 신규 투자를 했기 때문이다. 그러니까, 여기에서는 상환 불이행이 미래에 발생할 수 있는 최악의 위기 상황이다. 따라서 부도를 유발시킬 수 있는 사건이나 근본 원인들을 찾아야 한다.

상환 불이행으로 이어질 수 있는 시그널들은 최근의 판매량 감소(상환 불이행은 기본적으로 순수입, 이자율과 관련되어 있으므로), 현금의 부족, 단기 부채의 증가, 신용한도의 감소와 같은 것들이 될 수 있다. 이러한 시그널들은 가까운 미래에 상환 불이행이 발생할 수도 있다는 조기경보의 역할을 한다. 이러한 시그널들을 모니터링 함으로써 위기가 눈앞에서 벌어지기 전에 경영진이 미리 채권자들과 논의할 수 있는 시간과 기업의 전략을 변경할 수 있는 다소의 시간을 벌 수 있다. 그러나 이러한 시그널들은 충분한 시간을 주지 못하므로 보다 폭넓은 전략의 변화를 줄 수 있는 여유를 갖기 위해서는 근본적인 시그널들을 찾아내 추적해야 한다. 예컨대, 주 고객사의 산업 동향과 시장 경쟁력, 경쟁사 또는 대체 제품의 판매량, 규제 기관의 움직임, 고객의 반응 등과 같은 다양한 요소들을 면밀히 살펴야 한다. 왜냐하면, 이와 같은 시그널들은 자사 제품 판매량의 감소, 미래의 현금 부족과 같은 중간 사건을 유발시키고 이는 결국, 상환 불이행으로 이어질 수 있기 때문이다.

과거의 성과 지표와 위기 시그널을 구분하라

가장 쉬운 것 같으면서도 어려운 것이 과거의 성과 지표와 위기 시그널을 구분하는 것이다. 이사회나 경영진은 매분기 또는 매년, 기업의 성과를 알려주는 지표들을 정기적으로 보고 받는다. 이러한 보고서가 담고 있는 지표는 월별·분기별·연도별 판매 추이, 선적 수량과 같은 것들인데, 많은 기업들이 이들 지표에 문제가 생기면 그제야 위기를 인식한다. 과거의 성과 지표만을 보는 것이다. 이와 같은 지표들은 이미 발생한 일들에 대한 결과를 나타내는 것이기 때문에 완전히 잘못된 지표를 보고 있는 것이다.

잠시, 은행의 조기경보 지표에 대해 알아보자. 은행 조기경보의 목적은 당연히 경제 위기, 금융 위기를 예측하고 재무 건전성을 확보하기 위한 것이다. 그런데 국내 은행들의 조기경보 시스템 역시 제 기능을 하지 못하고 있다는 비평을 받고 있다. 왜 그럴까? 가만히 들여다봤더니 은행들 역시 위기를 예측하기 위한 지표로 연체율, 부도율, 환율, 주가 등과 같은 과거의 지표를 사용하고 있었다. 이와 같은 것들은 위기를 유발시킬 수 있는 시그널이 아니고 이미 벌어진 일들의 결과를 말해주는 것들이다. 엉뚱한 시그널을 보고 있는데 제아무리 첨단 IT기술을 활용하여 분석을 하고 예측을 하면 뭘 하겠는가? 우리나라는 1998년 외환위기 당시 조기경보 시스템을 갖추지 못한 대가를 톡톡히 치른 일이 있다. 그러나 2008년의 미국 발 금융 위기, 2011년의 유럽 발 금융 위기 때도 조기경보는 없었다. 언제나 그랬듯이 사태가 터진 뒤에야 은행도 정부도 허둥지둥 대응책을 마련하느라 분주했다. 이대로라면 앞으로도 여전히 조기경보 같은 것은 없을 것이고, 일이 터진 후에 허둥대는 행태 역시 반복될 것은 불을 보듯 훤한 것이다.

4. 완벽한 정보를 기대하지 마라

우리가 비즈니스 역사를 통해서 알 수 있듯이, 기업 파산의 씨앗은 아무도 생각하지 못했던 작은 균열로부터 시작된 경우가 많았다. 그런데 파괴를 일으키는 미세한 균열은 확산되어 완전한 힘을 발휘하기까지 일정한 시간을 필요로 한다. 소위 말하는 골든타임이 존재한다. 하지만 뭔가를 바꿀 수 있을 시점에서의 초기 시그널은 미미하고 명확하지 않기 때문에 대부분 무시되고 만다. 그러나 시간이 흘러 마침내, 그러한 힘을 누구라도 느끼고 볼 수 있을 즈음에는 이미 너무 늦어서 걷잡을 수 없는 상황이 되어 버린다. 그래서 초기의 변화를 정확하게 감지할 수 있는 능력이 필요한 것이다.

자, 조금 더 구체적으로 알아보기 위해 의사결정과 정보의 관계에 대해 생각해 보자. 그림 2-1을 보자. 그림을 보면 두 개의 선이 있고, 그림의 오른쪽 끝(일정한 시간이 흐른 후)에 어떤 사건이 발생한 것을 볼 수 있다. 물론, 이 사건이라는 것은 기업의 비즈니스와 관련된 사건이다. 예컨대, 기존 기술을 무용지물로 만들 수 있는 신기술의 출현일 수도 있고, 대체재의 출시일 수도 있고, 업계의 지각을 뒤흔드는 M&A일 수도 있고, 규제의 변화일 수도 있다. 그림의 점선은 시장기회나 의사결정의 유연성을 나타내는 선이고, 실선은 정보의 정확성이나 빈도를 나타내는 선이다. 오른쪽으로 갈수록, 즉 시간적으로 특정사건에 가까워질수록 그 사건과 관련된 많은 정보가 쏟아져 나오면서 사건의 발생 가능성은 한층 높아진다. 반면, 시간이 지남에 따라 시장기회와 의사결정의 유연성은 확연히 줄어드는 것을 볼 수 있다.

조기경보에 대해 CEO들과 얘기할 때, 저자가 첫 번째로 하는 질문은 어느 정도의 정보를 가지고 있을 때, 다시 말하면 어느 정도의 확신이 섰을 때 의사결정을 하는지를 묻는 것이다. 물론, 답변은 천차만별이다. 여러분은 20%의 확신이라도 있다면 의사결정을 할 수 있겠는가? 만약 20%가 불안하다면, 여러분은 어느 시점에서 의사결정을 할 것인가? 50%에서 할 것인가? 이것도 불안하다면 70%, 아니면 90%에서 할 것인가? 이것도 아니면 아예, 사건이 발생하기 바로 직전에 의사결정을 할 것인가? 당연히, 사건이 발생하기 직전에는 이런저런 정보가 넘쳐날 것이고 사건 발생에 대한 확신은 더욱더 커질 것이다.

그러나 이때는 다양한 대안을 생각하면서 의사결정을 할 수 있는 선택의 여지가 거의 없다는 것을 알아야 한다. 사건 발생이 임박했다는 것을 모든 사람들이 다 알 정도로 정보가 넘쳐날 때는 이미 시장기회는 사라져 버렸거나 위기 수습이 불가능한 상황으로 변해 버리기 때문이다.

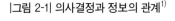

|그림 2-1| 의사결정과 정보의 관계[1)]

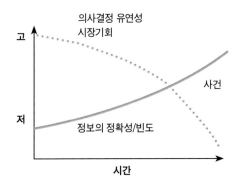

1) Arjan Singh, How to Build a Strategic Early Warning System, The Next IntelCollab Webinar from Aurora WDC, 16th September, 2015

5. 조기경보 프레임, 어떻게 만들 것인가?

어떤 타임라인을 가지고 할 것인가?

이제 조기경보 시스템을 어떻게 설계할 것인가에 대해 생각해 보자. 가장 첫 번째로 고려해야 할 것이 타임라인이다. 왜냐하면, 산업에 따라서 타임라인은 큰 차이가 나기 때문이다. 만약 여러분의 기업이 정보통신 산업에 속해 있다고 생각해 보자. 사업계획을 만들고 실행하기 위한 타임라인은 3개월이나 6개월 정도가 될 것이다. 길어야 1년일 것이다. 다른 산업에 비해서 기술의 변화가 비교적 빠르기 때문이다. 이런 산업의 기업들은 중장기 미래전략을 만들 때도 길어야 3년 정도의 타임라인을 가지고 바라본다.

제약 산업을 보자. 제약 산업은 정보통신 산업보다 타임라인이 길다. 의약품 마케팅 계획을 수립하고 실행하는데 적어도 2년 정도의 시간이 필요하고, 신약 개발 등 기업의 방향성과 관련된 미래 전략을 만들고 실행하는데는 아무리 적어도 7-10년 정도의 시간이 필요하다. 전 세계적으로 1조 달러의 시장을 두고 경쟁하고 있는 제약사들은 보통 10년 이상을 바라보면서 신약 개발이라는 큰 모험을 하고 있다. 그러나 그 기간 동안에 신생 바이오 기업이 10년 동안에 걸쳐 개발한 제약사의 신약을 범용품으로 만들 수도 있고, 정부의 규제로 인해 특정 화합물이 시장에 진입하지 못할 수도 있다. 또, 갑작스럽게 고가의 신약에 부작용 문제가 제기될 수도 있다. 실제로 이런 사건들로 인해 제약사가 큰 타격을 입은 사례는 비일비재하다.

어떤 제약사 CEO는 3년 전부터 이러한 위기에 대해 준비를 해왔다고 말한다. 그런데 제약 산업에서 3년이라는 기간은 눈 깜짝할 사이에 지나가는 매우 짧은 시간이다. 바이오나 제약 산업의 특성을 생각할 때 3년이라는 타임라인을 가지고 이러한 위기에 대처하는 것은 도저히 불가능하다. 신약 개발에 소요되는 시간을 감안할 때 제약사들은 적어도 7년, 10년, 15년의 시간을 두고 준비할 필요가 있다. 그렇기 때문에, 여러분의 기업이 속해 있는 산업의 특성을 이해한 상태에서 어떤 타임라인을 가지고 조기경보 시스템을 만들 것인가를 결정해야 한다.

이번에는 에너지 산업을 보자. 에너지 산업은 앞의 두 산업과 완전히 다른 타임라인을 가지고 있다. 예컨대, 해양 플랜트를 하나 건설하기 위해서는 기획, 설계, 발주, 건설, 감리, 가동까지 각 단계별로 상당한 시간을 필요로 한다. 특히, 에너지 산업의 미래 전략은 기후 변화, 인구 변화, 유가 변동 등의 다양한 지표와 산업의 특성을 고려해야 하기 때문에 10년, 15년, 20년 이상의 타임라인을 가지고 바라봐야 한다. 대표적인 기업이 미래 예측을 가장 잘하는 기업으로 세계적인 정평이 나 있는 쉘(Royal Dutch Shell)이다. 쉘은 에너지 산업의 미래를 예측하기 위하여 1960년대부터 미래 시나리오를 만들었다. 쉘은 다양한 시나리오를 만들어 추적했는데, 당시 발생 가능성이 가장 높은 시나리오 중의 하나가 오일 파동이었다. 쉘은 이 시나리오에 대비하기 위해 오래 전부터 충격을 완화할 수 있는 전략을 만들고 준비를 했다. 이러한 노력을 통해, 쉘은 1970년대 오일쇼크의 영향을 최소화하면서 세계적인 에너지 기업으로 성장했다. 지금 쉘은 50년 후의 장기 플랜을 가지고 있다. 쉘 등 조기경보 시스템이 잘 되어있는 기업들의 특성에 대해서는 4부의 2장에서 자세히 살펴보도록 하겠다.

자, 이번에는 다른 관점에서 한번 생각해 보자. 같은 산업, 같은 회사 내에서도 사람과 부서에 따라 위기를 바라보는 타임라인이 다를 수 있다. 여러분이 영업 팀에서 일을 한다고 생각해 보자. 여러분은 아마도 앞으로 6개월 내지 1년의 시간을 생각하면서 일을 할 것이다. 어떻게 하면 연말에 보너스를 받을 수 있을 것인가? 이러한 아주 단기적인 목표 달성에 대해 고민하면서 나름대로의 위기관리를 할 것이다. 마케팅 팀은 그보다 좀 더 긴 2년 정도의 시간을 생각할 것이다. 그러나 CEO는 일반 직원들보다 훨씬 긴 타임라인을 생각하면서 일을 해야만 한다. 직원들과 똑같은 타임라인과 시각으로 비즈니스를 바라봐서는 안 된다. CEO의 가장 중요한 임무는 장기적 시각에서 다른 기업들이 아직 인식하지 못하는 기회를 빠르게 포착하고 위기를 감지하는 것이다. 왜냐하면, 직원들은 전술적 위기관리, CEO는 전략적 위기관리에 집중해야만 하기 때문이다.

|그림 2-2| 조기경보의 구성요소[2]

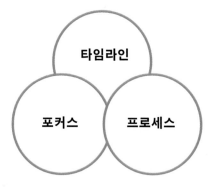

2) Arjan Singh, How to Build a Strategic Early Warning System, The Next IntelCollab Webinar from Aurora WDC, 16th September, 2015

무엇에 집중할 것인가?

　이번에는 포커스 문제다. 전략적 조기경보를 위한 시그널을 추적할 때 기업 비즈니스와 관련된 모든 것들을 다 할 수는 없다. 이것은 시간 낭비이고 그렇게 할 수도 없다. 결국, 중요한 것은 가장 큰 영향력을 미칠 수 있는 것들은 무엇인지? 또 이러한 것들이 우리 회사의 비즈니스에 어떻게 작용할 것인가를 명확히 아는 것이다.

　이를 위해, 우선적으로 해야 할 것 중의 하나가 기업이 직면할 수 있는 잠재적 문제들을 정의하고 진단하는 것이다. 왜냐하면, 우리 회사의 잠재적 문제가 무엇인지도 모르는 경우가 허다하기 때문이다. 여러분은 회사가 직면할 수 있는 사건들을 예측하고 또 예상치 못한 위기 상황에 대응하기 위해 이런저런 질문을 할 것이다. 그런데 자칫하면 초점을 벗어난 질문과 대답으로 이어질 수 있다. 피터 드러커가 말했듯이 가장 심각한 실수는 잘못된 대답을 하는 것이 아니라 애초에 잘못된 질문을 하는 것이다. 그래서 새로운 시각이 필요한 것이다. 자사의 관점에서 우리의 전략을 바라보면 항상 똑같은 질문이 나올 수밖에 없지만 다른 관점에서 바라보면 우리가 볼 수 없었던 새로운 것들이 보이기 때문이다. 다양한 시각에서 질문을 하는 방법에 대한 얘기는 2부의 3장에서 하도록 하겠다.

　그 다음으로 해야 할 것이 기업 전략의 근간을 이루고 있는 가정을 끄집어내어 타당한 근거가 있는 가정인지를 꼼꼼히 따져보는 것이다. 3년, 5년, 10년, 15년을 준비하는 기업의 전략이 무엇이든지 간에 전략을 이해하는 데 가장 중요한 것은 전략의 기저를 이루는 가정이 무엇인지를 아는 것이다. 왜냐하면, 모든 잘못된 전략의 뿌리에는 미래에 대한 잘못된 가정이

내포되어 있기 때문이다. 2008년 미국이 금융 위기를 겪기 전에, 소위 내로라하는 금융 전문가들은 미국의 집값이 한꺼번에 급락하지 않을 것이라고 가정하고 온갖 금융 기법을 총동원해서 투자를 하고 대출을 했다. 그런데 도대체 무슨 근거로 이런 가정을 했을까? 모든 것은 항시 변할 수 있다는 것을 잊지 말아야 한다. 금융 전문가들의 가정을 비웃기라도 하듯 미국의 집값은 추락하여 전 세계가 경제 위기를 경험했다.

대부분의 기업들 역시 그들의 전략이 시장에서 아무런 저항 없이 잘 실행될 것이라고 가정하고 이런저런 사업계획을 만든다. 그런데 이런 가정을 토대로 만들어진 기업의 전략은 시장의 모진 풍파에 여지없이 무너져 내리는 경우가 부지기수다. 자, 그럼 새로운 시각으로 우리의 전략을 바라보고 평가하기 위해서는 어떻게 해야 할까? 이를 기술적으로 가능하게 하는 것이 비즈니스 워게임이다. 비즈니스 워게임과 같은 전략 시뮬레이션을 통해 치열하게 토론하면서 자사 전략의 문제점을 적나라하게 드러내야만 한다. 사고의 혁신을 하기 위해서는 촉매제와 같은 역할을 할 수 있는 그 무엇이 반드시 필요하다. 비즈니스 워게임과 같은 전략 시뮬레이션 기법이 이 촉매제 역할을 할 수 있다. 비즈니스 워게임에 대한 얘기는 2부의 3장을 참고해 주기 바란다.

어떤 프로세스로 할 것인가?

사람들은 매일 매일의 날씨에 관심을 가지고 있다. 그래서 늘 기상청의 예보를 보고 듣는다. 그런데 이러한 예보가 사람들에게 전달되기까지는 보이지 않는 복잡한 과정을 거친다. 슈퍼컴퓨터, 인공위성 사진, 각종 센서 등 첨단 장비들이 총동원되고 다양한 모델과 시뮬레이션을 통해 기상을 예측한다. 조기경보도 마찬가지다. 시장 시그널을 포착하고, 정보를 수집하고, 분석하는 기법과 툴이 있다. 이러한 방법들은 이 책 전반에 걸쳐 설명하고 있지만 특히 5부의 2장(정보 수집과 분석 편)을 참고해 주기 바란다.

앞서 1부에서 얘기했듯이, 조기경보 프로세스에서 가장 중요한 것 중의 하나가 산업의 붕괴, 기업의 위기를 불러올 수 있는 다양한 미래 스토리를 만들고 이 중에서 과연 어떤 시나리오가 현실화될 것인지를 알려줄 수 있는 다양한 시그널을 찾아 추적하는 것이다. 조기경보가 기업 문화로 정착되어 있는 한 글로벌 기업을 보자. 이 기업은 전 직원들이 듣고 본 것을 통합적으로 활용하기 위해 스웜 인텔리전스(sworm intelligence)를 활용한다. 예컨대, 한 직원이 잘 알려지지 않은 전시회나 산업 컨퍼런스에 참석하여 경쟁사가 새로운 분야에 자원을 투입하고 있다는 얘기를 듣는다. 이 직원은 재빠르게 이러한 내용을 담은 컨퍼런스 보고서를 작성하여 회사의 인트라넷에 올린다. 이 회사의 인트라넷이 스웜 인텔리전스 네트워크의 역할을 하는 것이다.

여기서 잠시 스웜 인텔리전스에 대해 알아보자. 스웜이라는 말에서 알 수 있듯이 메뚜기떼, 개미떼, 벌떼들이 하나하나 개별적으로 보면 힘도 미약하고 별 볼일 없지만 집단적으로 일사불란하게 활동하면서 상상할 수 없을 만큼의 저력을 나타낸다는 이론이다. 곤충들이 생존하고자 하는 본능적 행동을 컴퓨터 기술이나 경영 활동 등 다양한 분야에 접목하려는 시도가 이루어지고 있는데, 그중 하나가 스웜 인텔리전스다. 기업도 마찬가지다. 직원들 하나하나 개별적으로 보면 네트워크도 제한적이고 연계가 되어 있지 않기 때문에 그 힘도 미미하다. 그러나 직원들의 네트워크가 그 물망처럼 연계되어 소통이 되기 시작하면 그 힘은 실로 어마어마하게 되는 것이다.

이 회사의 인트라넷은 매일매일 새로운 정보와 보고서들이 업데이트된다. 직원들은 언제든지 이 정보에 접근할 수 있고, 다른 직원들을 위하여 추가적인 데이터나 경쟁사의 반응을 게시할 수도 있다. 직원들은 인트라넷을 통해 공유된 다양한 정보들의 사실 여부를 조사, 평가하고 회사에 어느 정도의 위협과 기회를 줄 것인가에 대해 온라인으로 투표를 한다. 이러한 투표는 계속 업데이트되고 CEO가 한눈에 볼 수 있도록 집계된다. 예컨대, 회색 깃발은 계속 주의 깊게 지켜봐야 할 정보들이고 빨간 깃발은 바로 어떤 대응을 해야만 하는 정보들이다. 직원들이 올린 다양한 정보들이 처음에는 아무런 관련성이 없는 것처럼 보이지만 이러한 정보들이 마치 퍼즐을 맞추듯이 하나하나 모여지면 하나의 큰 그림이 보이기 시작한다. 다시 말하면, 산업과 시장의 변화 방향이 명확해지고 경쟁사의 의도가 보이는 것이다. 스웜 인텔리전스를 통해 회사의 전 직원들이 시장 시그널을 탐색하는 모니터링 요원 역할을 하는 것이다.

그렇기 때문에, 제대로 된 조기경보를 위해서는 다양한 부서의 사람들을 조기경보 과정에 참여시켜 협업을 해야 한다. 연구 개발 부서의 직원들은 논문, 특허, 기술 보고서 등을 접하는 사람들이기 때문에 최신의 기술 트렌드에 대해 잘 알고 있다. 콜센터 직원들은 고객의 불만과 요구를 항상 듣는다. 전략 부서의 직원들은 산업 내의 각종 규제에 관한 정보를 가지고 있다. 이러한 모든 정보들은 경쟁사뿐만 아니라 산업과 시장의 변화를 파악하는데 기초가 되는 중요한 것들임에도 불구하고 이부서 저 부서에 분산되어 있다. 그런데 안타깝게도, 이런 정보 퍼즐들을 큰 시각에서 종합적으로 맞추려는 노력을 하는 기업은 많지 않다.

마지막으로 조기경보 시스템이 성공하기 위한 가장 중요한 요소 중의 하나는 최고 경영자의 전폭적인 지원이다. 물론, 가장 이상적인 것은 최고 경영자가 조기경보 프로세스에 직접 참여하여 일정한 역할을 하는 것이다. 하지만, 우리의 기업 문화로 볼 때 현실적으로 어려울 수 있다. 조기경보 시스템을 잘 운영하고 있는 해외 기업들을 보면 CEO가 조기경보 프로세스에 직접 참여하는 경우가 많았다. 그렇지 않은 경우에는, 경쟁정보나 조기경보 책임자가 그 어떤 부서도 거치지 않고 CEO에게 직접 보고하거나 CEO로부터 한 단계 정도만 떨어져 있다. 실무 부서에서 제아무리 조기경보를 해도 CEO가 무시하고 필요한 조치를 취하지 않으면 아무런 의미가 없기 때문이다.

6. 조기경보에 카피앤페이스트는 통하지 않는다

앞서 살펴보았듯이, 전략적 조기경보 시스템을 설계할 때는 타임라인, 포커스, 프로세스 등 조기경보의 뼈대를 구성하는 요소들을 명확히 이해한 상태에서 기업의 업력, 시장 점유율, 경기순환 주기 등을 다각적으로 고려해야 한다. 우선, 기업의 업력 관점에서 보자. 초기 단계의 기업들은 많은 불확실성을 가지고 있다. 초기 기업들은 공급사, 경쟁사, 고객, 대체재,

규제, 기술 등 수많은 불확실성을 해소하기 위해 좌충우돌한다.

자, 이제 시간이 흘러 기업이 안정기를 지나 성숙기로 접어들었고 이런 저런 경험도 했다. 그런데 기업 경험이 축적될 때마다 습관도 축적된다. 특히, 당시의 판단과 행동이 옳았을 때 자신감은 더욱더 견고하게 된다. 문제는 경쟁 환경이 변했음에도 불구하고 계속적으로 과거와 같은 판단과 행동을 하려는 성향에 있다. 이때부터 외부 환경에 대한 인지 부조화가 발생하게 된다. 다시 말하면, 시장에 대한 기업의 인식과 실제 시장 사이에서 부조화가 생기는 것이다. 이런 관점에서 보면, 경험이 없다는 것은 초기 기업들에게 오히려 이점이 될 수도 있다. 왜냐하면, 그들은 지나친 자신감이라는 덫에 걸려 있지 않기 때문이다. 따라서 사업 초기의 조기경보는 경쟁환경의 불확실성을 줄이는데 집중되어야 하고, 성숙기에는 기업 전략의 밑바닥에 깔려 있는 보이지 않는 가정과 신념을 추적하고 기업의 자만심을 경계하는데 집중되어야 한다. 성공한 CEO들의 지나친 확신과 자신감에 대한 얘기는 3장에서 자세히 하도록 하겠다.

조기경보 시스템을 설계할 때 간과하는 것 중의 하나가 기업이 가지고 있는 시장 점유율이다. 시장 점유율이 작다는 것은 전체 시장을 바라보는 기업의 시각이 편향될 수 있고, 산업의 변화에 영향을 미치는 중요한 이슈들을 정확하게 인식하지 못할 수 있기 때문이다. 다시 말하면, 잘못된 지표에 집중하는 경우가 생길 수 있다. 예컨대, 특정 지역의 시장에만 집중하다 보니 일부의 시그널만 감지하게 되고 시장의 큰 흐름을 인식하지 못하는 경우가 생길 수 있다. 기업의 네트워크가 제한적으로 될 수 있기 때문이다. 한마디로 말하면, 우물 안의 개구리가 되는 것이다. 그렇기 때문에, 시장 점유율이 작은 기업은 시장에서 발생하는 시그널을 인식하는데 기업 내부의 정보에만 의지해서는 안 된다. 이 경우, 조기경보는 이러한 약점들을 극복하고 산업의 변화와 시장의 큰 흐름을 다양한 각도에서 감지하기 위한 외부 네트워크를 적극적으로 활용해야 한다.

이번에는 경기순환 주기에 대해 생각해 보자. 침체기에는 기업들이 생산 단가, 임금 등 이런저런 지출 경비를 줄이는데 집중하게 된다. 기업이 어렵기 때문에 경영진은 단기적인 처방에 대부분의 자원을 투입할 수밖에 없는 것이다. 그런데 이때는 조기경보를 통해 경쟁사들보다 빠르게 시장기회와 위협에 대해 인식을 하더라도 어떤 조치를 취할 만한 자원이나 여유가 없는 경우가 많다. 따라서 경기가 좋고 기업이 잘 나갈 때 오히려 조기경보에 관심을 가져야 한다. 건강도 건강할 때 지켜야 한다는 이치와 같다고 할 수 있다.

이번 장을 마무리 짓자. 지금까지의 얘기를 종합하면 결국, 기업의 조기경보 시스템은 차별적으로 만들 수밖에 없다는 것이다. 다시 말하면, 어느 기업에나 딱 맞는 표준형이 있을 수 없다는 말이다. 이것이 조기경보 시스템이 정착하기 어려운 이유 중의 하나다. 미래 예측 시스템의 선도 기업인 쉘의 조기경보 시스템이 여러분 기업의 조기경보 시스템이 될 수는 없는 것이다. 왜냐하면, 지금까지 살펴보았듯이 산업이 다르고, 시장이 다르고, 시장에서의 위치가 다르고, 제품의 수명주기가 다르고, 기업의 전략이 다르기 때문이다. 기업들이 처한 경쟁 환경이 모두 다르기 때문에 조기경보의 대상과 범위가 다른 것이다. 그렇기 때문에, 성공한 기업들의 조기경보 시스템을 그대로 모방해서 디자인하면 십중팔구 실패하는 것이다. 왜냐하면, 조기경보에서는 카피앤페이스트가 통하지 않기 때문이다.

7. 미래는 예측하는 것이 아니라,
다양한 시각으로 바라보는 것이다

조기경보의 목적은 남들보다 한발 앞서 산업의 변화와 시장의 움직임을 예측하고 대응하는 것이다. 우리 회사에 엄청난 영향력을 미칠 수 있고 발생 가능성이 확실한 것이라면 그 기회나 위협은 이미 여러분 회사의 문 앞에 와 있는 것이다. 따라서 지금 당장 회사의 모든 자원을 활용하여 대응해야 한다. 반면, 여러분의 회사에 상당한 영향력을 미칠 것은 확실하지만 발생 가능성이 불확실하다면 조기경보를 위한 완벽한 후보를 가지고 있는 것이다.

어느 누구도 미래를 정확히 예측할 수는 없다. 다시 한 번 말하지만, 우리가 할 수 있는 유일한 방법은 다양한 시각을 통해 얻은 시그널의 점들을 연결하여 미래에 발생할 가능성이 있는 스토리 라인을 만드는 것이다. 물론, 이 스토리는 좋은 것일 수도 있고 나쁜 것일 수도 있다. 따라서 3-4개 정도의 스토리를 스케치할 수 있는 시간을 갖고 각각의 결과에 대비할 수 있는 전략을 만드는 것은 기업에게 안전망을 쳐 주는 것과 같다. 이런 기업은 어떤 미래가 다가오더라도 대응할 수 있을 것이며 계속해서 생존하고 성장할 수 있다.

조기경보라는 것이 돈으로 헤아릴 수 없을 만큼의 큰 혜택을 줄 수 있는 것은 맞다. 그렇지만 제약사가 신약 개발을 위하여 10년 이상의 시간을 투자하면서 연구 개발과 임상 실험을 하듯이, 성공적인 조기경보를 위해서는 훈련과 인내심이 반드시 필요하다. 서문에서 말했듯이, 조기경보는 하나의 프로세스이지 즉각적으로 효과가 나타나는 특효약이나 미봉책 같은 것이 아니기 때문이다.

조기경보를 위한 구성 요소는 고객뿐만 아니라 산업과 시장의 변화, 기술, 규제, 대체재, 경쟁사 등 다양하다. 이와 같은 구성 요소들은 기업이 서로 다른 미래를 그릴 때 사용해야만 하는 빌딩 블록과 같다. 당구공과 같은 이러한 구성 요소들이 어디로 향하고 있고, 어떻게 상호작용을 할 것인가? 이것이 비즈니스에 영향을 미치고 결국 기업의 미래를 결정짓기 때문이다. 만약에 여러분이 제대로 된 시나리오를 만들었다면 시간이 지남에 따라 최종적으로 하나나 두 개 정도의 시나리오가 현실화될 것이다.

한 제약사가 만든 시나리오

한 제약사가 겪고 있는 위기에 대해 알아보자. 이 기업은 두 개의 신약 개발을 통해 한동안 성공 가도를 달리다가 어느 순간 심각한 상황에 직면하게 되었다. 시장에 갑작스럽게 등장한 것처럼 보이는 모방 의약품, 지속적으로 시장을 빼앗아 가는 대체 치료제, 싼 값에 유통되기 시작한 복제약 등으로 인해 이 기업은 가장 힘든 시기를 보내고 있었다. 이 회사의 최근 상황에 대해 이런저런 얘기를 나누던 중에 기업연구소 소장과 마케팅 책임자에게 몇 가지 질문을 했다. 회사가 직면할 수 있는 위기 상황이나 시장기회에 대해서 알고 싶을 때 주로 어떻게 하는지, 또 그러한 것들이 무엇이라고 생각하는지를 물었다. 질문이 너무 어려웠는지 아니면 갑작스럽게 질문을 받아서 그런지는 몰라도 "글쎄요"라고 하면서 둘 다 명확하게 말하지 못하였다.

그래서 두 가지 기준을 준 후에, 우려하고 있는 잠재적 위협들에 대해 등급을 한번 매겨볼 것을 요청했다. 첫 번째 기준은 회사에 위협을 줄 수 있는 사건이 일어날 가능성은 얼마나 높은지, 두 번째 기준은 이러한 위협이 회사에 얼마나 영향을 미칠 것인지, 이 두 가지 기준으로 미래에 발생할 가능성이 있는 잠재적 사건들에 대해 생각해 볼 것을 요청했다. 숙제의 가이드라인을 준 것이다. 며칠이 지난 후, 그들은 향후 몇 년 안에 일어날 수 있는 몇몇 사건들을 제시했고, 위에서 얘기한 두 개의 기준으로 평가를 했다. 이러한 사건들이 바로 미래의 시나리오를 구성하는 항목이라고 할 수 있다.

　그들이 우려하고 있는 첫 번째 사건은 회사의 특허가 만료된 후 1년 이내에 제네릭이 그들의 시장에 진입하는 것이었다. 이 사건에 대해 그들은 발생 가능성이 아주 크고 상당한 영향력이 있을 것으로 평가를 했다. 두 번째 사건은 생체 전달 기술, 새로운 유전체의 발견, 계속되는 저분자 의약품 개발과 같은 것들이 10년 내에 그들의 바이오테크 기술을 무용지물로 만들 수도 있다는 것이었다. 이 사건은 다소 불확실하지만 매우 높은 영향력을 줄 것으로 평가했다. 세 번째는 향후 몇 년 안에 회사의 핵심 의약품 중에서 건강보험 적용 가격이 급격히 떨어지는 품목이 나올 수도 있다는 것이었다. 이 사건도 발생할 가능성이 아주 높고 영향력 역시 클 것으로 평가했다.

　그들은 이와 같은 평가 과정을 통해, 서로 다른 문제들을 아주 구체적으로 다루고 있다는 것을 깨달았다. 매우 높은 가능성과 영향력을 가지고 있다는 것은 위기가 이미 목전에 와 있는 것이기 때문에 시급히 대응해야 하는 것이다. 반면, 매우 큰 영향력을 가지고 있지만 발생 가능성이 불확실할 때 이것이 바로 조기경보의 프라임 후보가 되는 것이다. 유전체 기술은 분명히 제약 시장에 엄청난 영향을 미칠 것이다. 신약 개발뿐만 아니라 의약식품(pharma food, 콜레스테롤 수치를 낮추거나 뇌 기능을 개선하는 등 건강 증진을 위해 의약 첨가물을 함유한 식품) 개발에 있어서도 유전체 기술은 산업의 가치 사슬을 변화시킬 수 있는 엄청난 잠재력을 가지고 있다. 그렇지만 언제, 어떻게 유전체 기술이 그러한 영향력을 발휘할 것인가는 알 수 없다. 따라서 이것이 조기경보를 위한 완벽한 주제가 되는 것이다. 현명한 이 제약사의 CEO는 조기경보의 필요성과 시나리오를 통해 체계적으로 미래를 바라보는 방법에 대해 빠르게 이해를 했다.

기업들이 서서히 밀려오는 변화에 대해 준비를 하지 못하는 가장 큰 원인은 상황 인식을 제대로 하지 못하는 그들의 블라인드 스팟(blind spot, 맹점)이 있기 때문이다. 물론, 이 맹점은 기업 스스로 만든 것이다. 기업의 맹점, 특히 CEO의 맹점에 대해서는 3부의 1장에서 자세하게 살펴보도록 하겠다.

대격변이 왔을 때 기업들은 어떻게 할까? 답은 명확하다. 어떤 기업들은 이런 변화를 기회로 삼아 재도약하는 반면, 어떤 기업들은 생존을 위한 몸부림을 치다가 결국 파산하고 만다. 안타깝게도 너무나 많은 기업들이 일상적인 경영 활동과 지엽적인 일에 몰입하느라 정작 중요한 것을 하지 못하거나 너무 늦게 하는 바람에 비즈니스 역사의 뒤안길로 사라지고 있다.

남들과 다른 시각으로 미래를 읽는다

『블랙 스완』(2008, 동녘사이언스)에서 탈레브(Taleb)는 과거에 들은 잘못된 이야기가 우리의 세계관과 미래에 대한 기대감에 영향을 미치는 현상을 설명하기 위해 이야기 짓기의 오류라는 개념을 소개했다. 이야기 짓기 오류란 어떤 사건, 예컨대 특정 기업의 성공이나 실패의 전후 관계를 설명하기 위해 억지로 이야기를 지어내어 짜 맞추는 것을 말한다. 이런 이야기가 논리적이지 않더라도 사람들은 이야기를 통해 어떤 원인들을 이해하고 있다는 느낌을 갖기를 원한다는 것이다.

심리학자로서 최초로 노벨 경제학상을 수상한 대니얼 카너먼(Daniel Kahneman)은 고전 경제학의 프레임을 완전히 뒤집은 행동경제학의 대가로 유명한데, 그 역시 『생각에 관한 생각』(2012, 김영사)에서 대부분의 사람들은 과거 기억의 루프에 갇혀 있기 때문에 미래를 단지 과거의 투영을 통해서만 예측하려는 경향이 있다고 말한다. 자, 그러면 어떻게 해야 할까?

미국에서 내로라하는 생명과학 전문가들이 한자리에 모여 이런 오류를 극복하기 위해서 시나리오 플래닝을 했다. 지난 2014년에 MIT, 글로벌 제약사, 생명과학 전문가들이 모여서 시나리오를 만들었는데, 플래닝의 목적은 STEM(과학, 기술, 엔지니어링, 수학)이 생명과학 시장에 어떤 영향을 미칠 것인가를 예측하는 것이었다. 당시에 어떤 토론이 있었는지 알아보자. 결론부터 말하자면, 토론 그룹들은 미래의 STEM이 생명과학 산업에 미칠 영향에 대해 처음의 가정과는 판이하게 다른 시나리오를 만들었다. 그들이 만든 최종 시나리오를 보자. 시나리오의 제목은 이런 것이었다.

"생명과학의 재 부활: 글로벌 IT 기업들이 제약 산업의 역사를 다시 쓰다."[3]

2020년 구글은 두 번째 블록버스터 신약 개발에 성공했다. 이것은 제약 산업의 역사를 돌이켜 볼 때 전례가 없는 성과로 받아들여진다. 5년 전만 하더라도 어느 누구도 구글을 제약사로 생각하지 않았다.

아마존, 구글, IBM과 같은 거대 기업들은 신성불가침과도 같았던 기존 제약사들의 접근 방식(발견-임상 실험-신약 출시)을 붕괴시키고 신약 개발 기간을 반으로 줄이면서 생명과학 시장의 규칙을 빠르게 다시 쓰고 있다. IBM의 제10 세대 인공지능 컴퓨팅 시스템인 왓슨과 IBM의 잘 훈련된 인재들은 백 년 이상 이 시장을 지배해 왔던 거대 제약사들의 전통적인 접근 방식을 완전히 붕괴시키고 있다.

구글의 공동 창업자인 세르게이 브린(Sergey Brin)은 한 종양학 컨퍼런스의 기조연설에서 다음과 같은 말을 한다. "구글은 책상 위에 돈을 쌓아 놓고만 있는 기업이 아닙니다. 우리는 제약 시장에 엄청나게 큰 비효율성의 문제가 존재하고 있다는 것을 알았습니다. 우리는 그러한 문제를 해결하기로 결심을 했습니다."

어떤가? 여러분은 이러한 스토리가 전혀 가능성이 없는 허무맹랑한 소리로 들리는가? 아니면, 여러분이 알고 있는 모든 정보를 종합해 볼 때 충분히 가능성이 있는 일이라고 생각하는가? 실험실의 작업대와 시험 튜브를

---

3) Leonard Fuld, The BIG Leap : Will tech Companies replace traditional life sciences incumbents? what's next for life sciences if big data dominates the world?, http://insights.fuld.com/blog, May 20, 2014

가지고 있는 제약사들이 이들 IT 기업에 의해 어떻게 붕괴될 것인가? 가상의 사이버 시스템은 실험실에서 전통적인 방법만으로 연구하는 많은 과학자들을 언제쯤 대체할 것인가? 이와 같은 주제로 열띤 토론이 이어졌다.

토론에 참여한 많은 전문가들은 구글이 과연 빅 데이터 분석 기술을 뛰어 넘어 그 이상의 무엇을 할 수 있을 것인가에 대해 의문을 가졌다. 구글이 임상 실험을 관리할 수 있는 기술을 개발하고 의약품 사용 승인과 관련된 일을 본격화하면서 헬스케어와 신약 개발 시장에 진입하여 안착할 수 있을 것인가? 이것이 논쟁이 되었다. 구글은 현재 그러한 능력을 가지고 있지는 않다. 그러나 모든 참여자들은 토론의 끝 무렵에 구글이 신약 개발 능력을 확보하고 FDA 신약허가서 제출과 의약품 출시의 규정을 다시 쓸 수 있을 것이라는데 모두 동의했다.

앞으로 10년 안에 어떠한 일이 발생할지를 하나의 스토리로 설명할 수 없다는 것은 확실하다. 미래는 분명 다양한 스토리의 복합체로 될 것이기 때문이다. 이것이 바로 시나리오 플래닝 워크숍의 핵심이다. CEO가 전략가로서의 역할을 제대로 하고 있다면 CEO가 할 일은 미래를 단순히 예측하는 것이 아니라, 다양한 스토리 경계면들의 윤곽을 그리는 것이다. 이를 위해 지금부터 5년, 10년, 20년 후에 미래의 세상이 우리를 어디에 데려다 놓을지에 대해 생각하고 그러한 현상이 실제로 발생했을 때의 영향력에 대해 고민을 해야 한다.

물론, 이러한 짧은 워크숍이 기업의 전략으로 곧바로 이어져서는 안 된다. 그러나 이런 시도는 기업들이 가지고 있는 사고 프레임에서 벗어나서 기존의 투자나 연구와는 완전히 다른 형태의 미래에 눈을 돌리고 사고를 전환하는 계기가 될 수 있다. 다시 말하면, 탈레브가 말하는 이야기 짓기의 오류를 없애줄 수 있는 것이다. 그림 2-3은 거시환경 분석부터 시그널 모니터링에 이르기까지의 조기경보 과정을 설명한 것이다. 그림에서 알 수 있듯이, 시나리오 분석을 통해서 조기경보의 대상과 범위를 줄여 나감으로써 불확실성을 하나하나 해소할 수 있고, 이와 같은 과정을 통해 궁극적으로 전략적 의사결정을 위한 방향을 알 수 있다.

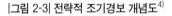

|그림 2-3| 전략적 조기경보 개념도[4]

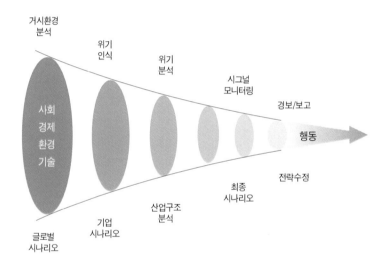

---

4) How to build an early warning system to harness predictability and win in the market, Aurora WDC, Gilad, Shell 등

Competitive Intelligence

3장
문제의식과 제대로 된 질문이 조기경보의 시작이다

1. 왜 기업들이 실패하는 전략을 선택할까?

우리는 성공에 대해 얘기하는 것을 좋아한다. 성공한 기업가들의 드라마틱한 감동 스토리에 자연스럽게 고개가 돌아가기 마련이다. 그러나 화려한 성공 스토리만을 보는 것은 반쪽만을 보는 것이다. 세상만사가 그렇듯이, 양이 있으면 음이 있고 성공이 있으면 실패가 있기 마련이다. 우리는 기업의 실패에서 성공 스토리에서는 볼 수 없는 또 다른 교훈을 얻을 수 있다. 기업 파산의 원인들을 잘 살펴보면 이를 타산지석으로 삼아 자사의 위치와 전략에 대해 되돌아보고 성찰할 수 있다. 우리는 성공과 실패의 두 모습을 모두 바라볼 수 있을 때 비로소 기업의 생존법칙을 조금이나마 이해할 수 있다.

대우그룹, 진로그룹, 쌍방울그룹, 한일그룹, 삼미그룹 등 한 시대를 풍미했던 수많은 기업들이 사라졌다. 이와 같은 기업들이 일부러 잘못된 전략을 선택하지는 않았을 것이다. 그렇다면 도대체 왜 파산하게 되었을까? 이런저런 이유들이 있었다. 근시안적인 경영, 트렌드에 대한 오판, 정치활동을 해야 살아남는 기업 문화, 무리한 다각화, 경영진의 자만이나 도덕적 해이 등 사연도 가지각색이다. 파산의 원인이 무엇이었든 간에 결국, 기업은 사라졌고 일자리를 잃은 직원들은 참혹해질 수밖에 없었다. 그런데 기업 파산의 근본 원인들을 가만히 잘 살펴보면 결코 새로운 것들이 없다. 1부에서 언급했듯이 모든 파산 원인의 기저에는 그 무엇인가에 대한 진실이나 실체를 제대로 파악하지 못하고 의사결정을 했다는 공통점이 있다. 그렇다면 왜 똑똑한 인재들이 넘쳐나고 사업 경험도 풍부한 기업들이 시장의 현실을 제대로 파악하지 못하고 잘못된 의사결정을 하는 것일까?

페이스북, 트위터, 메디톡스 모두가 2000년대 들어 창업한 신생 기업들이다. 특히, 국내 바이오벤처의 성공 모델로 알려져 있는 메디톡스는 시가총액 2조 9천억 원(2017. 5)의 대기업으로 성장했다. 그렇다면 왜, 수십 년의 사업 경험을 가지고 있는 기존의 기업들이 신생 기업들보다 위기에 취약할까? 자, 생각해 보자. 기존의 기업들이 성공에 필요한 이런저런 요소들을 훨씬 더 많이 가지고 있다. 이미 구축된 인프라, 고객들과의 관계, 브랜드 명성, 규모의 경제 등 기존 기업들은 분명히 신생 기업들보다 유리한 입장에서 경쟁을 하고 있다. 또, 기존의 기업들이 비즈니스 전략 수립에 필요한 요소들을 더 많이 가지고 있다. 기업의 전략을 만드는 사람들은 무엇이 필요하다고 말할까? 돈과 사람과 정보가 필요하다고 말한다. 특히, 정보가 필수적이라고 말한다. 그런데 이러한 것들도 신생 기업들보다 기존의 기업들이 훨씬 더 많이 가지고 있다. 그렇다면 신생 기업들이 잘못된 전략을 만들거나 선택하는가? 그렇지 않다.

기업의 전략을 만드는 사람들은 좀 더 많은 정보와 데이터로 보다 정밀한 분석을 함으로써 정확한 의사결정을 할 수 있다고 생각한다. 그러나 제때에 제대로 된 의사결정을 하기 위해서 많은 정보와 데이터가 항상 필요한 것은 아니다. 왜냐하면, 올바른 의사결정은 반드시 방대한 양의 자료나 숫자로부터 나오는 것이 아니기 때문이다. 사실, 숫자상의 정확도 오류로 인해 잘못된 의사결정을 하는 경우는 거의 없다. 중요한 것은 정확도가 다소 떨어지더라도 이와 같은 정보와 숫자를 어떻게 바라볼 것인지, 창의적 아이디어가 나올 수 있는 환경을 어떻게 만들 것인지, 개인의 목표와 기업의 목표를 어떻게 잘 조화시킬 것인지, 이와 같은 것들이 훨씬 더 중요하다. 이런 측면에서 보면 신생 기업들이 기존 기업들보다 훨씬 더 많은 이점을 가지고 있다. 그 이유는 잠시 뒤에 설명하겠다.

문제는 데이터가 아니라, 잘못된 분석 모델이다

많은 사람들이 "가비지 인, 가비지 아웃(garbage in, garbage out)"을 말한다. 잘못된 데이터를 넣으면 잘못된 결과가 나온다는 말이다. 데이터의 중요성을 강조한 말이다. 그래서인지 몰라도, 사람들은 데이터를 처리하는 분석 모델 자체를 문제 삼기보다는 정확하지 않은 데이터로 인해 문제가 발생한다고 생각한다. 그러나 진짜 문제는 모델 그 자체에 있는 경우가 많다. 사실, 데이터의 정확도가 좀 떨어져도 기업의 전략적 방향성을 결정하거나 큰 그림을 보는 데는 그렇게 문제가 되지 않는다. 그러나 아무리 정밀한 데이터를 입력한다고 해도 모델 자체에 문제가 있는 경우에는 전혀 다른 방향으로 빠질 수밖에 없다.

그렇다면, 잘못된 모델 문제를 해결하기 위해서는 어떻게 해야 할까? 숫자만을 바라보는 것이 아닌 문제의 원인을 설명하는 모델을 사용해야 한다. 또, 시장 환경을 고려하는 모델을 사용해야 한다. 이런 모델을 사용해야만 우리 회사의 전략이 아무런 저항 없이 실행될 것이라는 착각에서 빠져나올 수 있고, 기업의 자만심이 발을 붙이지 못하도록 할 수 있다.

예컨대, 기업에서 미래의 매출을 전망할 때 추세 분석 모델이나 스프레드시트를 주로 사용하는데, 이때 우리는 위에서 얘기한 것과 똑같은 문제에 직면한다. 우리는 추세 분석 모델이나 스프레드시트에 온갖 데이터를 상세하게 입력한다. 그러나 대부분 실패한다. 왜 실패할까? 처음부터 잘못된 모델을 가지고 시작했기 때문이다. 왜 이러한 모델이 문제인지는 다음 장에서 설명하겠다. 그런데 기업에서는 왜 계속해서 이런 모델에 집착하는 것일까? 추측건대, 많은 기업에서 오랫동안 써 왔던 모델이기 때문에 습관적으로 그냥 쓰는 것이다. 또, 모델을 구성하는 프로그램이 컴퓨터상에서 돌아가기 때문에 일견 신뢰성이 있어 보이기 때문이다.

CEO의 지나친 자신감을 견제할 장치가 필요하다

여기 세 개의 퀴즈가 있다. 계속 읽어 나가기 전에 답을 한번 써 보기 바란다(답은 이번 장의 마지막 페이지에 있다).

아래에 있는 질문에 두 숫자를 써 넣어라. 두 숫자 사이에 정답이 있을 확률이 90%(100%가 아님)가 되도록 하라.

1. 2016년, 포춘 500대 기업에 들어간 한국 기업은 몇 개인가?
_____ 과(와) _____ 사이

2. 2016년, 삼성전자의 매출은 얼마였나?
_____ 과(와) _____ 사이

3. 지구상에서 가장 깊은 바다의 깊이는 얼마나 될까?
_____ 과(와) _____ 사이

저자는 기업 세미나를 할 때마다 이와 같은 퀴즈를 CEO들에게 낸다. 그런데 대부분 두 숫자 사이를 아주 좁혀서 대답을 한다. 훨씬 넓은 범위로 대답할 수 있는데도 말이다. 물론, 정답은 대부분 그들이 말한 범위 밖에 있었다. 이와 같은 간단한 질문을 통해 무엇을 알 수 있을까? 대부분의 CEO들이 지나치게 자신만만하다는 것을 알 수 있다. 하기야, 이와 같은 퀴즈를 재미로 풀 때 자신만만한 것이 무슨 문제가 되겠는가? 그러나 회사의 중요한 의사결정을 할 때는 다른 얘기가 된다. 향후 3년 동안의 시장 성장률은 어떻게 될 것인가? 그때 우리 회사의 시장 점유율과 매출은 얼마나 될까? 이번 신제품을 고객들은 어떻게 평가할 것인가? 경쟁사는 내년에 어느 정도의 매출을 달성할 것인가? 파괴적 기술을 보유한 신생 기업이 나타날 가능성은 어느 정도인가? 산업이 붕괴할 가능성은 얼마나 되는가? 그런데 많은 CEO들은 이와 같은 질문을 할 때 오히려 훨씬 더 자신만만해진다.

성공한 CEO들은 이렇게 말한다. "나는 이 시장에서 30년간 일해 왔다.", "나는 내 사업을 잘 알고 있고, 이 시장이 어떻게 돌아가는지 훤히 알고 있다.", "직원들에게 내가 단호하다는 인상을 심어 주어야 한다.", "나는 답을 알고 있어야만 한다." 이런저런 이유들로 인해 CEO들은 자신감을 보인다. 자신만만해 있는 CEO들을 비난하자는 것이 아니다. 문제는 회사의 생존과 직결될 수도 있는 중대한 사안에 대해 결정을 할 때 CEO의 지나친 확신과 자신감을 견제할 수 있는 장치가 없다는 데 있다.

2부의 2장에서 잠시 언급했듯이, 우리는 의사결정을 할 때마다 경험이 쌓인다. 경험이 축적될 때마다 습관도 축적된다. 특히, 당시의 판단과 행동이 옳았을 때 자신감은 더욱더 견고해진다. 문제는 상황이 변했음에도 불구하고 계속적으로 과거와 같은 판단과 행동을 하려는 성향에 있다. 물론, CEO들이 의도적으로 고집불통이 되려고 하는 것은 아니다. 그들은 단지 과거에 그들이 경험한 것을 실천하려고 하는 것뿐이다. 그런데 아이러니하게도 경험이 쌓여 갈수록 이러한 성향은 더욱더 강화된다. 과거의 성공 경험이 오늘의 발목을 잡는 위험 요소가 될 수도 있다는 말이다. 이런 관점에서 보면, 성공 경험이 없다는 것은 신생 기업들에게 오히려 이점이 될 수도 있다. 왜냐하면, 그들은 지나친 확신과 자신감이라는 덫에 걸려 있지 않기 때문이다.

이중적인 기업 문화

이번에는 이중적인 기업 문화에 대해 생각해 보자. 한쪽에서는 이런 말을 한다. "우리는 실패를 권장한다. 만약에 실패가 없었다면 시도조차도 하지 않은 것이다. 위험을 감수하는 것이 혁신으로 가는 길이다." 다른 한쪽에서는 이런 말도 들려온다. "결과에 대해 책임을 물을 것이다." 한쪽에서는 실패를 권장하고 다른 한쪽에서는 책임을 물으려고 한다. 이것이 현실이다.

바로 이런 현실적인 문제 때문에, 회사와 전략을 만드는 기획자의 이해관계가 상충되는 경우가 종종 있다. 이런 경우를 생각해 보자.

전략 A	전략 B
10% 매출 성장 가능성 50% 12% 매출 성장 가능성 50% 예상 결과: 11% 매출 성장	5% 매출 성장 가능성 50% 29% 매출 성장 가능성 50% 예상 결과: 17% 매출 성장

만약에 회사의 목표가 매출 성장 10%에 맞추어져 있다면 기획자는 전략 A를 선택하는 것이 합리적이다. 그런데 회사 입장에서 보면 전략 B를 선택하는 것이 올바른 선택으로 보인다(매출 성장 5%라는 상황이 벌어지지 않는다면). 물론, 기획자도 경영진이 전략 B를 더 선호할 것이라는 것을 안다. 얼마나 많은 CEO들이 위험 감수의 중요성에 대해 얘기하고, 얼마나 많은 경영 그루들이 위험을 감수하고 성공한 기업들을 입에 침이 마르도록 칭찬하는가? 또, 얼마나 많은 언론에서 위험을 회피하는 기업 문화를 비난하는가? 그러나 이 기획자에게 이런 모든 것들은 중요한 것이 아니다. 10%의 매출 성장을 달성하여 회사에서의 지위를 계속 유지할 수 있고, 승진도 할 수 있고, 적당한 보너스를 받을 수 있다면 이 기획자는 위험을 감수해야

하는 다른 선택들에 대해 문을 닫을 것이다.

물론, 회사 입장에서 보면 전략 A를 선택하는 것은 좋지 않은 결정이다. 그러나 매출 성장 10%를 책임져야 하는 기획자의 입장에서 보면 전략 A가 좋은 결정인 것이다. 자, 여기에서의 문제는 회사와 개인의 동기가 상충될 수 있다는 것이다. 회사는 다양한 사업 부문 진출을 통해 위험을 분산할 수 있다. 더 큰 이익을 위해 일정 부분 작은 위험을 감수할 수도 있다. 그러나 개인인 기획자는 목표 달성에 실패함으로써 받게 될 수도 있는 위험을 감당할 만한 여유가 그리 많지 많다. 이것은 기획자가 지나치게 영민하기 때문만은 아니다. 단지, 회사 입장에서 보면 최상의 선택인 것이 기획자의 입장에서 보면 최상의 선택이 아닐 수도 있다는 것이다.

회사에서 위험 감수와 책임 추궁을 아무리 균형 있게 다루고 있다고 말을 할지라도 의욕을 상실케 하고 사기를 떨어뜨리는 기업 문화를 자주 목격할 수 있다. 그런데 신생 기업의 경우, 개인적 성공과 회사 성공과의 관계는 기존 기업들에서 볼 수 없는 또 다른 면이 있다. 신생 기업들은 개인적 목표와 기업의 목표가 기존의 기업들보다 훨씬 더 가까울 수 있다. 다시 말하면, 신생 기업의 기획자는 전략 B를 선택할 가능성이 더 높다. 이런 측면에서 보면, 신생 기업들이 기존의 기업들보다 훨씬 유리한 입장에 있다고 말할 수 있다.

1. 2016년, 포춘 500대 기업에 들어간 한국의 기업은 몇 개인가? 15개
2. 2016년, 삼성전자의 매출은 얼마였나? 201조 원
3. 지구상에서 가장 깊은 바다의 깊이는 얼마나 될까? 11,034m(마리아나 해구)

2. 올바른 답을 원하면, 올바른 질문을 하라

바보 같은 질문을 하면 바보 같은 답을 얻을 것이다. 모두가 잘 알고 있는 사실이다. 그렇다면 어떻게 해야 할까? 제대로 된 답을 원한다면, 반드시 제대로 된 질문을 해야만 하는 것이다. 기업들은 늘 이런 질문을 한다. 고객들이 정말로 원하는 것은 무엇일까? 어떻게 하면 혁신적인 제품을 만들 수 있을까? 왜 이 거래처와는 거래가 성사되었고 저 거래처와는 실패했을까? 앞으로 회사의 매출 성장세는 어떻게 될 것인가? 누가 우리의 시장에 진입할 것인가? 성공한 기업들의 비밀은 무엇일까?

이러한 질문들은 분명히 필요하다. 그러나 경쟁 전략의 핵심을 관통하는 질문은 따로 있다.(무엇인지 궁금할 것이다. 잠시 뒤에 소개하겠다. 여러분이 아직 준비가 되어 있지 않았기 때문이다.) 그런데 이 정곡을 찌르는 질문과 답을 하기 위해서는 다음 장에서 소개할 비즈니스 워게임을 할 수밖에 없다. 왜냐하면, 비즈니스 워게임을 통하여 시장과 경쟁에 대한 통찰력을 얻을 수 있고, 이 통찰력이 전략적인 질문을 하도록 유도하기 때문이다. 자, 경쟁 전략의 핵심을 관통하는 질문은 어떤 것이고 왜 중요한지를 알기 전에 우선, 기업에서 흔히하는 문제점 있는 질문은 어떤 것이고, 왜 문제인지부터 살펴보자.

가장 초보적인 최악의 질문은 무엇인가?

다음과 같은 여러 상황을 생각해 보자. 우리 회사가 신제품을 출시할 계획을 가지고 있는 경우, 우리 회사의 판매 가격을 낮출 경우, 또 회사의 중장기 매출 목표를 세우는 경우를 생각해 보자. 이때 기업에서는 보통 어떻게 하는가? 추정 비용과 추정 매출을 토대로 연도별 예상 수익률로 가득 채워진 스프레드시트(요즘에는 엑셀 시트)를 작성한다. 그런데 우리 기업들이 그토록 신뢰하고 자주 활용하는 스프레드시트가 어떤 질문의 답이라면, 이 답의 질문은 무엇이었을까? 아마도 이런 종류의 질문이었을 것이다.

"우리 회사의 이번 전략이 아무 탈 없이 잘 실행된다면 어떻게 될까?"

이런 질문은 가장 초보적인 질문이다. 왜 그럴까? 그것은 바로 "아무 탈 없이 잘 실행된다면"이라는 전제 조건이 들어 있기 때문이다. 다시 말하면, 스프레드시트의 한계를 인식하지 못하고 있기 때문이다. 기업의 수지를 수치로 자세하게 보여주는 스프레드시트가 왜 문제일까? 자, 회계 수치를 기반으로 작성된 스프레드시트가 어떤 가정을 하고 있는지 살펴보자.

스프레드시트는 시장 환경과 경쟁사들의 반응을 전혀 고려하지 않고 있다. 다시 말하면, 우리 회사가 원하는 대로 시장과 경쟁사들이 움직여 줄 것이라고 가정하고 있다. 또, 우리가 원하면 매출은 증가하고 우리가 결단만 하면 생산 비용은 얼마든지 낮출 수 있기 때문에, 수익률은 증가한다고 가정한다. 자사의 관점에서만 시장을 바라보고 매출과 수익률을 추정한다. 순진하기 그지없는 이러한 가정으로 인해 시장의 변화, 경쟁사, 신규 진입 기업, 대체 제품들의 일격에 무방비 상태가 되는 것이다.

비지칼크(VisiCalc)는 최초의 스프레드시트 소프트웨어였다. 이 제품의 매출은 빠르게 늘어났다. 미래의 매출 추세를 눈으로 직접 보고 싶어 하는 사람들의 마음을 잘 파악했기 때문이다. 그 후 로터스 1-2-3가 출시되었고, 그 명맥이 요즘 많이 쓰고 있는 마이크로소프트의 엑셀까지 이어지고 있는 것이다.

그런데 스프레드시트를 이용한 매출 예측이 여전히 사용되는 이유는 무엇일까? 매출 전망을 할 때 시간이 지남에 따라 자연적으로 매출이 증가되도록 만드는 것을 당연시하고 있고, 이러한 모델을 통해 만들어진 자연적인 증가가 신뢰성이 있어 보이기 때문이다. 그런데 시장에서의 급격한 변화가 발생하고 있다고 생각해 보자. 예컨대, 경쟁사가 혁신적인 제품을 내놓았다. 이 경우, 이와 같은 모델은 여지없이 무너지게 된다. 다시 말하면, 우리가 가장 많이 쓰고 있는 이러한 모델은 시장에서 아무 일도 발생하지 않는다는 가정 하에서는 잘 작동된다. 그러나 시장이 불확실하여 정작 모델이 필요할 때는 이러한 스프레드시트는 아무 쓸모없는 숫자 놀이에 불과한 것이다.

다음 장에서 설명할 비즈니스 워게임은 기업의 전략을 최종 실행하기 전에 과연 이 전략이 시장에서 견딜 수 있을 것인가를 테스트 하는 것이다. 그런데 기업의 화려한 전략은 비즈니스 워게임이 시작되면 대부분 여지없이 깨지고 무너진다. 왜냐하면, 스프레드시트는 최악의 질문을 겨우 통과한 것에 불과하기 때문이다.

최악의 질문보다 한 단계 나은 질문은 무엇인가?

운 좋게도 최악의 질문을 한 단계 나은 질문으로 바꾸는 것은 그다지 어렵지 않다. 보다 나은 질문은 이런 것이다.

"당신은 그들이 무엇을 할 것으로 생각하는가?"

(여기서 '그들'이란 여러분 회사의 비즈니스에 영향을 줄 수 있는 다양한 시장 참여자들이지만, 여기서는 경쟁사로만 제한하여 생각해 보자)

이 질문에 답하기 위한 툴은 다양하다. 추세선 분석, 스왓(SWOT) 분석 등이 있을 수 있다. "당신은 그들이 무엇을 할 것으로 생각하는가?"라고 질문을 던지는 것은 분명히 한 단계 앞선 질문이다. 왜냐하면, 이것은 기업의 목표에 영향을 미치는 고객이나 경쟁사, 규제기관, 공급사 등의 움직임을 고려하고 있기 때문이다. 문제는 예측 방법이다. 보통 사람들이 이러한 질문에 답할 때 사람들은 경쟁사의 과거 행태를 조사하는 것으로 시작한다. 경쟁사의 향후 움직임이 과거와 같을 것이라고 가정을 하기 때문이다.

추세선 분석은 과거나 현재의 경향을 토대로 미래를 추정하는 것이다. 이것은 미래도 과거와 같은 패턴일 것이라는 전제하에 분석하는 것이다. 이러한 특성 때문에 요즘에는 그다지 사용되지 않는다. 생각해 보자. 우리가 경쟁사의 미래 전략을 추정할 때 그들의 미래가 과거와 유사할 것이라면 무엇 때문에 그토록 고민하겠는가? 이번에는 기업에서 가장 많이 사용하고 있는 스왓 분석에 대해 생각해 보자. 기업의 전략 담당자들은 스왓 분석이 경쟁사가 무엇을 할 것인가에 대한 힌트를 줄 수 있다고 생각한다. 그러나 그렇지 않다. 자사의 강점, 약점, 위기, 기회라고 자의적으로 라벨을 붙이는 행동 자체가 자사에 미치는 영향을 예단하는 것이고, 우리 회사가 앞으로 무엇을 어떻게 할 것인가에 대한 편견을 불어넣는 것이다.

우리는 이러한 기법들의 뒤에 숨겨진 가정이나 내포된 의미를 정확하게 인식하고 있어야 한다. 자, 그렇다면 그들이 무엇을 할 것인가를 정확하게 아는 것이 왜 중요할까? 그들이 무엇을 할 것인가를 안다는 것은 바로, 우리가 무엇을 해야만 하는가를 말해 주는 것이기 때문이다.

이제 여러분에게 약속한 최상의 질문에 아주 근접해 있다. 이 마지막 질문을 통해서 우리는 온전히 그들의 관점에서 생각할 수 있다.

그렇다면, 최상의 질문은 무엇인가?

앞의 질문은 무의식적으로 과거를 돌아보게 하고 이를 통해 어떤 조정을 하도록 하고 있다. 그러나 만약, 과거와 관련성이 없다면 이런 질문을 할 수 있다.

"만약, 여러분이 그들이라면 무엇을 할 것인가?"

"아, 만약 내가 그들이라면, 이것이 바로 내가 해야 할 것들이군." 이 질문은 앞선 두 질문에서 나타난 것과 전혀 다른 창의적인 반응을 유도한다. 이 질문에 답하기 위해서는 브레인스토밍을 하고, 비즈니스 워게임을 하고, 시나리오 분석을 해야만 한다. 자, 그들이 경쟁사라고 생각해 보자. 여러분 회사의 직원들은 "만약, 여러분이 경쟁사라면 무엇을 할 것인가?" 라는 질문에 대해 재미있어하고 또 답을 하고 싶어 하기 때문에, 경쟁사의 시각으로 시장과 경쟁 상황을 바라볼 수 있다.

이 책을 읽고 난 후, 여러분의 기업에서 비즈니스 워게임을 반드시 해 보길 바란다. 직원들은 재미있어하고 그들의 창조성에 몰입한다. 직원들은 그들의 지식과 경험을 총동원하여 최선의 답을 찾기 위해 노력한다.

제대로 된 비즈니스 워게임은 경쟁사의 머릿속 깊은 곳까지 들어가는 것이다. 경쟁사의 제품 특성이나 재무 정보, 시장 점유율만을 조사하는 것은 눈에 보이는 것만을 보는 반쪽짜리 조사에 불과한 것이다. 여러분은 경쟁사의 기업 문화를 알기 원하고, 그들이 무엇을 어떻게 하고 있는지 알기를 원한다. 또, 그들이 어떤 전략으로 나올지 알기를 원한다. 여러분이 비즈니스 워게임을 실제로 한 번 해봄으로써, 마지막 질문에 답할 수 있는 힌트를 얻을 수 있다. 여기서는 경쟁사를 중심으로 설명했지만, 규제기관, 고객, 유통사, 공급사, 대체재 생산기업 등 다양한 시장 참여자들의 역할을 비즈니스 워게임에서 할 수 있다. 우리 회사가 어떤 시장 참여자에게 일격을 당할 수도 있다고 생각하면서 경쟁하는 것과 아무 근거 없는 낙관론만을 가지고 시장을 대하는 것은 차원이 다른 것이다.

회사의 전략이 성공하거나 실패할 때 우리는 어떤 감정을 느낀다. 따라서 우리는 어떤 감정을 가지고 반응을 하기 마련이다. 이런 감정은 두려움일 수도 있고, 절망일 수도 있고, 복수심일 수도 있고, 황당함일 수도 있고, 과신이나 자만심일 수도 있다. 비즈니스 경쟁은 컴퓨터와 컴퓨터가 하는 것이 아니라 사람과 사람이 하는 것이다. 그렇기 때문에, 시장과 비즈니스를 이해하기 위해서는 반드시 상대방의 관점에서 그들의 감정을 고려해야만 하는 것이다.

마지막 질문은 왜 비즈니스 워게임이 전통적인 기법들보다 훨씬 우수하다고 서두에서 말한 이유를 설명해 준다. 워게임은 경쟁사 등 다양한 시장 참여자들의 역할을 실제로 해 봄으로써 여러 주체들의 의도와 움직임에 대해 이해할 수 있기 때문이다. 다시 말하면, 워게임을 통해서 그들이 가지고 있는 감정이나 경쟁심까지 이해할 수 있고 최종적으로는 그들의 전략을 파악할 수 있다.

경쟁사를 대표하는 팀과 자사를 대표하는 홈팀은 치열하게 싸우면서 상대방을 무력화시키기 위한 전략을 만들기 위해서 최선을 다한다. 경쟁사 팀은 홈팀, 다시 말하면 자사의 전략을 공격할 때 실제로 희열을 느낀다. 비즈니스 워게임에 대한 설명은 다음 장을 참고해 주기 바란다. 자, 결국 시장 참여자들의 움직임을 정확하게 파악하여 제대로 대응하려면 제대로 된 질문을 하는 것 이외에는 다른 방법이 없는 것이다.

질문을 두려워하는 우리의 문화

그런데 우리의 현실은 어떤가? 우리는 어릴 때부터 제대로 된 질문을 하는 법을 배우지 못했다. 제대로 된 질문은 고사하고 질문 자체를 반기는 문화가 아니었다. 주어진 일을 그저 과묵하게 열심히 하는 것이 미덕이었다. 저자도 그런 환경에서 자랐고 어린 시절과 사회 초년시절을 그렇게 보냈다. 개인적 차원에서 보면 질문을 하고 안 하고가 살아가는데 뭐 그리 중요하겠는가? 또, 아무런 의문이나 질문 없이도, 전혀 문제없이 잘 살 수 있다면 무엇이 그렇게 문제가 되겠는가? 그런데 제대로 된 질문을 하고 안 하고가 생존과 직결될 수도 있다면 문제는 달라진다. 만약, 생존 위기에 처해 있는 어떤 사람에게 제대로 된 질문을 하면 살 수 있는 길이 있다고 말한다면, 그는 절박한 심정으로 어떻게든 제대로 된 질문을 하기 위해 온갖 노력을 다할 것이다. 그런데 오늘날 대부분의 기업들도 생존 위기에 처해 있는 이 사람의 상황과 별반 다를 것이 없다. 제대로 된 질문을 하느냐 마느냐에 따라 기업의 생존은 물론, 수많은 직원들의 생계가 위협받을 수도 있기 때문이다.

조금 다른 얘기긴 하지만, 저자는 질문이라는 말만 나오면 이 장면이 머리에서 떠나질 않는다. 2010년, 서울에서 열린 G20 폐막 회견장에서 오바마 대통령이 연설을 마치고 개최국인 한국에 감사하는 표시로 한국 기자들에게만 질문을 받겠다고 말하면서 한국 기자들의 질문을 기다리고 있었다. 당시, 회견장에는 백여 명의 국내외 외신기자들이 있었다. 그러나 시간이 지나도 질문을 하기 위해 일어난 한국 기자는 없었다. 회의장에는 잠시 어색한 정적이 흘렀다. 오바바 대통령은 통역이 가능하니 한국어로 질문하라고 다시 말했다. 그러나 회견장은 역시 조용했다. 이 틈을 타서 중국 기자가 아시아를 대표해서 질문을 해도 되겠느냐고 오바마 대통령에게 물었다. 오바마 대통령은 G20 회의를 주최한 한국의 기자로부터 질문을 받고 싶으니 한국 기자가 질문했으면 좋겠다고 했다. 그러나 한국 기자들은 여전히 침묵을 지키고 있었다. 더 이상 기다리지 못한 오바마 대통령은 결국 중국 기자에게 질문권을 줄 수밖에 없었다. 질문을 하는 것이 직업인 기자들조차도 질문하는 데 두려움을 느끼는 것이 우리의 현주소다. 이제는 바뀌어야 한다. 위계질서와 상하 관계가 분명한 우리 기업에서 과연 직원들이 제대로 질문을 던질 수 있을까? 그러나 이제는 생존하기 위해서라도 제대로 된 질문을 반드시 해야만 한다.

단순히 새로운 사고를 하라고 강요하지 마라

우리 모두는 아이디어나 창의성의 가치와 중요성을 잘 안다. 아마도 기존의 많은 기업들이 신생 기업들의 번뜩이는 아이디어를 보고는 이렇게 말했을 것이다. "왜 우리는 그런 생각을 하지 못했을까?", "도대체 우리 회사가 그렇게 작은 기업들보다 뭐가 부족하다는 말인가?" 뭐 이런 종류의 불평을 할 수도 있다. 그러나 뭔가를 바꾸고 싶고, 다른 결과를 얻기 위해서는 지금까지와는 다른 방법을 써야 한다. 이제까지 줄곧 써 왔던 똑같은 방법을 아무리 정밀하게 한다고 해서 새로운 변화가 생기지는 않는다. 스프레드시트를 아무리 정밀하게 잘 만들더라도 스프레드시트는 어디까지나 숫자의 나열일 뿐이고, 아무런 원인을 설명해 주지 못한다. 또, 매주 실시하는 추세선 분석을 매일매일 하면 어떻게 될까? 이 역시 지난 과거에 대한 얘기일 뿐이다. 그럼, 어떻게 해야 할까? 시나리오 플래닝이나 비즈니스 워게임과 같은 기업 전략 시뮬레이션 기법이 새로운 돌파구가 될 수 있다. 왜냐하면, 이와 같은 기법을 사용하는 동안만이라도 새로운 시각에서 시장과 경쟁 상황을 바라볼 수 있기 때문이다. 물론, 이와 같은 기법들이 새로운 사고를 할 수 있게 만드는 유일한 방법은 아닐 것이다. 그러나 비즈니스 워게임과 같은 전략 시뮬레이션을 해 본 경험이 있는 사람들은 하나같이 기존의 전통적인 방법으로는 절대로 시장 통찰력을 얻을 수 없었을 것이라고 말한다.

3. 비즈니스 워게임(War game)에서 치열하게 토론하라

이미지 소스 : http://www.slate.com/articles/technology/gaming

얼마 전 '구글은 임직원 간 문답을 통해 운영된다(2016. 3, 아이뉴스 24).'라는 기사를 봤다. 구글의 리더들은 일주일에 한 번 모든 직원들을 한자리에 초대하여 한 시간 내내 직원들은 질문만 하고 리더들은 대답을 해 준다고 한다. 그런데 무엇보다 놀라운 것은 이러한 시간이 구글 혁신의 초석이 되었다는 분석이다. 저자는 이 기사를 보면서 구글은 그들만의 방식으로 비즈니스 워게임을 하고 있다는 생각을 했다.

자, 우선 이런 질문으로 시작해 보자. 기업에서 전략이라는 것을 만들 때, 왜 시장 참여자들의 반응을 예측해야만 할까? 여러분도 잠시 생각해 보길 바란다. 기업의 위기는 고객과 경쟁사뿐만 아니라 규제기관, 공급사, 유통사, 대체재 등 기업을 둘러싼 다양한 시장 참여자들의 힘에 의해 초래

될 수 있기 때문이다. 예컨대, 최고의 마케팅 전략은 무엇이라고 생각하는 가? 소비자들의 힘, 소위 말하는 구매 협상력(Buying Power)을 약화시킬 수 있는 전략이다. 다시 말하면, 소비자들에게 제품 선택의 여지를 주지 않고 우리 회사의 제품을 살 수밖에 없도록 만드는 것이 최고의 마케팅 전략인 것이다. 반대로, 소비자들의 구매 협상력이 점점 세어진다는 것은 무엇을 말하는가? 다양한 대체재나 경쟁사 제품들로 인해 소비자들이 우리 회사의 제품을 구매하지 않아도 그들의 욕구를 충족할 수 있다는 말이다. 소비자를 예로 들어 설명했지만, 이러한 이유 때문에 기업의 전략을 만들 때는 시장에서 활동하는 다양한 시장 참여자들의 의도와 움직임 또 그들이 가지고 있는 힘을 반드시 고려해야 한다. 우리 기업들, 제발 자사의 시각으로만 시장을 바라보지 말기를 바란다. 시장은 결코 우리 회사가 생각하는 대로 움직이질 않는다.

또, 여기에서 우리가 분명히 기억해야 할 사실이 하나 있다. 이것은 어찌 보면 너무나도 당연한 사실이지만, 너무나도 당연하다는 이유 때문에 인식하지 못하는 경우가 많다. 그것은 바로, 세상의 모든 것들은 시간이 지남에 따라 반드시 변한다는 것이다. 어떤 시점에서 여러분 회사의 제품이나 서비스는 분명히 더 이상 쓸모가 없는 구식으로 취급될 것이다. 또, 새로운 기술들은 여러분 회사의 전략이나 비즈니스 모델을 더 이상 경쟁력이 없는 것으로 만들어 버릴 것이다. 이 모든 것은 반드시 발생한다. 다만, 언제 발생할 것인가? 그 시기상의 문제만 남았을 뿐이다. 당장 몇 개월 후가 될 수도 있고, 3년 후가 될 수도 있고, 운이 되게 좋으면 10년 후가 될 수도 있다. 그렇다면 이런 변화에 대한 준비는 어떻게 해야 할까?

치밀한 준비와 훈련만이 살길이다

이렇게 한번 생각해 보자. 군대는 전투에 대비한 실전 훈련을 한다. 왜 할까? 총알이 머리 위로 날아다니는 실제 상황을 경험하기 위해서다. 전투가 주는 심리적 압박감을 경험하지 못한 군대는 그러한 경험을 가지고 있는 군대에 비해 쉽게 무너질 수 있기 때문이다. 이것은 비즈니스에서도 마찬가지다. 시장에서의 치열한 경쟁 압박과 예상치 못했던 돌발 상황들을 경험한 기업은 위기가 발생했을 때 당황하지 않고 침착하게 전략적으로 대응할 수 있다.

이런 경우도 생각해 보자. 여러분이 비행 조종 시뮬레이션 훈련을 한다고 생각해 보자. 악천후로 비행이 어려우면 항로를 잠시 변경하는 등 안전한 비행을 위한 훈련을 할 것이다. 야간에 연료가 불시에 바닥나는 경우를 대비하여 비상 착륙하는 훈련도 필요할 것이다. 가상 상황이지만 이러한 경험이 있는 조종사와 그렇지 않은 조종사가 위기 상황에서 똑같은 대응을 하지는 않을 것이다. 그런데 비행 시뮬레이션에서 최악의 상황은 무엇인지 아는가? 경보음이 발생하여 리셋 버튼을 누르는 것이다. 이것은 비즈니스 워게임에서도 마찬가지다. 여러분 회사의 전략이 시장이 주는 스트레스를 극복하지 못하면 여러분은 리셋 버튼을 누르고 새로운 전략을 찾아야 하는 것이다.

제약사는 신약의 효과와 부작용을 알기 위하여 임상 실험을 한다. 비즈니스 워게임은 전략의 임상 실험이라고도 할 수 있다. 개발된 신약을 아무런 검증 절차 없이 환자들에게 투여할 수는 없는 것이다. 스포츠에서도 마찬가지다. 권투 선수는 본 게임에 들어가기 전에 스파링 상대들과 최종 훈련을 하면서 실전 준비를 한다. 이때, 약한 스파링 파트너를 이기는 것보다 강한 스파링 파트너를 만나서 패배의 경험을 맛보는 것이 제대로 된 훈련을 하는 것이다. 중요한 것은 본 게임에서 이기는 것이기 때문이다. 기업의 전략도 예외가 아니다. 세상의 모든 이치는 똑같은 것이다. 기업에서 만든 비즈니스 전략 역시 최종적으로 실행되기 전에 치밀한 준비와 훈련, 검증이 반드시 필요한 것이다.

발레리나 강수진과 축구 선수 박지성의 발을 본 적이 있는가? 저자는 일그러진 그들의 발을 보고 깜짝 놀랐다. 정상적인 발의 모습이 아니다. 개인의 성공을 위해서도 끊임없는 연습과 훈련이 필요할진대 하물며 수백, 수천, 수십만 명의 생계가 달려 있는 기업의 전략을 수립하고 실행하는데 어찌 연습과 훈련이 필요하지 않겠는가?

미래를 예측하는 방법과 전략을 만드는 방법은 다르다

그런데 여기서 우리가 혼동하지 말아야 할 것이 하나 있다. 비즈니스 워게임과 2장에서 얘기한 시나리오 분석은 완전히 다르다는 것이다. 시나리오 분석과 비즈니스 워게임이 미래의 불확실성을 해소하는 두 개의 중요한 축이지만 서로의 기능은 다르다. 시나리오 분석은 장기적 시각에서 미래를 바라보는 하나의 스냅 사진과 같은 것이기 때문에 시장 참여자들의 움직임이나 의도를 예측할 수는 없다. 반면, 비즈니스 워게임은 시나리오 분석보다는 비교적 단기적 관점에서 시장 참여자들의 움직임을 예측하고 대응 전략을 만드는 것이 목적이다.

우리 회사의 전략이 시장에서 과연, 견뎌낼 것인가?

자, 그럼 비즈니스 워게임에서 말하는 전략은 어떤 전략인가? 당연히 시장에서의 경쟁 전략이다. 따라서 신제품 출시 전략이 될 수도 있고, 경쟁사의 공격을 방어하는 전략이 될 수도 있고, 연구 개발 전략이 될 수도 있고, M&A 전략이 될 수도 있고, 해외진출 전략이 될 수도 있다. 그렇다면, 이러한 모든 전략이 펼쳐질 곳은 어디인가? 그곳은 비바람으로부터 보호를 받고 있는 온상 속이 아니라 생존의 치열함이 밀림의 정글과도 같은 시장이다. 경쟁사, 고객, 규제기관, 공급사, 유통사, 대체재 등 온갖 시장 참여자들이 힘의 경쟁을 치열하게 겨루는 곳이다.

앞서 언급했듯이, 여러분 회사 전략의 성공 여부는 이러한 시장 참여자들이 여러분 회사의 전략을 어떻게 바라보고, 어떻게 움직일 것인가에 따라 좌우된다. 그렇기 때문에, 전략을 만들 때는 시장 참여자들의 시각과 의도를 반드시 고려해야만 한다. 그런데 많은 기업들이 이러한 사실을 잊고 있다. 열심히 연구 개발해서 제품과 서비스의 품질만 높이면 되는 것으로 생각한다. 그러나 이것은 기본 중의 기본이다. 기본만을 해놓고 이 치열한 시장에서 살아남을 수 있겠는가?

기업을 하면서 수없이 많은 경험을 했겠지만, 화이트보드에 전략을 스케치하는 것과 현실에서 이를 실행하는 것은 전혀 다른 것이다. 그럴듯한 이론적 배경과 최신 경영학 용어들을 사용하여 제아무리 화려하게 포장하여 전략을 만들어 본들 시장의 눈보라와 폭풍우를 견뎌낼 수 없는 온상 속의 화초와 같은 전략은 여지없이 무너지게 마련이다. 수십 번을 찬물에 넣었다 빼고 또 망치로 두들기는 과정을 통해서 최고의 강도와 경도를 갖춘 칼과 창을 만들어 낼 수 있듯이 회사의 임직원들이 경쟁사, 고객, 규제기관이 되어 다양한 시각에서 자사의 전략에 대해 날카롭고도 가혹한 질문들을 던지고 답을 찾아가는 과정이 반드시 필요하다.

이와 같은 것을 기술적으로 실행하는 방법이 비즈니스 워게임이다. 사고의 혁신을 하기 위해서는 촉매제와 같은 역할을 할 수 있는 그 무엇이 반드시 필요하다. 비즈니스 워게임과 같은 전략 시뮬레이션 워크숍이 이 촉매제 역할을 할 수 있다. 여기에서 워크숍이라는 말을 쓴 이유는 CEO와 직원들이 다 같이 참여하여 토론하는 장이라는 의미다. 자사의 관점에서 우리의 전략을 바라보면 항상 똑같은 질문과 대답이 나올 수밖에 없지만 다른 관점에서 바라보면 우리가 볼 수 없었던 새로운 것들이 보이기 시작한다. 그렇기 때문에, 몇몇 사람들이 책상에서 만든 전략이 CEO에게 보고된 후 아무런 검증 절차 없이 그대로 실행되어서는 안 되는 것이다.

물론, 전략을 만든 사람들은 그들이 만든 전략을 그대로 지키고 실행시키려고 한다. 또, 전략의 문제점을 드러내 보이지 않으려고 한다. 그러나 비즈니스 워게임과 같은 전략 시뮬레이션을 통해 내부적으로 치열하게 싸우면서 자사 전략의 문제점을 적나라하게 드러내는 것이 시장에서 무방비로 공격당하는 것보다 훨씬 나은 것이다. 많은 기업들이 제품 품질에 대한 테스트는 당연시한다. 그런데 정작 중요한 기업 전략에 대한 테스트는 하지 않는다. 아니, 하지 않는 것이 아니라 방법을 모르기 때문에 하지 못하는 것이다. 2004년 노벨 경제학 수상자인 대니얼 카너먼(Daniel Kahneman)은 기업들이 제품에 대한 품질 관리는 잘하면서 의사결정의 품질 관리는 하지 않는 비합리적인 사고에 대해 날카롭게 꼬집었다. 비합리적이고 상식 밖의 결정을 하는 CEO들의 성향에 대한 얘기는 3부의 1장, 블라인드 스팟에서 조금 더 하도록 하겠다.

앞서 빅 데이터에서 얘기했듯이, 과학적 사실은 시대나 장소에 관계 없이 절대적 규칙이 존재한다. 그러나 비즈니스는 다르다. 산업이 다르고, 시장이 다르고, 고객이 다르다. 따라서 그때그때마다 해법이 다를 수밖에 없다. 생각해 보길 바란다. 기업들마다 경쟁 환경이 완전히 다른데 어떻게 몇몇 성공 기업의 전략이 모든 기업들에게 똑같이 적용될 수 있겠는가? 이것은 증상이 다른 환자들에게 똑같은 약을 처방하는 것과 마찬가지다. 기업의 성공을 보장해 주는 듯한 수없이 많은 전략 이론과 성공 법칙이 있다. 이런 성공 기업들의 전략을 그대로 모방하면 우리 회사도 성공할 수 있을까? 절대 그렇지 않다. 얼마나 많은 항공사들이 사우스웨스트의 저가 전략을 그대로 답습했는가? 그러나 대부분 실패하고 말았다. 다른 기업의 전략이 아무리 훌륭해도 우리 회사의 전략이 될 수는 없는 것이다.

왜, 비즈니스 워게임이 효과가 있을까?

전략의 대가로 알려진 UCLA 엔더슨 경영대학원의 리처드 루멜트(Richard Rumelt) 교수는 기업의 전략을 컨설팅할 때 자신의 아이디어를 비판적으로 검토할 사람들을 머릿속으로 생각한다고 한다. 머릿속에서 가상의 자문단과 토론을 벌이는 것이다. 그와 같이 일했던 기업인들, 그를 가르쳤던 사람들, 책에서 만난 전문가들이라면 이때 어떤 의견을 낼 것인가를 생각한다. 머릿속에 있는 다양한 사람들이 전략의 문제점을 지적하고 새로운 발상을 할 수 있도록 자극하기 때문이다. 이와 같은 방법은 실제로 상당한 효과가 있다고 그는 말한다. 비즈니스 워게임은 아니지만 일종의 전략 시뮬레이션을 자신의 머릿속에서 혼자 하는 것이다. 그러나 전략 시뮬레이션을 실제로 해 보는 것은 훨씬 큰 효과를 낼 수 있다.

자, 그런데 우리의 기업 문화를 보자. 우리의 기업 문화에서 CEO가 내린 결정에 대해 가타부타 말을 하는 것은 쉽지 않다. CEO의 판단과 결정에 어떤 문제가 있다는 것을 알고 있어도 그냥 넘어간다. 예스맨이 되는 것이다. 사적인 자리에서야 무슨 말인들 못 할까마는 공식적인 회의 자리에서 CEO가 결정한 사안에 대해 문제를 제기하는 것은 쉽지 않다. 그러나 비즈니스 워게임에서는 할 수 있다. 워게임에서는 자사의 직원들이 철저하게 경쟁사의 역할을 해야 하기 때문에 이때만큼은 자사의 직원이 아닌 경쟁사의 직원이 되는 것이다. 거기에는 직급 같은 것은 없다. 오로지 치열함만이 있는 것이다.

경쟁사 역할을 맡은 직원들은 배우가 영화 속의 배역에 몰입되어 연기를 하듯이 완전한 경쟁사의 사람이 되어 경쟁사의 눈으로 산업을 바라보고, 시장을 바라보고, 자사의 전략을 바라본다. 앞서 얘기했듯이, 직원들은 재미있어 하고 그들의 창조성에 몰입하면서 지식과 경험을 총동원하여 최선의 답을 찾기 위해 노력한다. 이와 같은 과정을 통해, 자사의 전략을 객관적으로 비판하고 평가함으로써 새로운 시각과 통찰력을 얻을 수 있다. 물론, CEO의 열린 마음과 전폭적인 지지가 없다면 비즈니스 워게임과 같은 전략 시뮬레이션 워크숍은 기업 문화로 정착될 수 없다.

비즈니스 워게임은 외국계 컨설팅사의 자문 비용처럼 수억 내지 수십억 원의 큰돈이 들어가는 것도 아니고 몇 개월의 시간을 요구하는 것도 아니다. 이틀 정도의 교육과 훈련만으로 워게임의 기본 개념과 방법을 충분히 터득할 수 있다. 물론, 브리핑 북 작성 등 비즈니스 워게임 워크숍을 실제로 실행하기 위해서는 한두 달 정도의 준비 과정은 필요하다. 앞서 언급했지만, 기업 전략을 만드는 일은 엄청난 예산을 들여가면서 해외의 컨설팅 기업을 불러서 할 필요가 전혀 없다. 검은 정장을 잘 차려입은 컨설턴트와 복잡한 컴퓨터 예측 프로그램을 바라보면서 일부 임원급들만이 하는 자문은 시장 참여자들의 의도와 움직임을 파악하는 데 별 도움을 주지 못한다. 여러분들 중에는 아마도 회사에서 엄청난 예산을 투입한 이러한 컨설팅 보고서들이 먼지만 쌓여 가는 채로 무용지물이 된 경우를 한두 번쯤은 목격했을 것이다.

시장을 매일매일 접하는 영업부서, 서비스부서, 구매부서, 생산부서, 연구 개발부서, 브랜드 관리부서 등 모든 직원들이 참여하는 워게임이 진정한 워게임이다. 물론, 비즈니스 워게임이 모든 전략의 성공을 보장해 주는 것도 아니고 이것만이 시장 참여자들의 반응을 예측할 수 있는 것도 아니다. 그러나 전략의 성공 가능성을 한층 높일 수 있다는 것은 분명한 사실이다. 그렇지 않고서야, 인텔, 쉘, 와이어스와 같은 조기경보 베스트 프랙티스 기업들이 그렇게 오랫동안 비즈니스 워게임을 그들의 기업 문화로 발전시켜 왔겠는가? 조기경보와 비즈니스 워게임을 잘하고 있는 글로벌 기업들에 대한 얘기는 4부의 2장에서 하도록 하겠다. 너무나 당연한 말이지만, 연습만이 완벽함을 만들 수 있는 것이다. 여기에는 비즈니스 전략도 예외가 아니다.

산업과 시장의 변화, 어떻게 감지할 것인가?

기업 경쟁전략의 핵심은 산업과 시장의 움직임을 다양한 시각으로 바라보는 것이다. 시장 분석이란 무엇인가? 시장의 큰 흐름을 이해하기 위해서 시장 참여자들의 의도와 힘을 정확하게 아는 것이다. 그러나 기업에서 관행적으로 하는 시장 분석이라는 것을 보면 몇몇 경쟁사들의 시장 점유율 조사와 제품 특성을 파악하는 데 그치는 경우가 많다. 그러나 제대로 시장을 바라보기 위해서는 하버드 비즈니스 스쿨의 마이클 포터 교수가 제시한 5 세력 모델(Five Forces Model)을 통하여 산업 구조를 우선적으로 파악해야 한다.

|표 2-2| 5 세력(Five Forces) 분석[5]

---

5) Michael Porter, competitive strategy

그 다음으로 사용할 모델은 4 코너 모델(Four Conners Model)인데, 이 분석을 통하여 경쟁사의 반응과 움직임을 예측할 수 있다. 이 두 개의 모델에 대해 간단히 살펴보자. 5 세력 모델의 기본 개념은 기존 기업들 간의 경쟁 강도, 대체재, 잠재적 진입기업, 구매자, 공급자 등 다섯 개의 힘이 모든 산업에 영향을 준다는 것인데, 왜 어떤 산업은 수익률이 높고 어떤 산업은 낮은지를 설명해 주며, 동일 산업 내 기업들의 수익률이 왜 유사한 변화를 나타내는지를 설명해 준다. 물론, 이러한 다섯 개의 힘은 시간이 지남에 따라 변하고 기술의 변화, 소비자의 선호도, 규제, M&A 등과 같은 산업 구조의 이동으로 변할 수 있다.

자, 그렇다면 생각해 보자. 동일 산업 내의 모든 경쟁사들이 같은 힘을 받는다면 경쟁사들 사이에서 왜 수익률의 차이가 생기는 것일까? 동일 산업 내에서도 경쟁사들과 차별화하는 데 성공한다면 외부의 힘에 대항하여 장벽을 구축할 수 있기 때문이다. 마이클 포터에 따르면 경쟁사들보다 수익성을 높이기 위해서는 차별화 전략, 저가 전략, 특정 지역이나 시장에 집중하는 포커스 전략 중에 하나를 선택해야 한다.

LG디스플레이는 유기발광다이오드(OLED) 기술로 TV 패널을 양산하면서 차별화를 도모했다. 미국의 사우스웨스트 항공과 월마트는 저가 정책으로 차별화했다. 독일의 다임러 벤츠는 특정 시장에만 집중함으로써 수익률을 높이는 전략을 썼다. 지금의 시장 경쟁이 얼마나 치열한지, 또 이러한 치열함은 어떠한 형태로 표출되고 있는지, 잠재적 시장 진입자는 누구인지, 강력한 힘을 가진 구매 세력은 누구인지, 그리고 그들은 어떻게 영향을 미치고 있는지, 자사 제품의 대체 상품은 무엇인지, 정부의 규제는 어느 정도이고 어떤 방향으로 가고 있는지, 비즈니스 워게임 동안에 포터의 5 세력 모델을 사용하여 이와 같은 질문들에 대한 답과 함께 산업과 시장의 변화를 감지할 수 있다. 이 다섯 개의 힘은 결국, 산업과 시장의 움직임, 경쟁사들의 행동에 영향을 미치기 때문에 기업의 전략을 만들 때는 이러한 힘들을 반드시 고려해야 한다.

경쟁사의 움직임, 어떻게 파악해야 하나?

포터의 5 세력 모델이 산업의 구조를 이해하고 시장의 큰 흐름을 파악하기 위한 것이라면 4 코너 모델은 경쟁사의 움직임과 반응을 예측하는 가장 강력한 방법 중의 하나다. 4 코너의 네 가지는 동인, 경영진의 가정, 현재의 전략, 역량인데 표 2-3의 오른쪽에 있는 경쟁사의 현재 전략과 역량은 오늘날과 같이 정보를 찾기가 편리해진 세상에서는 약간의 노력을 기울인다면 불가능한 것이 아니다.

|표 2-3| 4 코너(Conners) 분석[6]

동기(Motivation)	관찰된 행동(Observed behavior)
- 동인(Drivers) - 경영진의 가정(Management assumptions)	- 현재 전략(Current Strategy) - 역량(Capabilities)

문제는 왼쪽에 있는 동인과 경영진의 가정이다. 경쟁사의 움직임을 예측

---

6) Michael Porter, competitive strategy

하는 데는 객관적인 자료인 현재의 전략이나 역량보다는 CEO의 사고방식이나 블라인드 스팟, 전략의 가정과 같이 보이지 않는 것들을 파악하는 것이 훨씬 더 중요하다.

자, 그렇다면 동인과 경영진의 가정에 대해 하나하나 살펴보자. 동인은 기업 경영의 동기를 부여하는 것이다. CEO가 아침 일찍 일어나 회사로 나가 일을 하게 만드는 원동력과 같은 것이다. 예컨대, 글로벌 제약사인 화이자는 세계에서 가장 큰 제약사가 되기를 원하고 있다. 뉴욕 타임즈는 미국 내에서 가장 많은 독자를 가진 가장 영향력 있는 신문사가 되기를 희망한다. 삼성전자와 애플은 혁신의 리더가 되기를 표방한다. 2000년대 초, 구글은 검색을 통한 웹에서의 자유로운 접근을 목표로 했다. 그러나 지금은 최고의 인공지능(AI) 기업이 되는 것이라고 표방한다. 이러한 동인을 알고 있다면 구글이 왜 자율자동차 사업에 뛰어들었는지를 이해할 수 있다. 기업의 단위 사업부는 어쩔 수 없이 CEO를 움직이게 하는 동인에 의해 영향을 받을 수밖에 없다. 기업의 홈페이지에 있는 CEO의 인사말, CEO가 주주들에게 보내는 편지나 이사회에서 CEO에게 준 각종 인센티브 내용을 자세히 보면 최고 경영자를 움직이게 하는 각종 동인을 발견할 수 있다.

또, 모든 기업들은 그들의 산업, 시장, 경쟁사, 자사의 능력에 대해 부지불식간에 가정을 한다. 그리고 그 가정을 근거로 하여 전략을 수립한다. 그런데 때때로 산업이나 시장은 기업들이 만든 가정과 다르게 변한다. 그리고 가정은 동인과 같이 쉽게 드러나는 것이 아니기 때문에 동일한 산업 내의 기업들도 서로 다르거나 상반된 가정을 하는 경우가 많다.

예컨대, 1960년대에 로슈(Hoffman La Roche)는 세계에서 가장 크고 성공적인 제약사였다. 이 회사는 발리움(Valium®)으로 큰 성공을 거두었다. 그러나 오늘날, 옛날의 영광은 간데없고 같은 스위스계 글로벌 제약사인 노바티스의 영향력 아래에 있다. 그럼 로슈에게 무슨 일이 있었는가? 지금의 로슈는 왜 한참 뒤처지는 기업으로 전락했을까? 로슈는 블록버스터인 발리움을 통해서 성공했기 때문에 다른 기회들은 다 무시하고 오로지 블록버스터급 신약 개발에만 집중했다. 또한 모든 신약은 로슈의 연구 개발 파이프라인을 통해서만 나와야 한다고 생각했다. 바이오 기술을 활용한 신약 개발이 한창일 때도 로슈는 바이오 신약의 중요성을 인식하는데 느렸고, 바이오 의약품을 라이센싱 하는 데도 느렸다.

대부분의 가정이 처음에는 옳다. 그러나 산업이나 시장이 변함에 따라, 이와 같은 초기의 가정도 바뀌어야 하지만 그렇지 않은 경우가 많다. 결국, 시대에 뒤떨어진 가정은 기업의 독단적인 신조가 되고 마는 것이다. 가정은 4 코너 분석에서 가장 어려운 부분이기 때문에 모든 팀들은 자사와 경쟁사 전략의 밑바탕에 깔려 있는 가정을 정확하게 들추어내는 것이 아주 중요하다. 왜냐하면, 똑똑한 인재들이 수두룩한 기업에서 선택한 전략이나 행동이 상당히 합리적이고 이성적일 것이라고 생각하지만 그렇지 않은 경우가 허다하기 때문이다.

자, 이제 비즈니스 워게임을 하자

워게임은 기업의 전략을 사전에 테스트하기 위한 전략 시뮬레이션이다. 앞서 설명했듯이, 롤 플레이할 기업뿐만 아니라 산업과 시장에 대한 분석까지 폭넓게 해야 한다. 이를 위해 약 50페이지 정도의 브리핑 북을 만들어야 한다. 브리핑 북에는 모든 팀들이 기본적으로 알아야 할 내용들이 들어 있다. 산업 및 시장 동향, 경쟁사에 대한 내용, 기술 동향, 규제 동향 등이 브리핑 북에 들어가야 한다. 이러한 것들뿐만 아니라 실질적으로 롤 플레이할 기업과 관련된 다양한 사람들과의 인터뷰를 통해서 생생한 정보 수집을 하는 것도 아주 중요하다.

실제로 기업을 대상으로 한 워게임에서는 최대 두 개 정도의 경쟁사와 여러분의 회사 즉, 전체 세 팀 정도로 구성하는 것이 가장 이상적이다. 너무 많은 경쟁사를 놓고 할 경우에는 조금 산만해질 수 있다. 물론, 여러분 회사에서 선발된 다양한 부서의 직원들로 팀을 꾸려야 한다. 제대로 경쟁사 역할을 하기 위해서는 앞서 설명했듯이, 경쟁사 분석과 더불어 산업과 시장에 대한 이해가 필수적인데, 이를 위해서는 어느 정도의 교육과 훈련이 필요하고 앞서 얘기한 브리핑 북 작성과 경쟁 환경에 대한 이해도를 높이는데 몇 주 또는 경우에 따라서 몇 개월간의 준비 작업이 필요하다.

그런데 워게임에서 무엇보다도 중요한 사람이 진행자다. 워게임에서 진행자는 먼 바다에서 항해하는 배를 인도하는 등대와 같은 역할을 한다. 진행자는 모든 팀들이 시장에서의 경쟁 이슈에 대해 논쟁할 수 있도록 유도를 해야 한다. 다시 말하면, 워게임 참여자들이 워게임의 취지와 목표를 정확하게 이해한 상태에서 근거와 논리를 가지고 공격과 방어를 할 수 있도록 이끌어야 한다. 자칫 잘못하면 워게임의 참여자들이 표류하는 배와 같이 중심을 잡지 못하고 각자의 의견만을 주장하는 상황으로 빠질 수 있기 때문이다.

또, 진행자는 시장에서 발생할 가능성이 있는 가상의 사건 시나리오도 사전에 준비해야 한다. 자, 생각해 보자. 이런 가상의 사건에 대처하는 훈련이 왜 필요할까? 완벽한 전략을 수립하여 아무런 저항이나 변수 없이 성공할 수만 있다면 얼마나 좋겠는가? 멋진 호텔에서 많은 사람들의 찬사와 박수 속에 발표한 화려한 프레젠테이션 전략이 그대로 실행될 수만 있다면 얼마나 좋겠는가? 하지만, 시장은 그리 호락호락하지 않으며 우리에게 그러한 사치를 쉽게 허락하지 않는다.

완벽한 전략을 수립하여 실행했는데도 도산하는 기업이 한둘이 아니다. 왜 그럴까? 자신들이 만든 전략에만 몰입되어 산업의 변화와 시장의 움직임을 감지하지 못하고 내부에만 집중했기 때문이다. 경쟁은 상대적일 수밖에 없다. 그렇기 때문에, 경쟁 구도에 대한 이해를 바탕으로 전략을 수립해야 한다. 현 상황에서 아무리 완벽해 보이고 창조적이고 훌륭한 전략일지라도 대체재, 규제, 기술, 고객 등 예상하지 못한 외부 환경의 변화에 제대로 대처하지 못하면 한낱 구호와 희망 사항에 불과한 것이다.

물론, 기업의 목표와 큰 방향성은 변함이 없어야 한다. 그러나 이를 성공적으로 실행시키기 위한 전략과 전술은 탄력성과 유연성이 있어야 한다. 사실, 본래 완벽한 전략이란 있을 수 없는 말이다. 우리는 미래를 알 수 없기 때문이다. 따라서 우리가 할 수 있는 유일한 방법은 발생 가능성이 있는 시나리오와 다양한 전략적 옵션을 준비하면서 환경에 따라 유연하게 대응할 수 있는 능력을 갖추는 것뿐이다. 그럼 기업들이 직면할 수 있는 잠재적 사건은 어떤 것들이 있을 수 있을까? 앞서 얘기했듯이, 주요 경쟁사들 간의 M&A, 신기술의 출현, 정부의 강력한 규제 정책 등과 같이 산업의 구도를 바꾸고 시장의 판을 뒤흔들 수 있는 것들이다. 이 잠재적 사건이 뭐가 되었든, 모든 팀들은 어떠한 전략으로 이 사건을 극복해 나갈 것인지를 설명해야 한다.

자, 이제는 지금까지 준비한 비즈니스 워게임을 실제로 수행하는 것이다. 모든 팀들은 앞서 설명한 마이클 포터의 두 모델과 기업의 블라인드 스팟에 대해 이해를 한 상태에서 각자의 방으로 가서 발표 자료를 작성한다. 이때 포터의 5 세력 분석을 통하여 산업과 시장을 분석하고, 4 코너 분석을 통하여 자사와 경쟁사의 전략을 이해하기 위한 프레임을 만든다. 누차 강조하지만 워게임에서 가장 중요한 것은 산업과 시장에 대한 선입견을 버리고 다양한 시각에서 바라보는 것이다. 따라서 경쟁사 역할을 맡은 사람들은 이제 더 이상 자사가 아닌 철저하게 경쟁사의 직원이 되어야 한다. 자, 이제 첫 단계로 모든 팀들은 다른 팀들 앞에서 그들의 미래 전략을 발표하고 나머지 팀들은 발표 내용에 대해 질문을 할 수 있고 비판과 의견 제시를 할 수 있다.

실제 워게임을 해 보면 상대 팀들은 초원에서 뛰어노는 순진한 사슴을 발견한 사자들처럼, 발표 팀 전략의 문제점이나 허점을 날카롭게 공격하는 질문들을 쏟아낸다. 이때, 발표하는 팀은 상대 팀들의 질문에 대답하고 해결책을 제시하기 위하여 모든 전략과 정보, 역량을 총동원하여 그들이 어떠한 방법으로 경쟁할 것인가에 대한 스토리를 말해야 한다. 조사하고 분석한 정보를 토대로 다른 팀들을 납득시키면서 자기 팀이 발표한 전략에 대해 명확한 논리로 방어하는 것이 워게임 성공의 핵심 요소다. 자사 팀과 경쟁사 팀들 간의 치열한 공격과 방어 속에서 산업, 시장, 경쟁사, 고객에 대한 인식이 바뀌게 되고 혁신적이고 창의적인 생각들이 쏟아져 나온다. 발표가 끝난 후에는 다른 팀들의 비판과 의견을 반영하여 전략을 수정할 수 있다.

모든 팀들의 1차 발표가 끝나면, 진행자는 앞서 설명한 가상의 시나리오를 공개하고 모든 팀들은 진행자가 제시한 시나리오를 보고 그들의 전략을 어떻게 수정할 것인가에 집중한다. 이 시나리오에 대처하기 위해 다른 팀들과의 M&A, 파트너십 구축, 라이센싱 협정 등 이런저런 협상을 할 수 있다. 그러나 위게임의 시간은 제한되어 있기 때문에 너무 많은 시간을 협상에 소비해서는 안 된다. 다음 단계는 다른 팀들의 비판과 의견을 반영하고 가상의 시나리오를 반영한 두 번째 발표가 이어진다. 이와 같은 과정을 통해서, 전략을 지탱하고 있는 가정의 불확실성과 전략의 취약점들이 속속들이 드러나게 된다. 또, 시장 참여자들의 관점에서 우리의 전략을 바라봄으로써 그들의 의도와 움직임을 예측할 수 있다. 이러한 모든 것들이 어우러져 전략은 점점 더 견고해지고 시장에서의 맷집이 생기는 것이다. 만약, 이 전략이 시장 참여자들의 압박을 견뎌낼 수 없을 것으로 판단되면 더 이상 돌이킬 수 없는 상황으로 접어들기 전에 새로운 전략을 찾아야 한다.

위게임의 마지막 단계에서는 홈팀과 경쟁사 팀을 하나의 팀으로 만들어 홈팀 즉, 여러분 회사의 전략을 어떻게 개선하고 수정할 것인가에 대한 제안들을 하게 하고, 이러한 제안들을 놓고 충분한 토론을 벌여 끝까지 살아남은 제안들을 여러분 회사의 최종 전략에 반영할 수 있다.

이와 같이 직원들이 경쟁사의 역할을 실제로 해 보도록 하는 것은 통찰력과 아이디어를 만들어 내는데 엄청난 효과가 있다. 경쟁사 팀은 홈팀의 전략, 즉 자사의 전략을 공격하기 위한 전략을 만들 때 경쟁사의 머릿속으로 들어간다. 실제 위게임에서는 경쟁사 팀의 전략이 승리하는 경우가 많다. 생각해 보자. 여러분 회사의 직원들보다 여러분 회사의 약점을 가장 잘 알고 있는 사람들이 어디 있겠는가? 경쟁사 팀의 성공은 실제 상황에서 경쟁사의 공격을 막아내기 위한 전략을 만들어야 하는 홈팀에게 경고음을 주는 것이다. 왜냐하면 워게임의 목표는 결국, 실전에서 홈팀인 자사의 전략이 시장에서 통할 것인지, 다시 말해 경쟁사 등 시장 참여자들을 제압할 수 있을 것인지, 아니면 제압을 당할 것인지를 시험해 보는 것이기 때문이다.

1. 워게임 소개 및 목표 설명: 워게임을 시작하기 전에 5 세력 분석, 4 코너 분석, 블라인드 스팟 분석에 대한 소개와 워게임의 목표를 설명한다. (08:00~10:00)

2. 1차 발표: 위와 같은 세 개의 분석법을 기반으로 각 팀들은 그들이 대표하는 기업의 미래 전략을 발표한다. 상대 팀들은 발표한 팀의 전략에 대한 비판과 의견 제시를 한다. (10:00~12:00)

3. 초기 전략의 수정: 상대 팀들의 비판과 의견에 따라 전략을 변경할 수 있다. (13:30~14:30)

4. 가상의 시나리오 소개: 진행자는 가상의 시나리오를 발표하고 각 팀들이 시나리오에 대처하는 전략을 수립하도록 요청한다. (14:30~15:00)

5. 2차 발표: 각 팀들은 시나리오를 반영하는 전략을 발표하고 상대 팀들은 비판과 의견을 다시 제시한다. (15:00~17:00)

6. 홈팀(자사)의 전략 수정: 홈팀과 경쟁사 팀이 하나가 되어 홈팀의 전략을 수정한다. (17:00~18:00)

지금까지 비즈니스 워게임의 개념과 실행 방법에 대해 간단하게나마 살펴봤다. 비즈니스 워게임에 대해 좀 더 자세하게 알고 싶다면 벤저민 길라드(Benjamin Gilad)의 『비즈니스 워게임』(2009, 살림Biz)을 추천한다.

이제 우리 기업들은 자사 중심적 사고와 근시안을 극복할 수 있는 전략 도구를 사용해야 한다. 워게임은 고객이나 경쟁사로부터 서든어택을 당하지 않도록 여러분 회사의 전략을 단련시키고 테스트하기 위해 개발된 전략 시뮬레이션 기법이다. 워게임을 통하여 예상치 못했던 장애물이나 예상치 못했던 경쟁사의 반응에 대해 가상의 경험을 해 봄으로써 자사의 전략을 보다 견고하게 만들 수 있다. 자사의 임직원들이 익숙하지 않은 새로운 시각에서 자사의 전략을 다시금 바라봄으로써 새롭고 혁신적인 해결책을 만드는 것이다. 앞에서 말했듯이, 워게임은 CEO와 직원들이 다 같이 공유된 정보 속에서 이루어지기 때문에 미래의 비전이 공유될 수 있고, 이러한 과정을 통해서 리더십이 하나로 통일됨으로써 기업의 전략이 일사불란하게 추진될 수 있다.

기업에서 전략이라고 만들어 놓은 것들을 보면, 고객 중심, 제품 혁신, 시너지 창출 등 단순한 구호에 불과한 경우가 대부분이다. 상품이 개발되면 상품의 품질은 다양한 각도에서 검증하면서 정작 중요한 기업 전략은 어떠한 검증 체계도 갖추어져 있지 않은 것이 현실이다. 저자는 비즈니스 워게임이 기업의 위기를 사전에 감지하고 관리할 수 있는 하나의 방법이 될 수 있다고 확신한다. 잘못된 전략으로 엄청난 대가를 치르거나 파산한 사례는 너무나 많아 일일이 언급할 필요가 없을 것이다.

파산한 수많은 기업들을 보자. 그 기업들 중에 국내외의 내로라하는 컨설팅 업체의 전략 컨설팅을 한두 번쯤 받지 않은 기업은 아마 없었을 것이다. 이것은 무엇을 의미하는가? 외부기관의 자문은 어디까지나 참고만 해야 하는 것이고 결국은, 기업 스스로 전략을 만들어 가야 한다는 말이다. 이렇게 하기 위해서는 자사의 전략을 평가하고 산업과 시장을 분석할 수 있는 힘을 길러야 한다. 비즈니스 워게임은 대형 컨설팅 업체 없이도 약간의 교육과 훈련만으로 기업 스스로 경쟁사, 고객 등 시장 참여자들을 롤플레이 하면서 경쟁 상황을 진단하고 자사의 전략을 시험할 수 있는 매우 유용한 방법이다. 제대로 된 워게임을 했다면 경영진은 기존의 전략을 수정하거나 보완해야 할 것들을 반드시 발견하게 될 것이다. 워게임을 해 본 기업들은 자사 전략에 대한 평가뿐만 아니라 일반적인 회의석상에서는 전혀 느낄 수 없었을 분위기를 통해 산업 내 경쟁 상황에 대한 새로운 인식과 깨달음을 얻었다고 모두가 말한다.

이번 장을 마무리 짓자. 자, 우리 기업들 이제 어떻게 해야만 하는가? 제대로 훈련된 사람들이, 제대로 된 방법을 사용하여, 치열한 토론을 하는 것만이 제대로 된 비즈니스 전략을 만들 수 있는 것이다. 우리나라의 기업들이 비즈니스 워게임을 통해 다양한 관점에서 산업과 시장을 바라보면서 회사의 전략을 다시 한 번 점검하고 시험할 수 있게 되기를 바란다.

|그림 2-4| 비즈니스 워게임 프로세스

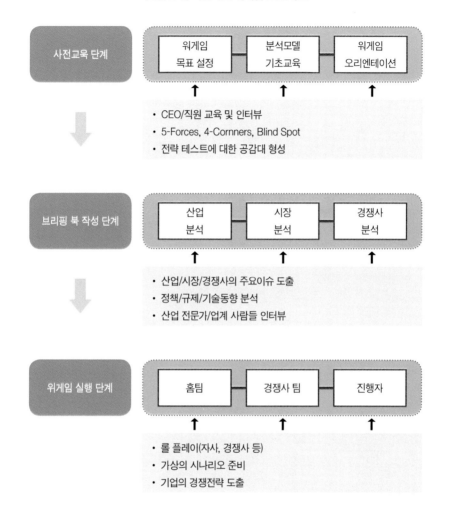

| 사전교육 단계 | 워게임
목표 설정 | 분석모델
기초교육 | 워게임
오리엔테이션 |

- CEO/직원 교육 및 인터뷰
- 5-Forces, 4-Cornners, Blind Spot
- 전략 테스트에 대한 공감대 형성

| 브리핑 북 작성 단계 | 산업
분석 | 시장
분석 | 경쟁사
분석 |

- 산업/시장/경쟁사의 주요이슈 도출
- 정책/규제/기술동향 분석
- 산업 전문가/업계 사람들 인터뷰

| 위게임 실행 단계 | 홈팀 | 경쟁사 팀 | 진행자 |

- 롤 플레이(자사, 경쟁사 등)
- 가상의 시나리오 준비
- 기업의 경쟁전략 도출

Competitive Intelligence

4장
조기경보,
왜 정착하지 못하는 것일까?

1. 우리는 무엇을 알고 있고, 무엇을 모르고 있는가?

2003년에 영국의 한 시민단체인 PEC(바른 영어 쓰기 캠페인)는 당시 미국의 국방장관인 도널드 럼스펠드에게 '올해의 횡설수설상'을 주었다. 어이없는 말실수를 했다며 비꼰 것이다. 그런데 어떤 사람들은 럼스펠드의 말이 인간의 한계와 미래의 불확실성을 잘 나타낸 매우 논리적인 말이라는 평가를 하기도 한다. 여하튼, 그가 어떤 말을 했는지 잠시 보자.

2003년 미·영 연합군의 이라크 공격이 있기 약 1년 전인 2002년 2월, 기자 회견에서 한 기자가 이라크 정부가 테러 단체에게 대규모 살상 무기를 공급했다고 추정할 만한 증거가 부족한 것 아니냐며 질문을 했는데 럼스펠드는 다음과 같은 대답을 했다. "아직 어떤 일이 발생하지 않았다는 것은 언제나 나를 흥미롭게 합니다. 왜냐하면, 우리가 알고 있다는 것을 아는 경우가 있고, 아직 모르고 있음을 알고 있는 경우가 있고, 우리가 모르고 있다는 것을 여전히 모르고 있는 경우도 있기 때문입니다."라고 말했다. 어찌 보면 횡설수설 같기도 하고 말장난 같기도 하다. 하지만 저자는 그의 말에서 네 개의 정보 유형, 아니 정보 유형이란 말보다는 네 가지 형태의 서로 다른 인지 상황에 대해 생각해 볼 수 있었다.

첫 번째는 우리가 이미 알고 있다는 것을 알고 있는 상황이다. 이런 경우는 말이나 글, 숫자로 표현되는 정보를 통해서 우리가 알고 있음을 확인할 수 있다. 이 경우는 문제될 것이 전혀 없는 가장 이상적인 상황이다. 우리가 알고 있는 것을 확인하고 서로 공유할 수 있기 때문이다. 두 번째 상황은 우리가 이미 알고 있지만, 알고 있다는 것을 잘 모르는 경우다. 노하우나 스킬, 재능과 같은 것들이다. 소위 말하는 암묵 지식이 여기에 해당한다. 분명히 알고는 있지만 말이나 글, 숫자로 나타낼 수 없는 것들이다. 세 번째는 우리가 모르고 있다는 것을 알고 있는 경우다. 이 상황도 그다지 큰 문제가 되지 않는다. 왜냐하면, 무엇을 모르고 있는지를 알고 있기 때문에 알려고 하면 알 수 있는 여지가 그나마 있기 때문이다. 마지막은, 우리가 무엇을 모르고 있는지를 전혀 모르고 있는 상황이다. 가장 심각한 경우다. 그렇다면 한번 생각해 보자. 우리가 모르고 있다는 것조차도 모르는 것은 도대체 무엇일까? 이것이 바로 기업의 블라인드 스팟(Blind spot, 맹점)이다. 블라인드 스팟에 대해서는 3부의 1장에서 자세히 알아보도록 하겠다.

2. 듣고 싶은 것만 듣고, 보고 싶은 것만 보는 사람들

정확한 정보가 없으면 기업 내의 보이지 않는 권력과 무지가 진실이 아닌 것을 진실인 양 왜곡하면서 자기중심적 사고와 어림짐작이 의사결정을 주도하게 된다. 이러다 보니 결국, 듣고 싶은 것만 듣고 보고 싶은 것만 보면서 우리가 무엇을 모르고 있는지도 모르는 상황으로 발전하는 것이다.

1990년대에 독일의 도니어(Dornier)라는 기업이 체외 충격파 기술을 통해 신장 결석 치료기 시장을 개척했다. 도니어가 개발한 기술은 외과적인 수술 없이 충격파로 결석을 제거하는 것이었다. 그것은 그야말로 혁신적인 것이었다. 벤처 투자자들은 나름 돈 냄새를 잘 맡는 사람들이다. 당연히 벤처 투자자들이 도니어의 뒤를 따라 이 기술에 투자했다. 그런데 그들은 단지 두 가지만을 확인하고 투자를 결정했다. 이 기술이 돈이 될 것인가? 이 기업이 이 기술을 개발할 능력을 가지고 있는가? 이것이 전부였다.

크고 작은 벤처 투자자들은 21개 기업에 1억천만 달러를 투자했다. 이후 투자를 받은 많은 기업들이 체외 충격파 치료기 시장에 뛰어들었다. 결과는 어떠했을까? 3년 후 모두 도산하고 말았다. 그들은 한 가지 시각을 갖지 못했다. 그들이 놓친 한 가지는 무엇일까? 신장 결석 발생의 빈도였다. 그 당시 도니어의 충격파 치료기는 이미 시장에 포화되어 있었다. 도니어는 당시의 시장 수요보다 2배 이상 되는 물량을 적정가에 공급할 수 있는 능력을 가지고 있었다. 이런 어처구니없는 투자가 정말 사실일까 라는 생각이 들 것이다. 왜 이런 현상이 발생할까? 우리가 무엇을 모르고 있는지를 전혀 모르고 있기 때문이다. 이런 터무니없는 일이 옛날 얘기, 남의 나라 얘기로만 들리는가? 그렇지 않다. 이와 유사한 일들이 지금도 비일비재하게 일어나고 있다.

많은 기업들이 시장의 현실을 정확하게 파악하기 위한 면밀한 조사와 분석 없이 회사의 운명을 결정지을 수도 있는 중요한 비즈니스 결정을 덥석 해버리는 경우가 허다하다. 우리는 무의식중에 보고 싶은 것만 보고, 듣고 싶은 것만 듣고 있기 때문이다. 기업들은 여전히 그들이 과거에 성취한 것과 그것을 어떻게 달성했는가를 기준으로 지금의 시장을 바라보고, 경쟁사를 바라보고, 고객을 바라보고, 미래를 바라본다. 극히 자사 중심적이고 편협한 일차원적 사고다. 우리 회사를 중심으로 세상이 움직일 것이라고 착각들을 하고 있다. 세상과 시장은 어떻게 움직이는가? 결코 우리가 정해 놓은 규칙이나 방식대로 움직이질 않는다.

그렇다면 왜, 사람들은 그들이 생각하고 싶은 대로 생각하고 당연하지 않은 것들을 당연한 것으로 받아들일까? 이것은 편차의 정상화(normalization of deviance)라는 개념으로 설명될 수 있다. 이 개념은 컬럼비아 대학의 다이엔 본(Diane Vaughan)이 챌린저호 폭발의 원인을 분석한 『챌린저호 발사 결정』(1996)에서 처음으로 소개했다. 많은 사람들이 기억하겠지만, 1986년 공중 폭발한 우주왕복선 챌린저호는 고무링의 파손으로 연료가 누출되어 공중에서 폭발했다. 나사(NASA)의 과학자들은 챌린저호 발사 프로젝트 초기부터 고무링에 문제가 있다는 사실을 알고 있었고, 이것이 큰 사고로 이어질 수도 있다는 것을 우려하고 있었다. 그러나 큰 문제 없이 몇 차례의 시험 발사에 성공하자, 이러한 종류의 문제는 심각한 결함이 아닌 것으로 인식되었다. 예상과 다른 결과가 몇 번 반복되어 나오면 사람들은 이러한 결과를 당연한 것으로 받아들인다. 다시 말하면, 비정상적인 현상을 점차

정상적인 것으로 받아들이게 된다는 것이다. 챌린저호의 고무링 사건과 같이 잠재적인 위험 요소가 분명히 존재하지만, 단지 운이 좋아서 별문제가 발생하지 않았을 때 사람들의 판단을 흐리게 하는 현상을 편차의 정상화라고 한다. 지금까지 위기관리, 조기경보와 같은 것이 없었어도 기업을 경영하는 데 큰 문제가 없었기 때문에 앞으로도 그럴 것이라고 생각하는 것이다.

3. 조기경보에 아무런 도움을 주지 못하는
기업의 정보시스템들

오늘날에는 정보의 부족함이 없는 듯하다. 요즘 웬만한 기업들, 얼마나 많은 정보시스템들을 가지고 있는가. 데이터 웨어하우스, 지식 저장소, 온라인 커뮤니티들, e-러닝, 인트라넷 등 그 종류도 점점 늘어나고 있다. 요즘은 빅 데이터로 소비자의 구매 패턴이나 소비 심리를 분석하여 기업의 마케팅 전략에 활용한다고 난리들이다. 그런데 CEO들은 여전히 만족하지 못하고 있다. 기업의 정보시스템이 각종 데이터로 가득 차 있지만 그들의 의사결정에는 아무런 도움을 주지 못한다고 말한다. CEO들 중에서 사내 정보시스템을 활용해서 의사결정을 하는 사람이 있기는 하는가.

모든 기업들은 고객의 욕구를 이해하고 그들의 행동 변화를 예측하는 것이 경쟁 우위를 확보할 수 있는 방법이라는 것을 잘 알고 있다. 그래서 고객관계관리(CRM) 등 고객을 파악하고 관리하기 위한 시스템 투자를 엄청나게 했다. 그러나 고객을 아는 데 여전히 실패하고 있다. 그런데도 기업들은 점점 더 덩치가 큰 IT 솔루션과 지식경영시스템을 계속하여 찾는다. 모든 것을 기술적으로, 시스템적으로만 해결하려고 한다. 왜일까? 이런 시스템들은 회사 내의 이런저런 사람들과 부딪치지 않고 각자의 일을 잘할 수 있는 손쉬운 기능들을 제공해 주기 때문이다. 그래서 혼자 조용히 자리에 앉아서 컴퓨터 앞에서 모든 것을 해결하려고 한다. 기업이 커질수록 이런 현상은 더욱 심해진다. 이러다 보니 옆 팀에 있는 저 사람이 무슨 일을 하고 있는지조차도 제대로 모른다. 이런 상황에서 무슨 지식이 공유되고, 협력이 되고, 융합이 되겠는가? 당연히 조기경보 같은 것은 생각할 수도 없다. 기업의 사내 정보시스템이란 것을 보면 단순한 행정 지원, 게시판, 이메일 시스템으로 전락해 버려 진정한 지식 공유와 위기관리에 대한 정보는 찾아볼 수 없는 경우가 대부분이다.

사람들은 자전거 타는 법을 매뉴얼로 배우지 않는다. 자전거 타는 법을 매뉴얼로 만들 수도 없고, 코드화할 수도 없고, 시스템으로 만들 수도 없기 때문이다. 그러나 자전거를 타는 방법은 공유할 수 있고 가르쳐 줄 수 있다. 위에서 언급했듯이, 대부분의 기업정보 시스템은 어떻게 사용해야 할지도 모르는 온갖 데이터로만 가득 차 있다. 기업들은 이러한 데이터보다 눈에 보이지는 않지만, 직원들의 머릿속에 있는 암묵적 지식이나 통찰력이 훨씬 더 중요하다는 것을 알아야 한다. 우리가 글로 쓸 수 있는 것, 그 이상의 것을 말하듯이 우리는 말로 할 수 있는 것, 그 이상의 것을 알고 있기 때문이다.

4. 기업을 혼란하게 하는 수많은 경영 이론들

이미지 소스 : http://www.economist.com/node/14698784

스티븐 코비(Stephen R. Covey)는 우리에게 잘 알려진 『성공하는 사람들의 7가지 습관』(1989)의 저자다. 이 책 한 권으로 한순간에 리더십과 경영의 그루로 칭송을 받게 되었다. 부자, 기업가, 정치가 등 자기 분야에서 최고의 성과를 이룬 사람들의 개인적 성공 법칙과 비밀을 기업 경영 리더십과 연계시키면서 일약 유명인이 되었다. 이 책은 38개 언어로 번역되어 1,500만 부 이상 판매되었다. 이로 인해 1996년에는 타임지가 선정한 미국에서 가장 영향력 있는 25명 가운데 한 사람으로 뽑히기도 했다.

그런데 몇 년 전에 이코노미스트(The Economist)에서 재미있는 기사(2009. 10. 22)를 실었다. 스티븐 코비, 톰 피터스(Tom Peters), 짐 콜린스(Jim Collins) 등 소위 경영의 대가라고 하는 사람들이 쓴 경영 베스트셀러들의 문제점과 이러한 경영 그루들의 공통된 성향에 대해 날카롭게 꼬집었다. 이러한 베스트셀러들은 당대 잘 나가는 기업들을 입에 침이 마르도록 칭송하고 있는데 이러한 책들의 공통점과 결론은 한결같이 똑같다는 것이다. 몇몇 성공 기업들의 경영 원칙이나 비결을 그대로 따르면 모든 기업들이 성공할 수 있다고 말한다는 것이다. 여기까지는 좋다. 그런데 문제는 그들이 그토록 칭송한 모범적 기업들의 대부분이 책이 출판된 지 몇 년 지나지 않아 경영 위기를 겪거나 파산했다는 것이다. 이 얼마나 황당한가? 아마 많은 기업인들이 고개를 끄덕여가면서 이러한 책을 한두 권쯤은 읽었을 것이다.

짐 콜린스는 『좋은 기업을 넘어서 위대한 기업으로』(2001)의 저자다. 당시 미국뿐만 아니라 전 세계적으로 언론과 독자들의 찬사가 이어졌다. 15년 동안 시장 평균 대비 최소 3배 이상의 누적 수익률을 달성한 11개 기업의 성공비결을 소개했다. 좋은 회사에서 위대한 회사로 도약한 11개 기업은 단계 5의 리더십, 고슴도치 콘셉트, 규율의 문화 등 6개의 성공비밀 원칙을 지키고 있었다고 강조한다. 그런데 딱 10년이 지난 후인 2011년을 기준으로 이들 11개 기업에게 어떤 일이 발생했을까? 11개 기업 중에서 8개 기업이 파산했거나 파산 위기에 처했다. 짐 콜린스는 2009년에 『위대한 기업은 다 어디로 갔을까?』를 내놓았다. 그는 이 책에서 기업 몰락의 5단계를 설명했다. 이 책 역시 뉴욕타임스, 아마존의 베스트셀러가 되었다. 기업의 성공에 일정한 비밀 법칙이 있듯이 몰락에도 일정한 단계가 있다고 주장했다. 그렇다면, 그의 말대로 몰락의 5단계만을 감지하고 예방하면 기업의 파산을 막을 수 있는 것일까?

톰 피터스가 1982년에 출간한 『초우량 기업의 조건』을 보자. 그 역시 이 책 한 권으로 경영 전략의 대가로 칭송을 받았다. 1961년부터 1980년까지

20년 동안의 성장률, 자산 증가 실적, 평균 수익률 등에서 탁월한 43개 기업을 선정했다. 그는 실행의 중요성, 시행착오를 허용하는 문화, 고객과의 밀착, 핵심 사업 집중 등 초우량 기업들의 여덟 가지 특성을 성공 조건으로 꼽았다. 그런데 이런 탁월한 기업들에게 어떤 일이 발생했을까? 43개 기업 중 30개가 넘는 기업이 책이 출간된 후 5년도 채 지나지 않아 파산했고, 나머지 기업들도 겨우 명맥만을 유지하고 있다. 이 책이 출간된 지도 어느덧 30년이 지났지만 여전히 많은 사람들의 주목을 받고 있다.

스티븐 코비는 2004년에 또 『성공하는 사람들의 8번째 습관』을 내놓았다. 이번에는 조직진단 시스템도 소개했다. IQ 테스트로 사람의 지능을 측정하듯이 XQ 테스트를 통해 조직 운영의 효율성을 측정할 수 있다는 것이다. 간단한 테스트를 통해서 조직을 진단할 수 있다니, 이 얼마나 매력적으로 들리는가? 이 테스트를 통해 조직을 진단하고 효율성을 개선한 기업이 과연 얼마나 될까? 저자는 그런 기업이 있다는 얘기를 한 번도 들어보지 못했다.

기업들을 더 이상 현혹시키지 말자

경영 그루들은 너 나 할 것 없이 핵심 역량을 말하고 리더십을 말한다. 또, 고객의 목소리를 잘 들으라고 말한다. 모두가 맞는 말이다. 그런데 이런 생각을 한번 해 보자. 만약에 헨리 포드가 고객의 목소리에만 귀 기울였다면 어떻게 되었을까? 아마도 세계 최초의 양산 대중차, 모델 T는 세상에 없었을 것이다. 당시의 교통수단이었던 마차보다 건고하면서 값이 싸고 잘 나가는 사륜마차를 만드는 것에 머물고 말았을 것이다. 만약에 스티브 잡스가 고객의 말에만 귀 기울였다면 어떻게 되었을까? 아마 지금의 애플 컴퓨터보다 훨씬 뛰어난 컴퓨터를 만들 수 있었을지는 모르지만 지금의 아이폰은 없었을 것이다.

저자는 고객의 목소리를 들을 필요가 없다고 말하는 것이 아니다. 또, 핵심 역량이 중요하지 않다고 말하는 것도 아니다. 단지, 무슨 비밀 법칙이니, 성공 법칙이니 하면서 기업 경영을 몇 개의 단순한 법칙이나 원칙 같은 것을 잘 따르기만 하면 되는 것처럼 기업들에게 혼란을 주지 말자는 것이다. 이러한 몇몇 성공 법칙이 어느 시대, 어느 산업, 어느 시장을 막론하고 모든 기업들에게 정말로 효과가 있다면 기업 경영, 기업 전략, 기업 위기에 대해 걱정하고 고민할 필요가 없는 것이다.

사람들은 쉽고 단순한 해결책에 눈이 가기 마련이다. 기업 경영도 사람이 하는 것이기 때문에 기업하는 사람들도 단순한 해결책을 원한다. 그래서 앞서 얘기한 책들은 여전히 수요가 있을 것이다. 왜냐하면, 그들에게 위로를 줄 수 있기 때문이다. 그러나 여러분들이 너무나도 생생하게 경험하고 있듯이 기업 환경은 그렇게 단순하지 않다. 기업 경영은 외부의 거센 비바람이 없는 온상이나 아무런 저항이 없는 진공상태에서 홀로 하는 것이 아니다. 다양한 시장 참여자들과의 힘의 관계 속에서 하는 것이다. 그렇기 때문에, 기업이 경쟁 환경의 변화나 시장 참여자들의 의도와 힘을 고려하지 않고 몇몇 원칙만을 가지고 경영을 한다는 것은 너무나 위험천만한 생각이다.

이들 책 외에도 소위 잘나가는 기업들을 칭송하는 책들이 얼마나 많은가? 미국 텍사스 대학의 앤드류 핸더슨(Andrew Henderson) 교수는 통계 분석을 통해 이들 성공 기업들의 특성을 분석한 연구 결과를 발표했다. 어떤 결과가 나왔을 것으로 생각하는가? 이들 기업들의 한때 성공을 몇몇 경영 원칙으로 설명하는 것보다 오히려 운이 좋았다고 설명하는 것이 훨씬 타당성이 있다고 했다. 재미있지 않은가? 앤드류 교수의 결론은 이렇다. 무슨 성공 법칙이니, 비밀 전략이니 하는 것들은 한마디로 터무니없다는 것이다. 저자는 앤드류 교수의 연구 결과가 훨씬 솔직하고 신빙성이 있는 결론이라고 본다. 왜냐하면, 이유는 간단하다. 산업은 변하고, 기업 환경도 변하고, 고객도 변한다. 또 기업 문화가 다르고 제품과 서비스의 특성도 다르다. 한마디로 경쟁 환경이 모두 다르다. 그런데 어떻게 특정 원칙이나 경영 법칙을 모든 기업들에게 똑같이 적용하여 똑같은 효과를 낼 수 있다는 말인가? 이것은 증상이 다른 환자들에게 똑같은 처방을 하는 것과 별반 다르지 않은 것이다.

"한번 해 봐, 아니면 말고" 왜, 이런 현상이 계속해서 나타날까?

저자는 우리나라의 기업인들이 새로운 경영비법을 찾아냈다고 호들갑 떠는 경영 그루들의 이런저런 말에 현혹되지 말고 시장과 경쟁 상황을 정확하게 꿰뚫어 볼 수 있는 통찰력을 갖게 되기를 진심으로 바란다. 기업이 잘나갈 때는 이러한 책들의 저자는 스타가 되고 그 기업들이 어려움에 처하면 언제 그런 말을 했느냐는 듯이 조용하다. 얼마 전, 어느 세미나에서 강연을 하고 있는 교수에게 청중석에서 "요즘 대학의 교수님들이 기업의 연구 개발 자문을 많이 하는데 교수님들의 기업 자문을 어떤 방향으로 하면 좋겠는지요?"라는 질문을 했다. 그 교수의 대답은 이런 말로 시작했다. 어떤 교수들은 연구 개발, 즉 R&D(Research & Development, 연구 개발)를 R&D(Recommend & Disappear, 권고하고 사라짐)로 생각한다는 것이다. 청중석에서 한바탕 웃음이 터져 나왔다. 그러나 왠지 모를 씁쓸함이 남는 웃음이었다. 아, 오해하지 말길 바란다. 기업 자문을 열심히 하는 교수님들을 폄하할 생각은 전혀 없다.

자, 그렇다면 "한번 해 봐, 아니면 말고" 왜 이런 현상이 주기적으로 나타났다가 사라지는 것일까? 지금 이 순간에도 수없이 많은 기업들이 위기에 처해 있다. 이럴 때 정말 지푸라기라도 잡고 싶은 것이 기업을 하는 사람들의 심정일 것이다. 그들은 위로받고 싶어 하고 희망을 보고 싶어 한다. 그렇기 때문에, 기업경영 비밀전략이니, 성공법칙이니 하는 말에 자연스럽게 고개가 돌아가기 마련이다. 이러한 책들이 기업인들에게 한 줄기 빛처럼 느껴지는 것도 어찌 보면 너무나 당연한 일일지도 모르겠다.

5. CEO 임기와 이사회 기능의 문제

조기경보가 정착하지 못하는 구조적인 문제점에 대해 생각해 보자. 우선 CEO의 임기에 대해 생각해 보자. 많은 CEO들이 매분기 또는 매년의 성과로 평가를 받기 때문에 단기간에 가시적인 성과가 나는 일이 아니면 그다지 신경을 쓰지 않는 것이 현실이다. 예컨대, 규모가 있는 해양 플랜트

몇 개만 수주해도 단기 매출은 상승하고 CEO는 능력 있는 경영인으로 평가되는데 5년, 10년 후의 위기관리와 미래 전략이 눈에 들어오겠는가? 어떻게든 성과를 보여줘야만 연임이 가능하기 때문에 CEO들은 단기적인 성과에 급급할 수밖에 없다. 물론, CEO 자리를 세습하는 우리나라의 재벌 기업들은 예외일지도 모르겠다.

최근 CEO들과 이런저런 주제로 얘기를 나누던 중에 장기적인 관점에서의 산업의 변화와 붕괴에 대해 말하고 있는데 한 CEO가 간단하지만 근본적 문제를 제기하는 질문을 던졌다. "왜 CEO들이 다음 10년에 대해 신경을 써야 하죠? 우리는 주주들에게 매분기마다 성과를 제시해야 하고, 그 성과로 인센티브를 받고 있어요." 그 CEO의 말은 일리가 있었다.

한 조사에 의하면 국내 30대 그룹 계열사 CEO들의 평균 재임 기간은 2.5년(2016년 기준)으로 나타났다. 반면, 〈포춘〉이 선정한 500대 기업 CEO들의 평균 재임 기간은 9.7년(2013년 기준)이다. 자, 생각해 보자. 이런 현실 속에서, 왜 그들의 재임 기간을 훨씬 넘어선 10년, 20년 후의 일을 걱정하겠는가?

많은 CEO들이 그들 기업의 미래 전략을 만드는 타임라인이 3-5년을 넘지 않는다고 말한다. 왜냐하면, 대부분의 산업이 대개 3-5년 주기로 변하고 있고 혁신적인 제품들도 대개 같은 주기로 시장에 나온다는 것이다. 이런 이유로 인해 3-5년 정도가 그들에게는 합리적인 한계 기간이라고 말한다.

그렇다면 이와 같은 문제를 어떻게 해결해야 할까? CEO의 재임 기간을 늘리는 것이 하나의 해결 방안이 될 수도 있다. 바그하이(Baghai)는 『성장의 연금술, The Alchemy of Growth』(2000)에서 CEO들은 비즈니스 포트폴리오 관리를 위해서 3개의 타임라인을 고려하면서 경영을 해야 한다고 말한다. 타임라인 1은 현재의 사업, 타임라인 2는 현재 사업을 이을 차기 주력 사업의 추진, 타임라인 3은 보다 먼 미래를 주도할 사업에 대한 육성이다. 그런데 대부분의 기업 파산은 타임라인 2와 3을 제대로 준비하지 못하기 때문에 발생한다. 타임라인 1에는 많은 투자를 하지만, 타임라인 2와 3을 체계적으로 준비하고 있는 기업은 많지 않다고 바그하이는 지적한다. 이러한 원인 중의 하나가 CEO의 짧은 재임 기간이다. CEO의 재임 기간에 대해서는 수십 년간 기업 이사회에서 또 학술토론장에서 수없이 논의되어왔다. CEO의 재임 기간을 늘리는 것이 이러한 문제의 근본적인 해법인지는 확신할 수 없지만 10-20년 후의 기업의 미래를 준비하는 것이 CEO의임무임은 분명하다.

두 번째는 거수기로 전락한 이사회의 기능이다. 대부분의 사외 이사들은 그들이 감독해야 할 기업의 전략이나 운영에 대해 제대로 알지 못하고있다. 한 중견 기업의 이사는 "이 기업은 위기가 발생한 후에야 대응책이항상 이사회 안건으로 올라옵니다.", "이 기업의 경영진들은 당장 절박하지않으면 경쟁 환경이나 위기에 대해 그 어떤 말도 이사회에서 하지 않아요."라고 말한다. 이런 종류의 불만은 대부분의 사외 이사들이 느끼는 좌절의시작이라고 할 수 있다. 한 조사 결과에 의하면 사외 이사들은 그들이 감독하는 기업의 정보를 대부분 기업 외부에서 얻고 있는 것으로 나타났다. 그들은 신문이나 전문 저널에서 이런저런 정보를 접하지만 정작 기업에서는 제대로 된 정보를 받지 못한다고 말한다. 그들은 기업이 가지고 있는다양한 정보를 공유하면서 그 무엇인가를 조언해 주고 싶어 한다. 하지만그들은 기업 내부적인 관리, 감사, 거버넌스에 대부분의 이사회 시간을 소비하고 있다.

여러분에게 몇 가지 질문을 하고 싶다. 여러분은 사외 이사들이 기업 정보를 보고받아야 할 고객이라고 생각하는가? 아니면 이사회가 형식적 절차에 지나지 않는다고 생각하는가? 여러분의 기업은 그들에게 어느 정도의 내부 정보를 제공하는가? 그들에게 중요한 내부 정보를 제공함으로써 불편함을 느끼고 있는가? 기업의 CEO들에게 이런 질문을 한다면 CEO들은 아마도 외부 이사들이 기업의 정보를 많이 아는 것을 원하지 않는다고 말할지도 모른다. 왜냐하면, 정보 제공으로 인해 괜한 분란이나 시끄러움을 만들 수도 있기 때문이다. 그런데 생각해 보자. 거수기로 전락한 이사회보다는 토론으로 시끄러운 이사회가 훨씬 더 나은 것이 아닌가? 물론, 여기에는 이사회를 제대로 구성했다는 조건이 선행되어야 한다. 정치적 이해관계가 전혀 없는 해당 분야의 식견 있는 전문가들로 이사회를 구성해야 한다는 것은 두말할 필요도 없는 것이다.

대부분의 사외 이사들은 그들이 감독해야 할 기업의 경쟁 환경을 스스로 분석할 만큼의 시간적인 여유가 있는 사람들이 아니다. 하지만, 그들 중에는 기업의 어느 경영진 못지않은 경험과 통찰력을 가지고 있는 사람들이 있다. 그들에게 제대로 된 정보를 제공하여 기업의 경영진에게 보다 날카롭고 정제된 질문을 할 수 있도록 해야 한다. 물론, 이렇게 할 경우 기업의 경영진은 때로는 난처해질 수도 있고 때로는 이사회에서 모진 물매를 맞을 수도 있다. 그러나 이러한 것들은 기업 파산의 고통에 비하면 아무것도 아닌 것이다. 이제는 우리 기업들, 기업을 모니터링하고 감독하는 이사회의 실질적 기능에 대해 다시 한 번 깊은 고민을 해야 한다.

6. 조기경보를 외면하게 만드는 한국의 기업문화

우리의 기업 문화에 대해 잠시 생각해 보자. 2011년 한 대기업 연구소의 연구원이 회사를 떠나며 CEO에게 보낸 이메일이 화제가 된 적이 있다. 이 연구원은 토론이 없는 경직된 조직 문화와 말로는 혁신을 외치면서 실제로는 혁신을 불가능하게 만드는 기업 문화에 대해 CEO에게 메일을 보내고 퇴사했다. 이 이메일을 읽으면서 착잡한 마음을 금할 수가 없었다. 관료적이고 경직된 우리 기업 문화의 현주소를 다시 한 번 확인하는 사건이었기 때문이다.

뿌리 깊게 박혀 있는 기업의 오만과 자만심을 어떻게 없앨 것인가? 예전부터 해 왔던 관성대로 일을 하려는 움직임을 어떻게 중지시킬 것인가? 영업 부서, 연구 개발 부서 간의 장벽을 어떻게 허물고 통합할 것인가? 각종 루머, 경쟁사의 연막작전, 정보의 홍수 속에서 제대로 된 정보와 노이즈를 어떻게 구별할 것인가? 산업의 변화와 시장의 움직임이 트렌드로 정착될 것인지 아니면 일시적 유행이나 해프닝으로 끝날 것인지를 어떻게 구분할 것인가? 이렇듯 복잡한 환경 속에서 제대로 된 질문을 하는 것이 조기경보의 시작이지만 연구원의 퇴사 사건에서 알 수 있듯이 극복해야 할 과제들은 결코 만만치가 않다. 그렇다면 어떻게 해야 할까? 직원들의 의욕과 열정을 꺾는 기업 문화를 바꿔 나가야 한다. 직원들이 카산드라와 같이 자포자기하는 기업 문화를 만들어서는 절대로 시장의 실체를 정확히 파악할 수 없기 때문이다. 잠시 다른 얘기를 해 보자. 트로이의 마지막 왕, 프리아모스의 딸인 카산드라는 미래를 볼 수 있는 능력을 받았지만 어느 누구도 그녀의 말을 듣지 않았다. 그리스군에 의해 트로이가 멸망할 때까지 그녀는 수많은 예언을 하지만 모든 예언들은 무시된다. 이후, 카산드라는 그 어떤 말도 하지 않았다. 모든 일이 어떻게 전개될지 알고 있지만 결국, 사람들은 자기가 원하는 것만 듣고, 믿고 싶은 것만 믿는다는 것을 알게 되었기 때문이다. 예언은 맞지만 믿고 싶지 않은 예언을 카산드라의 예언 또는 카산드라 콤플렉스라고 한다. 그런데 우리의 기업 문화는 직원들이 카산드라 콤플렉스에 빠지기 딱 좋게 되어 있다.

직원들의 생각은 CEO의 생각과 다를 수 있다. 또, 회사가 추구하는 방향에 대해 다른 의견이 있을 수 있다. 그러나 이를 공개적으로 말하는 것은 우리의 기업 문화로 볼 때 쉽지 않다. 직원들은 각자의 현장에서 느끼고 경험한 이런저런 생각과 아이디어를 가지고 있다. 예컨대, 한 직원이 경쟁사의 최근 움직임에 대한 정보를 가지고 있다. 또, SNS를 통해서 소비자 트렌드가 어떻게 변해 가고 있는지도 알고 있다. 그러나 이러한 모든 것들은 이 직원의 머릿속에 잠시 머물다가 사라지고 만다. "얘기해 봤자 입만 아프지, 괜히 주제넘게 나서는 사람으로 찍히거나 할걸" 하면서 보고도 못 본 척, 들어도 못 들은 척, 본인에게 맡겨진 일만 그저 묵묵히 하는 행태로 이어질 수 있다. 이런 현상은 회사를 위해서도 직원 개인의 발전을 위해서도 결코 바람직하지 않은 최악의 상황이다. 하기야, 이 직원이 무슨 죄가 있겠는가? 이 기업의 조직 문화에서는 이것이 최적의 선택이기 때문에 이 직원은 주어진 일만을 열심히 하는 것이다. 이제는 기업 문화를 확 바꿔야 한다. 비난받거나 눈치 보지 않으면서 자신의 생각이나, 아이디어, 지식, 정보를 마음껏 쏟아 내고 토론할 수 있는 환경을 만들어야 한다. 왜냐하면, 이것이 바로 조기경보의 시작이기 때문이다. 아무리 정교한 정보시스템도 이런 기업 문화를 대체할 수는 없는 것이다.

제3부

시장에는 딱,
두 부류의 기업이 있다

서문에서 잠시 언급했지만, 뭔가를 바꿀 수 있을 시점에서의 초기 시그널은 미미하고 모호하기 때문에 대부분 무시되고 만다. 그런데 이런 시그널을 누구라도 느끼고 볼 수 있을 즈음에는 이미 너무 늦어서 걷잡을 수 없는 상황이 되어 버리는 경우가 대부분이다. 그렇기 때문에, 초기의 미묘한 변화를 정확하게 감지할 수 있는 조기경보가 필요한 것이다. 이 세상에 붕괴와 파산으로부터 자유로울 수 있는 산업과 기업은 단 하나도 없다. 여러분의 회사도 여러분의 회사와 관련된 산업도 언제든지 역사의 뒤안길로 사라질 수 있다.

지금 이 시간에도 많은 기업들이 다가오는 위기를 정확히 파악하지 못한 채 지금까지 해 오던 것을 조금 더 잘하기 위한 노력 외에는 별다른 생각을 하지 못하고 있다. 이것은 마치 늪지대에서 악어가 물 밑으로 살며시 다가오는 것을 전혀 눈치채지 못하고, 물 먹는 데만 급급한 가엾은 얼룩말의 모습과 별반 다르지 않은 것이다. 그런데 세상 이치라는 것이 그렇다. 이런 경우가 있으면 저런 경우가 항상 있는 것이다. 그저 위기를 바라보고만 있는 기업이 있는가 하면, 시그널을 정확히 인식하고 발 빠르게 대처하는 기업도 있게 마련이다. 지금부터 이 두 부류의 기업들에 대해 알아보자.

1장
위기를 바라보고만 있던 기업

이미지 소스 : HEAL & GROW for ACoAs - WordPress.com- Google "boiling frog syndrome"

아마 여러분은 끓는 물 속의 개구리에 대한 얘기를 한두 번쯤은 들어 보았을 것이다. 조금씩 서서히 진행되는 변화를 감지하지 못하여 큰 낭패를 보는 경우를 두고 하는 말이다. 이런 예화를 통해서 뜬구름 잡는 공허한 얘기나 흔해 빠진 성공 스토리를 말하려고 하는 것은 아니니 안심하길 바란다.

자, 그런데 누가 정말 처음으로 이런 개구리 실험을 했을까? 호기심으로 검색을 해 봤다. 1800년도 후반에 영국인 과학자 포스터 박사(Dr. Foster)가 처음 이 실험을 한 것으로 알려져 있다. 그가 어떻게 실험을 했는지 잠시 보자. 물이 충분히 들어 있는 냄비에 개구리의 머리만 나올 정도로 물을 채운다. 처음부터 개구리를 끓는 물 속에 집어넣으면 깜짝 놀라 뛰쳐나오겠지만, 실온의 물에 개구리를 집어넣고 온도를 서서히 올리면 끓는 온도까지 이르게 되어도 개구리는 온도의 변화를 감지하지 못하고 냄비 속에서 그대로 있다가 결국 죽게 된다는 것이다. 이 실험이 사실인지 아닌지는 생물학자들에게 물어보자. 생물학자들도 의견이 분분한 것 같다. 어쨌든 중요한 것은 우리가 모르는 사이에 시나브로 변하고 있는 것을 감지하지 못하는 우둔함을 지적하고 있다는 사실이다.

그런데 가만히 생각해 보면, 끓는 물 속의 개구리 모습은 어찌 보면 우리들 모두의 모습과 크게 다르지 않다는 생각이 들기도 한다. 자, 우리 기업들의 모습은 조금 뒤에 얘기하기로 하고 개구리가 처한 환경을 온도 구간별로 나누어 생각해 보자. 개구리가 사는데 최적의 온도인 15℃를 지나 20℃에 이르면 뭔가 편안하지 않은 상태가 되는데 이때가 개구리에게는 1단계 위기라고 할 수 있다. 40℃ 부근에 이르게 되면 개구리에게 상당히 심각한 영향을 주는 2단계 위기가 된다. 50℃까지 이르게 되면 마지막 3단계가 되는데, 이 단계에서는 개구리가 어떠한 행동을 취하기에는 너무 늦은 시기로 모든 것이 끝난 상태라고 할 수 있다.

개구리가 뛰쳐나올 수 있는 시간대는 2단계 위기까지다. 자, 그렇다면 생각해 보자. 우리 회사는 지금 어떤 단계에 있는가? 편안한 단계인가? 아니면 뭔가가 조금 불편한 단계인가? 만약, 이 상태가 지속된다면 우리 회사는 언제쯤 2단계 위기에 이를 것인가? 마지막 3단계까지 가기 전에 어떻게 위기의 징조를 알아차리고 뛰쳐나올 것인가? 이것이 우리 기업들이 각자 풀어야 할 문제인 것이다.

1. 같은 시그널을 보고도 해석은 달랐다 : 후지와 코닥

파산 기업의 대표로 자주 인용되고 있는 코닥 사례를 지금까지와는 조금 다른 관점에서 조명해 보자. 코닥은 2011년에 파산했다. 그런데 디지털 카메라를 처음으로 개발한 기업이 코닥이라는 것을 알고 있는 사람은 많지 않을 것이다. 1975년에 코닥의 한 연구원이 개발에 성공했다. 당시의 시제품은 지금의 토스터만 한 크기에 4kg 정도의 배터리가 장착되었고, 1만 화소(Pixel)의 해상도로 흑백사진만이 가능했는데 이미지를 만드는 데도 무려 23초 정도 걸렸다. 코닥에 대한 얘기는 너무나 많이 알려져 있기 때문에 여기에서 코닥의 몰락이 주는 교훈과 같은 얘기는 하지 않겠다.

하지만 도대체 언제부터 위기의 징후가 보였는지, 언제부터 코닥의 개구리가 끓기 시작했는지를 알아보는 것은 의미가 있다. 첫 번째 위기 시그널은 은 파동이다. 은은 필름을 제조하는데 아주 중요한 재료인데 1980년 헌트 형제에 의해 야기된 은 파동 사건은 첫 번째 시그널이었다. 두 번째 시그널은 HP나 소니와 같은 전자 회사들이 디지털 카메라를 개발하기 시작했을 때다. 소니는 1981년에 '마비카'라는 브랜드로 디지털 카메라를 처음으로 시장에 출시했다. 아직까지 이 브랜드를 기억하는 사람이 있을지도 모르겠다. 1981년은 코닥이 파산하기 정확히 30년 전이다. 그 당시 코닥은 시장의 변화를 잘 알고 있었다. 그러나 이러한 변화를 일시적인 것으로 생각하고 조용히 지나가기만을 기다리면서 아무런 행동도 취하지 않았다.

코닥의 위기를 앞서 설명한 위기 경고 3단계 관점에서 다시 한 번 생각해 보자. 위기 경고 1단계는 새로운 시장 진입자가 나타나거나, 대체재로 고객이 이동하기 시작하거나, 규제의 강도가 점점 커지는 시기다. 위기 경고 2단계는 심각한 수준으로 필름과 카메라의 시장 점유율을 빼앗기기 시작하는 단계다. 이 단계까지는 그나마 만회할 수 있는 실낱같은 희망이 있다. 소위 말하는 마지막 기회다. 그런데도 코닥은 1990년대 중반까지 아무런 행동을 취하지 않았다. 급기야 사태의 심각성을 느낀 코닥은 1997년에 이르러서야 디지털 사업에 뛰어들었다. 그러나 이미 시장은 코닥의 편이 아니었다. 생각해 보자. 최초의 디지털 카메라는 소니가 1981년에 출시했다. 이때부터 코닥이 디지털 사업을 시작한 1997년까지 16년 동안 시장에서는 이미 엄청난 변화가 있었다. 코닥도 뒤늦게 이러한 변화가 일시적인 현상이 아니라는 것을 깨달았지만 대응하기에는 너무 늦었다. 버스는 떠났다. 위기 경고 3단계는 게임이 완전히 끝난 상태다. 새로운 진입자들이 시장을 완전히 잠식했고 필름 시장은 사라졌다.

한편, 1980년에 후지필름의 CEO가 된 미노루 오니쉬는 디지털 혁명의 조기경보가 될 수 있는 두 개의 사건을 목격하게 된다. 앞서 잠시 언급했지만, 첫 번째는 헌트 형제 사건이다. 1970년대는 베트남 전쟁으로 인해 달러 가치는 떨어지고 금, 은, 석유 등 실물 가격이 급등했을 때다. 헌트 형제는 미국 석유 재벌의 상속자들이었는데 그들의 고민은 안전하게 돈을 불리는 것이었다. 그들은 안전 자산인 귀금속에 눈을 돌렸는데 이미 가격이 상승한 금보다는 상대적으로 저평가된 은에 투자하기로 한 것이다.

1975년경부터 은에 투자를 시작한 헌트 형제는 그 투자 금액을 점점 늘리더니 1980년이 되자, 투자가 아닌 아예 매집을 하기에 이른다. 1975년에 온스당 2달러였던 은 가격을 1980년에는 50달러 이상으로 치솟게 만들었다. 당시 헌트 형제가 매입한 은은 약 80억 달러에 이르렀다. 이러한 투기는 결국 미국 정부의 개입으로 실패하게 되지만 미노루에게 이 사건은 개인이 필름 시장의 수급을 주무를 수도 있다는 놀라움과 공급 망에 대한 불안을 느꼈다. 이러한 위기가 언제든 다시 올 수 있다는 것을 직감한 것이다. 당시, 후지는 은 부족으로 인해 상당한 애를 먹은 것으로 알려져 있다.

미노루가 목격한 두 번째 사건은 최초의 디지털 카메라 마비카다. 은 파동과 소니의 마비카 출시는 전통적인 필름 시장이 곧, 일대 변화를 겪을 것이라는 것을 그에게 암시하는 시그널이었다. 코닥과 후지 모두 똑같은 시그널을 보았다. 그러나 같은 것을 보고도 두 회사는 전혀 다른 해석을 했다. 같은 것을 보더라도 누가 어떤 관점에서 보는가에 따라 해석 결과는 천양지차가 되는 것이다. 이후, 후지는 디지털 카메라와 디지털 사진 처리 장비에 10년간 20억 달러 이상을 투자한다. 결국 코닥은 전통적인 필름 시장만을 고집하다가 2011년에 파산하게 되고 후지는 미국 시장을 장악하게 된다. 모든 붕괴가 코닥의 경우와 같은 형태는 아닐 것이다. 그러나 붕괴는 여러분이 속해 있는 산업에서 지금 이 시간에도 조용하게 다양한 모습으로 진행되고 있다는 것을 알아야 한다.

지금 이 시간에도 시장은 다양한 형태의 시그널을 계속해서 보내고 있다. 그러나 공식적인 통지 같은 것은 없다. 또, 어느 누구도 이것이 위기의 시그널이라고 친절하게 말해 주지 않는다.

2. 시그널을 무시한 기업의 완벽한 사례 : 포레스트

2014년, 복제약 전문 제약사인 악타비스(Actavis)가 포레스트(Forest)를 250억 달러에 인수했다. 이 합병으로 인하여 악타비스는 제네릭, 바이오시밀러, 중추신경계, 위장관계, 비뇨기계 분야에서 막강한 경쟁력을 갖는 기업이 되었다. 그러나 포레스트는 독립적 제약사로서의 명맥이 끊어졌다. 세계적 명성을 누리던 포레스트가 어떻게 자기네 기업보다 작은 기업에게 인수를 당하는 신세로 전락하게 되었을까?

포레스트는 R&D 비용은 최소화하면서 라이센싱을 한 약품의 FDA 승인을 받기 위한 후기 임상 실험에 대부분의 투자를 했다. 신약을 출시한 후에는 대규모 영업 인력 마케팅에 주력하는 비즈니스 모델을 가지고 있었다. 이러한 모델은 한동안 안정적 수입을 가져다주었다. 포레스트는 미국 시장만을 상대로 중추신경 분야에만 집중함으로써 폭발적으로 성장했다. 2000년 매출 8억 달러에서 2012년에는 44억 달러까지 달성했다. 연평균 성장률 14%를 기록한 것이다. 그러나 포레스트는 특정 약품에 지나치게 의존하는 사업 구조였으며 수입 파이프라인도 정체되고 있었다. 포레스트도 이것을 잘 알고 있었다. 그렇다면 2004년부터 포레스트에게 어떤 일들이 있었는지 살펴보자.

2004년, 과민성대장증후군 치료제인 덱시록시글루마이드(dexloxiglumide)의 개발 중단 사태를 시작으로 신경병증성 통증 치료제인 메만틴(memantine)의 임상 3단계 실패, 덴마크 제약사 룬드백(Lundbeck)으로부터 라이센싱을 한 우울증 치료제 렉사프로(Lexapro)의 특허 만료 기간이 2012년으로 종료되는 등 포레스트에게 위기 경고를 알리는 시그널은 몇 년을 주기로 계속적으로 감지되고 있었다. 설상가상으로 2013년 FDA는 새로운 항정신병 약물인 카리프라진(cariprazine)에 대해 추가 정보를 요청하며 승인을 거부했다.

결국, 제약 라이센싱 시장에서의 점점 증가되는 경쟁 강도, 미국 정부의 약가 인하 압력, 라이센싱을 한 신약의 특허 기간 만료 등으로 인해 2013년에 처음으로 순손실을 기록했다. 2004년부터 경고 신호가 지속적으로 왔지만 여전히 수입은 나오고 있었기 때문에 설마 하면서 상황이 좋아지기만을 기다렸던 것이다. 2013년에 이르러서야 M&A 시도와 제품 포트폴리오를 통해 이러한 위기에서 벗어나기 위한 안간힘을 썼지만 돌려 놓기에는 시간이 부족했다. 2부에서 언급했지만, 제약 산업에서 전략적 방향성을 결정하고 실행하기 위한 타임라인은 적어도 7-10년 정도의 시간을 두고 해야 한다. 포레스트 사례는 하나의 비즈니스 모델에 지나치게 의존한 기업에게 어떤 일이 발생할 수 있는가를 보여주는 완벽한 사례라고 할 수 있다.

인수를 당하는 기업으로 전락하는 것을 피하기 위해 포레스트는 무엇을 했어야만 했을까? 언뜻 보기에 오늘날의 기업들이 겪고 있는 많은 어려움들은 기업의 잘못이 아닌 것처럼 보일지도 모른다. 물론, 환경이 변하는 것은 기업의 잘못이 아니고 기업이 막을 수 있는 것도 아니다. 그러나 그러한 환경의 변화를 감지하지 못하는 것은 분명히 기업의 잘못이다. "미국의 의료 관리 기관들이 수동적인 입장에서 오늘날과 같이 적극적으로 시장에 개입할 것이라는 것을 어떻게 알 수 있었겠는가?"라고 포레스트는 말하고 싶을지도 모르겠다. 또 "블록버스터급 라이센싱 모델이 그렇게 빠르게 추락할 수도 있다는 것을 누가 알 수 있었겠는가?"라고 말하고 싶을지도 모른다. 그러나 더 이상 무슨 변명과 말이 필요하겠는가? 제아무리 빠른 시장 변화와 치열한 경쟁 속에서도 이러한 위기를 기회로 삼아 혁신하고 성장하는 기업들은 늘 존재한다.

3. 근거 없는 낙관론에 젖어 있던 기업 : 한국의 조선 3사

최근 우리나라 조선 3사가 겪고 있는 어려움의 근본 원인에 대해 생각해 보자. 이런 위기의 원인을 한마디로 말한다면, 전략의 위기관리 실패 때문이라고 할 수 있다. 조선 산업이 경기 민감형 산업이라는 것을 간과했던 것이 가장 큰 원인 중의 하나다. 조선 3사는 2008년, 미국 발 금융 위기 이전의 호황기에 설비 투자를 엄청나게 했다. 금융 위기 전까지만 해도 중국의 두 자릿수 성장으로 인해 세계 경기는 영원히 호황일 것만 같았기 때문이다. 그러나 불황기에 대비한 준비가 전혀 안 되어 있는 상태에서 경기가 꺾이자 그동안 투자해 온 설비를 놀릴 수도 없는 노릇이라, 울며 겨자 먹기 식으로 저가의 일감을 가져왔다. 이때부터 본격적인 저가 수주 전략이 시작된 것이다. 그럼에도 불구하고, 상선 수주는 점점 더 줄어드는 추세였다. 다행히 글로벌 금융 위기 이후 다시 유가가 치솟으면서 세계적인 에너지 기업들은 해양 플랜트 발주를 늘리기 시작했다.

그런데 당시, 조선 3사는 해양 플랜트를 독자적으로 설계할 능력을 충분히 갖추지 못한 상태에서 발주 규모와 액수만을 보고 수주를 따냈다. 누차 강조하지만, 시장은 우리가 원하는 대로 돌아가지 않는다. 설상가상으로 2014년부터 국제 유가는 다시 저유가의 시대로 접어들었고, 저유가가 끝날 기미가 보이지 않자 에너지 기업들은 해양 플랜트 발주를 취소하기 시작했다. 그나마 계약이 유지된 경우도 잦은 설계 변경 요구에 따른 시공 기간의 증가로 엄청난 적자를 냈다. 상선 부문이 정체되자 해양 플랜트에서 기회를 보려고 했지만 이 또한 만만치 않았던 것이다. 상선과 해양 플랜트는 성격이 많이 다르다. 그런데도 충분한 준비가 되어 있지 않은 상태에서 일단 수주를 하고 보자는 무모함과 조급증, 호황이 계속될 것이라는 근거 없는 낙관론, 불황기를 대비한 플랜 B의 부재, 경영진의 단기성과에 대한 집착과 같은 것들이 복합적으로 작용하여 결국, 조선 3사의 침몰로 이어진 것이다. 그 흔한 시나리오 분석을 한 번만이라도 해서 경기가 좋지 않을 경우의 전략적 선택에 대해 조금이라도 고민했었더라면 오늘날과 같은 이 지경까지는 되지 않았을 것이다. 그런데 이런 사태가 발생한 배경에는 언론의 무능함도 한몫했다는 것을 말하지 않을 수 없다.

잘나가는 기업을 칭찬하기에 바쁜 언론들, 기업이 어려움에 처하면 언제 그랬냐는 듯이 무반응으로 일관한다. 미국의 세계적인 에너지 기업인 엔론(Enron)이 2002년에 파산했을 때 미국의 언론계가 자성해야 한다는 비난이 쏟아졌다. 엔론이 파산에 직면할 때까지 모든 언론들은 수많은 시그널

들을 감지하지 못하고 엔론을 찬양하는 데 열을 올렸다. 포춘은 엔론을 6
년 연속 가장 혁신적인 기업으로 선정했고, 뉴욕타임스는 미국 직장의 새
로운 모델이라고 치켜세웠으며, 비즈니스위크는 엔론이 투자한 벤처 사업
의 위험도가 매우 낮다고 평가했는데 이런 벤처 기업들의 영업 손실이 엔
론 파산의 전주곡이 된 것으로 밝혀졌다. 엔론이 파산했을 때 이러한 언
론들은 아주 짧게 파산 소식을 전했다. 그들은 보이는 화려한 모습만을 보
았지 곪고 있는 속을 보지 못했다.

우리나라도 이와 별반 다르지 않다. 호황기에 우리의 언론은 당시의 조
선업을 어떻게 평가했는가를 생각해 보자. "세계 최대, 세계 최초, 한국의
수출을 견인할 산업, 가장 큰 성장세, 차별화된 경쟁력, 조선 강국" 등 온
갖 수식어가 붙은 수주 소식을 전하며 우리나라의 미래 먹거리라며 한껏
치켜세웠다. 무차별적인 수주 속에서 속은 곪을 대로 곪아가고 있었는데
도 말이다. 겉으로 보이는 기업의 성과에 호들갑 떨다가 기업이 어려움에
처하면 언제 그랬냐는 듯이 조용히 바라만 보고 있는 언론사들의 행태는
미국이나 우리나라나 왜 그렇게 똑같은지 모르겠다.

4. 과거의 시그널만을 바라보고 있는 기업 : 삼성

하버드 경영대학 성장·혁신포럼의 올워스(Allworth) 연구원이 쓴 칼럼을
하나 보자. 그는 IT 전문 블로그인 아심코(Asymco, 2012. 12)에서 삼성이 애

플에 가하는 위협에 대해 얘기했다. 결론부터 말하면, 애플이 삼성을 강력한 경쟁사로 키웠다는 내용이다. 애플이 낸드 플래시를 삼성에 의존하면서 삼성은 스마트폰의 공급망에 대한 관리, 판매 노하우뿐만 아니라 대량생산을 통합적으로 관리하는 규모의 경제까지 갖추게 되었다는 것이다. 보기에 따라서 그의 말이 옳을 수도 있고, 그렇지 않을 수도 있다. 어쨌든, 애플은 당시 최고의 기술을 가진 삼성으로부터 낸드 플래시를 안정적으로 공급받으면서 아이팟, 아이폰이라는 혁신적인 제품들을 만들었다. 물론, 삼성도 애플이라는 큰 거래처를 확보하게 된 셈이다. 서로에게 도움이 될 수 있는 최적의 선택을 한 것이다.

　그러나 상황은 어떻게 바뀌었는가? 2012년부터 애플은 삼성의 메모리를 쓰지 않았다. 대신 애플은 도시바와 SK 하이닉스의 낸드 플래시 사용을 확대하기 시작했다. 2014년 낸드 플래시 시장을 보면, 도시바와 SK 하이닉스가 각각 23%와 10.3%의 시장 점유율을 기록하면서 상승하고 있지만 삼성은 기존의 30%대 점유율이 깨지기 시작하는 것을 볼 수 있다. 애플은 또 아이폰7에 들어갈 10나노 애플리케이션프로세서(AP)의 위탁생산을 삼성이 아닌 대만의 TSMC(전 세계 전자기기 기업으로부터 비메모리 반도체를 위탁받아 생산하는 기업)에 전량 맡겼다. 애플은 이제 다른 공급사들의 기술이 일정 수준에 올라왔기 때문에 굳이 삼성에만 목맬 필요가 없게 된 것이다. 애플의 토사구팽 전략이 시작된 것일까? 만약 삼성이 스마트폰을 생산하지 않고 애플의 낸드 플래시 공급사로만 남았다면 어떻게 되었을까? 애플은 2016년, 울며 겨자 먹기로 아이폰7에 삼성의 낸드 플래시를 다시 탑재했지만 언제 또 애플의 마음이 바뀔지는 두고 볼 일이다.

　대만의 위탁생산 전문 기업 폭스콘(Foxconn)도 자체 브랜드로 홀로서기에

나서고 있다. 왜일까? 독점적 공급사로서의 지위가 무너졌기 때문이다. 1974년 흑백 TV 부품 생산업체로 설립된 폭스콘은 1980년대 초반에 PC 조립으로 사업을 확대했고, 1990년대에는 애플 컴퓨터 부품의 일부를 납품하기 시작했다. 2000년대 들어서는 아이팟, 아이폰, 아이패드 위탁생산으로 애플과의 협력 범위를 확대했다. 그러나 최근 애플이 위탁 생산의 일부를 컴팔일렉트로닉스(Compal Electronics)와 위스트론(Wistron) 등 경쟁사에게 맡기면서 위기의식을 느낀 것으로 알려졌다. 기업 전략과 이익에 따라 공급망의 변경이 수시로 발생하는 시장의 냉혹한 현실을 늦게나마 터득하고 홀로서기를 시작한 것이다.

삼성이 신성장 동력인 바이오 의약 분야에서 대만의 폭스콘이나 TSMC와 같은 위탁생산 전문 기업이 되기로 하고 공장 신설 등 본격적인 행보에 나섰다. 2020년까지 2조 1,000억 원을 투자한다고 한다. 삼성의 전략은 이런 것이다. 의약품을 만들어 미국, 유럽 시장에서 마케팅을 하려면 엄청난 노력과 비용이 들어가기 때문에 폭스콘이나 TSMC와 같은 비즈니스 모델로 간다는 것이다. 다시 말하면, 글로벌 제약사를 대상으로 의약품 생산을 주문받아 제조한다는 전략이다. 어떻게 이런 결정을 한 것일까? 두 가지 이유로 인해 이런 결정을 했을 것으로 추정할 수 있다. 첫째는 아스트라제네카(Astrazeneca)나 화이자(Pfizer)와 같은 글로벌 제약사들이 연구 개발에 집중하면서 위탁생산(Contract Manufacturing Organization, CMO) 시장 규모가 크게 증가할 것이라는 전망 때문이다. 또 하나의 이유는 삼성이 그동안 반도체, 화학, 플랜트 등의 제조업 분야에서 쌓아온 제조 경쟁력이 있기 때문에 바이오 의약품 분야에서도 제조 영역에서 승부를 내는 것이 경쟁 우위가 있다고 판단했을 것이다.

그러나 이것은 과거의 시그널만을 보고 있는 것이다. 우리가 그동안 잘 해왔던 영역에만 집중해서는 안 된다. 부가가치가 만들어질 수 있는 곳에 집중해야 한다. 언제까지 제조 영역에서 부가가치가 나오겠는가? 어느 산업을 막론하고 제조 영역은 시간이 지남에 따라 범용화되기 마련이다. 제약 산업은 지금 변하고 있다. 제약 산업은 특정 기능에 집중하여 전문 서비스를 제공하는 기업들이 시장 주도권을 서서히 가져가고 있다. 제약 산업의 미래와 산업 분할, 가치 사슬과 관련된 자세한 내용은 하버드 경영대학의 크리스텐슨(Christensen) 교수가 쓴 『파괴적 의료 혁신』(2010, 청년의사)에 자세하게 설명되어 있기 때문에 여기에서는 더 이상 다루지 않겠다. 저자가 판단하기에 제약 산업의 미래 통찰력을 얻는데 이만한 책이 없는 것 같다.

하지만 이것만은 짚고 넘어가자. 위탁생산 시장은 스위스의 론자(Lonza), 독일의 베링거잉겔하임(Boehringer Ingelheim), 미국의 화이자(Pfizer), 프랑스의 사노피(Sanofi) 등 기존의 위탁생산 전문 기업들이 쟁쟁하게 있다. 그런데 이들 기업은 신약개발 능력과 생산 능력을 모두 가지고 있는 기업들이다. 다시 말하면, 이들 기업은 언제든지 가치 사슬 상에서의 이동이 가능한 기업이라는 것이다. 이것이 의미하는 것은, 이들 기업은 제약 산업의 변화에 따라 다양한 전략적 옵션이 가능하다는 말이다. 그러나 삼성은 그렇지가 않다. 이러한 빅 파마들뿐만 아니라 중국과 인도 등 빠르게 성장하고 있는 후발 기업들의 투자나 추격 역시 여간 만만치가 않다. 세계적인 시장조사 기관들이 너나 할 것 없이 위탁생산 시장을 미래의 황금알인 것처럼 장밋빛 전망만을 내놓고 있기 때문이다.

앞서 얘기 했듯이, 미래의 바이오 제약 산업은 제조 영역에서 부가가치가 발생되지 않을 것이다. 설사, 제조 영역에서 부가가치가 생긴다손 치더라도 소위 말하는 레드오션이 될 가능성이 가장 큰 시장 중의 하나가 바로 위탁생산(CMO) 시장이다. 왜냐하면, 이 시장 역시 시간이 지남에 따라 제조 기술과 품질은 평준화되고 단가 싸움에서 승부가 날 수밖에 없기 때문에 반도체 산업과 같은 치킨 게임(chicken game, 상대가 무너질 때까지 출혈 경쟁을 하는 것)이 될 것이라는 것은 불을 보듯 훤한 것이다. 반도체 치킨 게임에서 승리한 삼성이 바이오 제약에서도 승리자가 될 수 있을까? 이것이 핵심이다. 그런데 바이오 제약 산업은 반도체 산업이나 화학 산업과 전혀 다른 특성을 가지고 있다.

무엇보다도 삼성이 간과하지 말아야 할 것이 하나 있다. 위탁생산 공급처는 언제든지 변경될 수 있다는 사실이다. 위탁생산(CMO) 전문 기업은 갑과 을의 관계에서 대부분 을일 수밖에 없다. 을이란 무엇인가? 폭스콘과 같이 언제든지 토사구팽 될 수 있다. 왜 대만의 에이수스(ASUS)와 폭스콘과 같은 기업들이 컴퓨터 산업과 모바일 산업에 뛰어들었겠는가? 삼성도 메모리 반도체 분야의 부품 공급사로서의 한계를 느끼고 모바일 폰 시장에 뛰어든 것 아닌가? 우리가 비즈니스 역사와 산업의 큰 흐름을 통해 배울 수 있는 한 가지 교훈이 있다. 기업들이 현재의 하키 퍽만을 바라보면서 일을 한다면 어느 순간 다른 곳으로 날아가 버린 퍽을 바라만 보는 처지가 될 수밖에 없다는 사실이다.

미래에 돈이 되는 영역은 어디일까?

누차 강조하지만, 기존의 시각에서 미래를 바라보고 예측하는 것은 완전히 잘못된 것이다. 이것은 현재의 하키 퍽만을 바라보는 것이기 때문이다. 그렇다면 기업들은 어떻게 기존 시각의 덫에서 벗어날 수 있을까? 미래에 돈이 되는 영역을 어떻게 알 수 있을까? 물론, 이러한 물음에 대한 답이 그리 만만한 일은 아니다. 시각을 바꾸는 것이 그렇게 쉽다면, 왜 그 많은 기업들이 어려움을 겪고 있고 또 파산하는 기업들이 속출하겠는가?

그렇다고 해서 기존의 시각에서 빠져 나오는 것이 불가능한 것만도 아니다. 잠시 스포츠 얘기를 해 보자. 웨인 그레츠키(Wayne Douglas Gretzky)는 캐나다 출신으로 북미아이스하키리그(NHL) 역사상 가장 위대한 업적을 남긴 선수다. 그는 하키 퍽이 어디로 향할지를 예측하는 능력을 가지고 있었기 때문이다. 몇 년 전 한 언론과의 인터뷰에서 기자가 어떻게 최고의 선수가 될 수 있었는지에 대해 물었다. 그는 "나는 하키 퍽이 있는 현재의 위치가 아니라 하키 퍽이 어디로 향할 것인가를 생각하면서 스케이트를 탔습니다."라고 말했다. 현재가 아닌 미래를 바라보는 시각이 그를 가장 위대한 선수로 만들었다는 것이다.

스포츠나 비즈니스 모두 전략과 예측이 중요하다. 이 두 가지 관점에서 보면 스포츠와 비즈니스가 크게 다르지 않다. 대부분의 기업들은 일단 돈이 벌리는 곳에 정착하게 되면 수익이 항상 그곳에서 나오기를 기대하면서 그곳에 머물려고 한다. 현재의 퍽을 바라보는 데만 집중하는 것이다. 그러는 사이, 다른 곳을 향하고 있는 퍽의 방향을 놓치고 만다.

몇 년 전 신문에서 읽은 한 CEO의 말이 생각난다. 이 IT 기업의 CEO는 어떻게 굴뚝 산업 기업의 CEO에서 잘나가는 IT 기업인으로 변신할 수 있었는지에 대해 묻자 이렇게 말했다. "기업 경영은 유목민이 양떼를 몰고 푸른 초원을 찾아 돌아다니는 생존의 이치와 같은 것이지요. 기업이 생존하기 위해선 끊임없이 변화를 추구해야 합니다. 전통 산업에 종사하는 기업이 천년만년 그것만 고수할 것처럼 경영해서는 예상치 못한 어려움을 겪을 수 있습니다." 참으로 공감이 가는 얘기이며, 한편으로는 CEO들의 고달픈 삶을 엿볼 수 있는 기사이기도 했다. 적어도 지금의 삼성은 위기를 그저 바라만 보고 있는 기업이다. 그렇다면, 왜 삼성은 위기를 그저 바라만 보고 있는 것일까? 한마디로 말한다면, 아직 먹을 치즈가 남아 있기 때문이다. 스마트폰에서 수입이 잘 나오고 있고 반도체도 선전을 하고 있기 때문이다. 그래서 삼성은 여전히 현재의 퍽만을 보는 데 집중하고 있다. 미래의 퍽은 벌써 저만치 달아나고 있는데도 말이다.

5. 성공한 기업들이 앞을 내다보지 못하는 데는 이유가 있다 : 블라인드 스팟(Blind spot)

이미지 소스 : http://www.yourmoney.com/saving-banking

기업 경영과 위기에 대해 얘기할 때 CEO를 빼놓고는 말할 수 없다. 왜냐하면, 기업의 모든 것을 결정하고 책임지는 막중한 자리이기 때문이다. 그런데 이런 CEO들이 산업의 변화, 시장의 움직임 등 기업 환경의 변화에 대해 손바닥 보듯이 훤히 알고 있을 것이라고 생각하는 사람이 있을지도 모르겠다. 그러나 절대 그렇지 않다. 오히려 CEO들이 환경 변화의 사각지대, 정보의 사각지대에 있다. 왜냐하면, 대부분의 CEO들이 블라인드 스팟(Blind spot)을 가지고 있기 때문이다.

그럼 왜 이런 블라인드 스팟이 CEO들에게 생기는 것일까? 오늘날 웬만한 기업들의 조직 구조는 아주 복잡하고 CEO들은 이러한 구조 속에서 이런저런 일상적인 업무를 보느라 너무나 바쁘다. 사업 초기에는 CEO 스스로 시장과 접촉하면서 사업을 일구었다. 그러나 회사가 커짐에 따라, CEO는 시장과 접촉하고 고객과 소통하기보다는 각종 회의와 비즈니스 일정 등으로 바쁘다. 이제 CEO들은 모든 것을 스스로 경험해 볼 수도 없고 일일이 눈으로 확인할 수도 없다. 시장의 실상을 직접 접할 수 없는 위치에 있기 때문에 몇몇 신뢰하는 사람들이나 한두 장의 보고서를 통해 시장을 바라볼 수밖에 없다. 물론, 말끔하고 보기 좋은 보고서가 CEO의 책상에 올라와 있을 것이고 거기에는 매출, 수익률, 시장점유율 등 눈에 보이는 이런저런 정보들로 가득 차 있을 것이다.

그러나 산업이 시나브로 어떻게 변해가고 있는지, 공급사, 유통사, 잠재적 경쟁사 등 시장의 참여자들은 어떻게 움직이고 있는지, 고객의 선호도는 어떻게 변해가고 있는지, 규제기관의 속셈은 무엇인지, 이런 것들은 보고서에 빠져 있는 경우가 대부분이다. 왜냐하면, 이런 것들은 눈으로 볼 수 있는 것도 아니고 수치로 명확히 나타낼 수 있는 것도 아니기 때문이다. 또, 바라보는 사람의 관점과 역량에 따라 전혀 다르게 해석될 수 있기 때문이다. 문제는 오늘날 기업 위기의 대부분은 눈에 보이지 않는 이러한 것들을 제대로 파악하지 못해서 발생한다는 데 있다.

자, 그럼 누가 이러한 것들에 대해 가장 정확히 파악하고 있을까? 시장에서의 치열한 경쟁 상황을 피부로 느끼고 있는 영업 사원, 자사 제품의 장단점을 가장 잘 파악하고 있는 생산 현장의 직원, 고객의 불편을 가장 잘 아는 콜센터 직원 등 매일매일 시장과 접촉하고 있는 사람들이다. 그런데 이런 사람들의 의견이 CEO의 책상 위까지 가기까지는 여러 단계를 거치게 마련인데, 이런 과정에서 현장의 목소리가 왜곡되고 마사지되어 시장의 실상과 다른 잘 포장된 보기 좋은 정보만이 전달될 수 있다는 것이 문제다. CEO들이 시장으로부터 단절될 수 있다는 말이다.

특히, 기업이 커질수록 이런 현상은 더욱 심해질 수밖에 없다. 설사, 중간 관리자들이 시장의 실상에 대해 왜곡하지 않고 있는 그대로 전달하려고 하더라도 CEO가 시장을 직접 접촉하면서 보고 듣고 느끼는 것과 남의 말이나 글을 통해서 간접적으로 접하는 것은 많은 차이가 있는 것이다. 왜 그럴까? CEO가 시장을 바라보는 시각과 중간 관리자가 시장을 바라보는 시각, 또 개별 부서의 직원이 시장을 바라보는 시각이 모두 다를 수 있기 때문이다. 다시 말하면, 같은 것을 보더라도 누가 어떤 관점에서 바라보느냐에 따라 전혀 다른 해석이 나오기 때문이다.

지금은 휴렛팩커드에 인수되었지만 한때 세계에서 가장 큰 컴퓨터 처리 시스템 기업이었던 컴팩의 CEO는 컴팩이 시장 변화를 포착하는데 실패했다고 한탄하면서 "나는 뒤통수를 맞았다."라고 말했다. 이 말은 무엇을 의미하는가? 위기가 그들의 기업을 덮친 후에야 CEO들은 시장의 실상을 알게 된다는 말이다. 오늘날의 CEO들은 시장의 변화를 맨 나중에서야 아는 사람이 되어가고 있다.

앞서 말했듯이, 시장이 보내는 시그널과 시장의 움직임을 가장 빠르게 느끼고 포착할 수 있는 사람은 시장과 경쟁 환경을 매일매일 접하는 낮은 직급의 직원들이다. 그래서 CEO는 이런 직원들의 말에 귀를 기울여야 한다. CEO가 해야 할 가장 중요한 일은 이런 직원들이 자유롭게 말하고 토론할 수 있는 환경을 만들어 주는 것이다. 그런데 2부에서 얘기했듯이, 우리 기업 문화에서는 CEO의 의사결정에 뭔가 문제가 있다는 것을 알고 있더라도 낮은 직급의 직원이 CEO에게 문제 제기를 하는 것은 쉽지 않다. 설사, 어렵게 말을 꺼낸다손 치더라도 우리 기업의 조직 문화로 볼 때 그다지 얻을 것은 없고 오히려 역풍을 맞을 가능성이 크다. 그러니 잠자코 있는 것이다.

CEO들에게 블라인드 스팟이 생길 수밖에 없는 또 하나의 이유는 대부분의 CEO들이 가지고 있는 그들의 자만심 때문이다. "우리 회사는 투자수익율(ROI)이 25%다.", "지난 5년간 매년 10% 이상의 성장을 이루어 냈다.", "우리는 업계의 선두 자리에 있다.", "경쟁사가 우리를 따라잡기까지는 상당한 기간이 걸릴 것이다.", "우리는 충성도 높은 고객군을 가지고 있다." CEO들과 얘기를 나누다 보면 부지불식간에 이런 종류의 말을 하는 CEO들이 의외로 많다는 것을 알 수 있다. 그럼 이런 자만심은 왜 생겼을까? 한마디로 말하면, 성공했기 때문이다. 이제까지 CEO 자신의 판단과 노력으로 회사를 성공적으로 경영하여 여기까지 끌고 왔다고 생각하기 때문이다. 어찌 보면, 성공한 CEO들이 이렇게 생각하는 것도 당연한 것일지도 모른다. 그러나 어제의 성공은 어디까지나 어제의 얘기일 뿐이라는 것도 알아야 한다.

지금까지 얘기한 이런저런 원인들이 모이고 쌓여 결국 CEO의 블라인드 스팟, 기업의 블라인드 스팟이 만들어지는 것이다. 문제는 이러한 블라인드 스팟으로 인해 시장의 실상을 정확히 파악하지 못한 대가가 너무나 크다는데 있다. 이 블라인드 스팟으로 인해 수많은 기업들이 무너졌고 지금 이 시간에도 역사 속으로 사라지고 있다.

최근 파산된 미국 기업 라디오쉑(RadioShack) 얘기를 잠시 해 보자. 실적 부진으로 심각한 경영 악화에 빠져 있었던 라디오쉑이 파산에 직면했다는 소문이 2014년 9월부터 언론에 알려지기 시작하더니 결국 2015년 2월에 파산 보호를 신청했다. 라디오쉑은 어떤 기업인가? 미국 전역에 점포 4,000여 개, 직원 2만 5,000명 규모의 기업이었다. 1921년에 창업하여 94년의 역사를 자랑하던 미국의 가장 대표적인 전자제품 유통 기업이 어떻게 몰락하게 되었을까? 언뜻 보면 한순간에 파산된 것처럼 보인다. 그러나 라디오쉑은 어느 날 갑자기 파산을 하게 된 것이 아니다. 아주 천천히 몰락의 길로 가고 있었다. 원인은 무엇일까? 스마트폰, 인터넷 등 거대한 무선 서비스 사업자들과 온라인 소매업자들의 등장으로 인해 더 이상 소비자들에게 고유한 가치를 제공하지 못했기 때문이다.

그런데 시장에서의 이러한 변화가 수년간 명백했음에도 불구하고 라디오쉑은 2013년까지 오프라인 전략만을 유지했다. 시장의 그 어떤 시그널도 라디오쉑 CEO의 마음을 바꾸지 못했다. 온라인이 대세인 가운데서도 라디오쉑은 오프라인 매장 확장에 더욱더 집착하고 있었다. 이런 얘기를 들으면 여러분은 어떤 생각이 드는가? 참으로 답답한 마음이 들 것이다. CEO란 사람은 도대체 무슨 생각을 하고 있었을까? 뭐 이런 의문을 가질 수도 있다. 그러나 남들은 다 볼 수 있지만 정작 운전석에 앉아 있는 사람은 보지 못하는 사각지대가 바로 블라인드 스팟이다. 똑똑한 CEO들이 도대체 무엇 때문에 더 이상 통하지 않는 어제의 전략에 그토록 매달리는 것일까?

왜, 제품은 시험하고 평가하면서 기업 전략은 평가하지 않을까?

블라인드 스팟에 숨어 있는 인지 과정의 오류를 이해하기 위해서는 행동 경제학의 창시자로서 2004년 노벨 경제학 수상자인 대니얼 카너먼(Daniel Kahneman)의 책『생각에 관한 생각, Thinking, Fast and Slow』(2012, 김영사)을 볼 필요가 있다. 현대 자본주의의 근간을 이루고 있는 주류 경제학은 인간은 항상 합리적인 의사결정을 한다는 전제를 깔고 있다. 그러나 카너먼 교수의 생각은 다르다. 인간의 이성이 판단을 지배하기는커녕 인간은 비합리적이고 상식 밖의 결정을 하는 성향이 아주 농후하다는 것이다. 많은 사람들이 "내가 보는 게 세상의 전부"라는 함정에 빠져 고정관념에 사로잡힌 의사결정을 한다는 것이다. 이 책은 인간의 두루뭉술한 사고와 편향성에 대해 아주 신랄하면서도 세밀하게 진단하고 있다.

몇 년 전 CEO들의 편향적인 의사결정에 대해 언급한 그의 인터뷰 기사(2012. 3)가 아주 인상 깊었다. 기업이 의사결정을 잘 하려면 어떻게 해야 하는지에 대해 기자가 물었다. 카너먼 교수는 "기업은 단순히 상품만을 만드는 조직이 아니라 의사결정을 생산하는 공장이라는 점을 명심해야 합니다. TV를 만드는 회사가 제품에 대한 품질 관리는 하면서, 왜 정작 중요한 의사결정에 대한 품질 관리는 안 하는지를 돌아봐야 합니다."라고 대답했다. 굳이 그의 말이 아니더라도, 기업 의사결정의 중요성이야 더 이상 말해 무엇 하겠는가? 그럼에도 불구하고, 기업의 비즈니스 의사결정이 제대로 된 것인지 검증하는 시스템은 없다. 의사결정이 잘못될 경우 그 피해는 실로 엄청난데도 말이다.

CEO의 블라인드 스팟, 어떻게 걷어 낼 것인가?

CEO의 판단력, 의사결정 능력은 어디에서 나올까? 너무나 교과서적인 말 같지만 저자는 배움에서 나온다고 생각한다. 물론, 여기에서의 배움은 학력을 말하는 것이 아니다. 그렇다면 진정한 배움은 무엇일까? 잘 듣는 것이다. 소비자, 경쟁사, 공급사, 유통사, 업계 전문가, 직원들에게 귀를 기울이는 것이다. 이들은 시장 기회와 위기 시그널을 계속적으로 보내기 때문이다. 그것을 감지하고 못 하고는 순전히 CEO의 몫이고, 기업의 몫이다. 배움의 열정을 가지고 있는 CEO는 이 블라인드 스팟이라는 괴물과 맞서 싸울 수 있다. 최근, 기업 조직 내에서의 권한 이양이나 분권화가 아무리 강조되고 있지만 배움에 대한 CEO의 자세는 다른 직원들의 그것에 비해 말할 수 없을 만큼 중요한 것이다.

또, CEO는 자신에게 끊임없이 질문을 해야 한다. 도대체 내가 보지 못하는 것은 무엇인가? CEO가 진정으로 블라인드 스팟을 없애 버리고 싶다면 직원들과 이 질문을 가지고 대화를 시작해야 한다. 만약에 직원들로부터 "사장님의 말씀이 전적으로 옳은 것 같습니다." 뭐 이런 종류의 말을 자주 들는다면 그 기업의 CEO는 하얀 눈 속에 파묻혀 있다고 생각하면 된다. 그리고 그것은 전적으로 CEO 본인의 책임이다. 그렇기 때문에, CEO는 그의 생각과 다른 생각을 가진 사람들과 끊임없는 대화와 토론을 해야 한다. 인텔의 앤드류 그로브(Andrew S. Grove)는 현장 직원의 말을 들은 후에 주력 사업을 메모리(DRAM)에서 마이크로프로세서로 완전히 바꾸었다.

모든 CEO들은 크고 작은 이런저런 블라인드 스팟을 가지고 있다. 따라서 CEO들은 나의 시야를 가리고 있는 블라인드 스팟이 무엇인지를 항상 생각해야 한다. 이 블라인드 스팟을 찾아내 걷어 내려는 노력을 하지 않으면 블라인드 스팟은 기업 전체에 만연될 수밖에 없다. 이 블라인드 스팟을 걷어 내는 방법 중의 하나가 바로 비즈니스 워게임이다. 물론, 가장 좋은 것은 CEO가 직접 워게임에 참여하는 것이다. 최고 경영진이 경쟁사 역할을 하는 팀을 이끌 때 경쟁 환경에 대한 새로운 시각을 갖게 된다. 이와 같은 과정을 통해 시장의 실상을 있는 그대로 접할 수 있고, 자사의 관점이 아닌 제3자의 관점에서 시장과 경쟁 상황을 바라볼 수 있다. CEO가 산업의 변화를 감지하고 시장 참여자들의 움직임을 예측할 수 있는 프로세스가 없다면 CEO는 눈뜬 장님이 되는 것이고 기업 전략의 실패는 예정된 것이나 다름없는 것이다.

Competitive Intelligence

2장
위기를 감지하고
행동으로 옮긴 기업

1. 넓은 시각으로 시장을 바라본 기업 : 기네스 맥주

첫 번째는 아일랜드 기업인 기네스 맥주 얘기다. 기네스는 19세기부터 아프리카 대륙에서 맥주를 판매해 왔다. 아프리카에서의 매출 증가세는 지난 수십 년 동안 계속되었고, 이것은 영원히 계속될 것만 같았다. 그런데 2000-2001년 사이에 기네스를 포함한 모든 맥주 회사의 판매량이 갑자기 6% 이상 감소했다. 기네스는 아프리카에서 150년 이상 맥주를 판매해 왔기 때문에 이 시장을 잘 알고 있다고 생각했다.

자, 그런데 이런 질문을 한번 해 보자. 아프리카에서 누가 맥주의 주 소비층일까? 물론, 모든 성인들이 즐겨 마시지만 인구통계학적으로 보면 20, 30대 남자들이다. 그럼 왜 이들이 맥주를 그렇게 즐기는 것일까? 기네스의 모회사인 디아지오에 의하면 기네스 맥주는 아프리카의 젊은 남자들에게 성적 매력과 젊음을 상징하는 것이었고, 신분과 라이프 스타일의 표현이었다. 기네스는 이런 아프리카의 젊은 층을 상대로 다양한 광고를 하면서 성장했다. 기네스는 오랫동안 이 시장을 점유해 왔기 때문에 어떻게 마케팅을 해야 하는지 나름대로의 노하우를 가지고 있었다. 그런데 왜 맥주 판매가 갑자기 뚝 떨어졌을까? 그리고 기네스는 왜 그 원인을 제대로 파악하지 못했을까?

여러분은 2000년도에 아프리카에서 갑자기 모든 맥주의 판매가 급락했다면 무엇 때문일 것이라고 생각하는가? 경제 불황, 새로운 경쟁사의 등장, 맥주의 품질 저하, 새롭게 선보인 대체 음료, 맥주에 대한 사람들의 싫증 등 여러 가지 원인을 생각해 볼 수 있다. 저자는 기네스 맥주 사례를 얘기할 때마다 사람들에게 맥주 판매량 급락의 원인이 무엇 때문이라고 생각하는지를 묻는다. 가장 많은 사람들이 새로운 경쟁사의 등장일 것이라고 대답하고, 두 번째 원인으로 경기 불황을 꼽는다. 경기가 불황일 때 지갑이 가벼워진 서민들이 쉽게 줄일 수 있는 것이 맥주일 수도 있기 때문이다. 보통 사람들이 예측할 수 있는 전형적인 대답이었다. 그런데 원인은 경쟁사도 아니었고 경기 불황도 아니었다. 맥주 매출 급락의 원인은 주류나 식료품이 아닌 전혀 다른 대체재의 출현에 있었다. 그럼 무엇이 맥주의 판매를 갑자기 떨어뜨렸을까? 아프리카 젊은이들에게 맥주와 같은 성적 매력, 젊음과 신분의 상징을 나타내는 것은 도대체 무엇이었을까? 원인은 바로, 핸드폰의 등장이었다.

손에 맥주병을 잡고 있는 아프리카의 젊은이들을 생각해 보자. 그런데 2000년 당시에는 손에 핸드폰을 쥐고 있는 것을 더 좋아했다. 아프리카의 젊은이들은 핸드폰을 가지고 있어야 쿨하다고 생각했다. 여기에서 주목해야 하는 것은 맥주에 소비되어야 할 돈이 핸드폰 구매로 바뀌었다는 사실이다. 이것은 맥주 시장의 붕괴라고 말할 수 있다. 핸드폰이 맥주 시장을 점령한 것이다. 많은 기업들이 하나의 관점, 즉 동종 업계에 있는 비슷한 규모의 경쟁사들만을 바라보려고 하는 경향이 있다. 그런데 이것은 상당히 편협한 시각이다. 이 경우, 시장에서 일어나고 있는 다양한 변화와 이들 상호 간의 관계를 제대로 파악하지 못하기 때문에 시장 부진의 원인을 엉뚱한 곳에서 찾을 수밖에 없다.

그렇다면 기네스는 어떤 조치들을 취했을까? 다양한 판매 전략과 함께 핸드폰 회사들과 소위 말하는 코피티션(co-opetition, 경쟁회사 간 협력)을 시도했다. 특히, 휴대폰의 단문 메시지 서비스(SMS)를 이용하여 젊은이들을 상대로 한 광고에 집중했다. 결국, 2003년에는 이전의 판매 실적을 회복하기 시작했다. 기네스도 처음에는 동종 업계 경쟁사들의 제품과 시장만을 분석하는 우를 범하기는 했지만 핸드폰과 맥주가 소비자의 지갑 안에서 경쟁할 수도 있다는 것을 깨달은 것이다.

산업의 경계가 사라지고 있다는 것은 어제 오늘의 얘기가 아니다. 화장품의 경쟁 제품은 무엇일까? 병원, 한의원과 스파가 될 수도 있다. 화장품의 기능인 피부 미용을 피부과, 한의원, 스파에서도 제공하기 때문이다. 『나이키의 상대는 닌텐도』란 책이 출간된 적이 있다. 나이키의 경쟁사는 아디다스, 리복, 푸마와 같은 동종 업계의 신발 회사일까? 아니다. 요즘은 닌텐도가 아니라 스마트폰일 것이다. 요즘 아이들은 컴퓨터나 스마트폰 게임에 몰두하느라 운동을 잘 하지 않기 때문에 신발 판매가 저조해지고 있다는 것이다.

롯데 음료의 경쟁사는 어떤 음료 회사일까? 한국야쿠르트일까? 해태음

료일까? 아마 요즘은 광동제약, 한독약품, 보령제약 같은 제약 회사들이다. 국내 제약 산업의 어려움으로 인해 제약사들이 너나없이 비의약품 시장에 뛰어들고 있기 때문이다. 어떤 국내 제약사는 기능성 음료 매출이 의약품 매출을 뛰어넘은 경우도 있다. 제약 업계와 음료 업계의 전통적 경계가 사실상 사라지고 있다. 리베이트 처벌 강화, 약가 인하에 따른 어려움 등 정부의 규제가 강화됨에 따라 제약 업계가 인접 사업인 건강 기능성 음료나 화장품 시장으로 손을 내밀기 시작한 것이다.

이와 같은 현상은 국내만이 아니다. 중국의 경우도 경제 발전으로 생활 수준이 높아짐에 따라 건강 바람이 거세게 불고 있다. 중국의 제약사들도 화이자 등 글로벌 제약사들과의 경쟁으로 인해 어려움에 처하자, 제약 회사라는 신뢰감과 마케팅 경험을 바탕으로 건강 음료 시장에 적극적으로 진출하고 있다.

잠시 살펴보았듯이, 경쟁사를 지금까지 경쟁해 온 전통적인 경쟁사들로만 한정하는 것은 상당히 근시안적이고 위험한 사고다. 4부의 2장에서 자세히 살펴보겠지만, 산업 붕괴와 기업의 치명적 위기가 일상적으로 경쟁하는 경쟁사들로 인해 발생하는 경우는 거의 없다. 물론, 경쟁사들이 이런저런 문제를 야기할 수는 있지만 경쟁사가 전략적인 위협, 그 자체가 되는 경우는 아주 드물다. 왜냐하면, 일상적으로 경쟁하는 경쟁사들은 대개 비슷한 전략과 기술로 싸우기 때문이다.

여기에서, 잠시 생각해 보자

우리는 여기에서 무엇을 배워야만 할까? 기네스와 같은 유사한 상황이 여러분의 회사에도 얼마든지 일어날 수 있다는 것이다. 사실 이와 같은 상황을 목격하는 것이 새삼스러운 것도 아니다. 충남에서 중견기업을 하고 있는 CEO가 저자의 사무실로 찾아왔다. 인사를 나누자마자 이런저런 고민을 얘기했다. 앞으로 기업 경영을 어떻게 해야 할지 모르겠다는 것이다. 이 CEO는 나이가 지긋한 분인데 20년 이상 금속재료 도금 장비 사업을 해 왔다. 이 기업은 이 한 종류의 제품만을 오랜 시간 동안 생산하고 판매해 왔다. 나름대로 연구 개발도 많이 했고 품질을 높이기 위한 이런저런 노력도 열심히 했다. 그런데 어느 시점부터 이 기업이 해 오던 방식과 전혀 다른 방식으로 접근하는 파괴적 기술이 도금 장비 시장을 서서히 잠식하기 시작한 것이다. 그러나 이 기업은 지금까지 해 오던 것을 조금 더 잘하기 위한 노력 이외에 별다른 생각을 하지 못했다. 이와 유사한 상황이 우리 기업들에게 너무나 자주 벌어지고 있다.

2. 시나리오로 위기를 극복한 기업 : 비자카드

비자 인터내셔널이나 아스트라제네카(AstraZeneca)와 같은 기업들은 조기경보 시스템이 잘되어 있는 기업들이다. 이런 기업들의 공통점은 오랜 세월 동안 꾸준히 다양한 예측기법들을 개발하면서 훈련을 해 왔다는 것이다. 그러나 특별한 비법 같은 것은 없었다. 시나리오 분석은 우리나라에서도 많은 기업들이 사용하고 있다. 그러나 불행하게도 스토리 만들기가 끝나면 모든 것이 끝이 난다. 이런 이유 때문에, 시나리오를 통해 만든 미래 스토리와 이를 추적하기 위한 프로세스를 연계하는 데 실패한다. 결국, 시나리오와 로드맵은 CEO의 책꽂이에서 먼지만 쌓여 가고 있는 동안에 미래 쇼크는 어느 순간 목전에 와 있게 되는 것이다.

비자는 여러분의 지갑 속에 있는 플라스틱 신용카드 중의 하나로 연간 2조 달러 이상의 거래를 처리하고 있었다. 2000년으로 돌아가 보자. 당시에는 닷컴 열풍이 전 세계적으로 엄청났다. 인터넷과 IT를 얘기하지 않으면 모든 것이 구식으로 치부되는 시기였다. 모두가 IT 기술의 마법에 걸린 듯했다. 신용카드 업계도 예외는 아니었다. 이제 비자와 같은 플라스틱 카드는 더 이상 필요하지 않을 것 같은 분위기였다. 2000년 당시 카드 산업 구도를 보면 마스터, 비자, 아메리칸 익스프레스 등 3사가 시장의 대부분을 점유하고 있었다.

그런데 P2P(Peer-to-Peer, 개인 간 직거래) 지불 시스템을 보유한 인터넷 기업들이 하나둘씩 생겨나고 있었다. 그들은 은행 시스템을 거치지 않고 거래처와 직접 거래를 하는 페이팔(PayPal)과 같은 신생 기업들이었다. 이와 같은 신생 기업들은 비자와 같은 기존의 신용카드사들에게는 위협적일 수밖에 없었다. 비자는 그들의 카드를 통해서 거래되는 연간 2조 달러 이상의 거래를 잃을 수도 있다는 불안감에 휩싸여 있었다. 동화 『헨젤과 그레텔』을 기억하는가? 숲 속에 남겨져 두려움에 떨고 있는 헨젤과 그레텔과 같은 두려움이 비자에게 찾아왔다. 회사의 미래가 어떻게 될지 도저히 가늠할 수 없는 상황이었다.

밀려오는 두려움을 극복하기 위해 비자는 어떻게 했을까? 현명한 비자의 경영진은 위기 상황을 바라만 보고 있지 않았다. "회사의 미래는 어떻게 될 것인가?, 페이팔과 같은 기업들이 온라인 거래의 대부분을 빼앗아 갈 것인가?" 이런 질문에 대한 답을 하기 전에 비자는 한 발짝 뒤로 물러나서 이러한 상황을 차분히 진단할 필요가 있었다. 비자는 가능성 있는 미래 시나리오의 윤곽을 그리기 시작했다. 이를 위하여 신생 인터넷 기업들의 재무 상태, 고객 및 가맹점 확보 정도, 다른 기업들과의 M&A나 파트너십 추진 가능성 등 스토리의 구성 요소가 될 재료들을 찾았다. 시나리오의 성공은 이러한 스토리의 구성 요소들을 얼마나 타당성 있고 짜임새 있게 만들고 집요하게 추적하는가에 달려 있다. 비자는 4개의 서로 다른 미래를 보여주는 시나리오를 만들었고, 스토리의 구성 요소들을 지속적으로 추적했다. 비자가 어떤 시나리오를 만들었는지 잠시 들여다보자.

첫 번째 시나리오는 이러한 신생 인터넷 기업들이 우선적으로 미국 시장 진입에 성공하는 것이었다. 비자에게는 가장 두려운 상황이다. 미국 시장의 많은 부분을 비자가 점유하고 있는 상황이었기 때문이다. 두 번째 시나리오는 인터넷 기업들이 진입 장벽이 좀 더 낮은 유럽이나 아시아 국가의 시장 진입에 성공한 후 미국 시장에 진입하는 것이었고, 세 번째는 인터넷 기업들의 자금력이 바닥이 나 그들 스스로 자생할 수 없는 상황이 올 수도 있다는 것이었다. 따라서 자금력과 경영 능력이 있는 기존 기업들과의 파트너십을 구축할 것으로 예상했다. 마지막은 그들이 가맹점과 소비자들을 끌어들이는 데 실패하고 결국은 자본을 소진하고 파산하는 시나리오였다.

비자는 2년 이상 이러한 시나리오의 구성 요소들을 집요하게 추적했다.

비자는 시간이 지남에 따라 1-3번의 시나리오가 발생할 가능성은 거의 없고 허약한 펀더맨탈과 현금 부족으로 인터넷 기업들이 실패하고 있다는 것을 목격했다. 이러한 시나리오 분석과 경쟁정보를 통하여 비자의 경영진은 막연한 두려움에서 벗어날 수 있었다. 페이팔과 같은 인터넷 기업들의 위협으로 인해 패닉 상태가 될 필요가 없다는 것을 알았기 때문에, 이들 기업들을 무너뜨리기 위한 불필요한 투자를 하지 않았다. 이후, 비자는 이러한 위기가 언제든 다시 올 수도 있다는 것을 인식하고 온라인에서 안전하게 거래할 수 있는 기술 개발을 차분하게 해 나갔다.

자, 그런데 10년 이상이 지난 지금(2017~18년) 비트코인 등 P2P 기반의 암호화 화폐 열풍이 다시 거세게 불고 있다. 이 현상이 일시적인 해프닝으로 끝날 것인지 아니면 통화(currency) 패러다임의 대전환으로 이어질지는 아직 판단할 수는 없지만, 2000년도의 상황과는 사뭇 다르다는 것만은 분명해 보인다. 그런데 비트코인보다 주목해야 할 것이 암호화 화폐의 유통을 뒷받침하고 있는 블록체인(block chain) 기술이다. 블록체인은 개인 간 네트워크에서 일어나는 거래정보가 암호화되어 구성원 간에 공유되는 디지털 원장(ledger)을 말하는데, 사실상 해킹이 불가능하다. 거래의 신뢰성을 보장하는 이 기술이 금융, 물류, 유통, 서비스 등 거래가 이루어지는 모든 분야에 적용된다면 산업의 요동과 함께 기업 비즈니스의 일대 격변을 불러올 수 있다. 우리는 이 점을 주목해야 한다. 비트코인은 블록체인 기술이 적용되는 하나의 사례에 불과한 것이다. 그렇다면 우리는 어떻게 준비해야 할까? 답은 간단하다. 산업별, 기업별 시나리오를 통해 다양한 전략적 옵션을 만들어 대응하는 수밖에 없는 것이다. 왜냐하면, 미래는 예측하는 것이 아니라 다양한 시각으로 바라보는 것이기 때문이다.

3. 경쟁사의 숨겨진 의도를 간파한 기업 : 한국의 중견기업(A사)

이번 사례는 산업용 공기압축기를 생산, 판매하는 한 중견 기업(A사)의 얘기다. 이 기업은 국내 경쟁사(B사)와 치열한 내수 시장점유율 전쟁을 벌이고 있었다. A사와 경쟁사 둘 다 표준형과 고급형 모델을 가지고 있었는데 모두 국내 생산만을 하고 있었다. 그런데 몇 년 전부터 A사는 표준형 시장에서 시장점유율을 점점 잃어가고 있다며 탄식하고 있었다. A사 사람들은 이렇게 말했다. "도저히 이해할 수가 없어요. 우리가 업계에서 가장 최저의 비용으로 생산하여 판매하는 회사인데, 어떻게 경쟁사가 우리보다 훨씬 낮은 가격으로 표준형 공기압축기를 판매하고 있는지 알 수가 없습니다. 정상적인 방법으로 생산해서는 도저히 이 가격에 판매할 수가 없거든요." 이것이 A사의 사람들이 할 수 있는 유일한 대답이었다.

A사는 경쟁사가 어떻게 그렇게 낮은 가격에 표준형 공기압축기를 판매할 수 있는지, 그 원인을 파악하기 위한 이런저런 노력을 했지만 별 특이한 점을 찾을 수가 없었다. 그런데 원인은 엉뚱한 곳에서 발견되었다. 그것은 다름 아닌 A사와 경쟁사인 B사와의 회계 처리 방식의 차이에 있었다. 서로 다른 회계 처리 방식이 판매가에 영향을 미치고 있었다. 이 역시 무릎을 탁 치며 "아하!" 하는 순간이었다. 새로운 공정이나 신기술도 아니었고 단지 경쟁사의 회계 처리 방식을 이해함으로써 경쟁사의 시장점유율 확보 전략을 꿰뚫은 사례다.

두 기업이 비용 처리를 어떻게 하는지 살펴보자. 표에서 알 수 있듯이, 재료비는 두 기업이 똑같았다. 그런데 엔지니어링과 판매 관리 비용에서 두 기업은 서로 다르게 회계 처리를 하고 있었다. 먼저, A사를 보자. A사는 엔지니어링 비용(14백만 원)과 판매 관리 비용(40백만 원)을 표준형과 고급형에 똑같이 분배했다. 그러나 경쟁사는 좀 더 합리적으로 비용 처리를 하고 있었다. 경쟁사 직원은 이렇게 말했다. "아시다시피, 고급형 공기압축기에 훨씬 더 많은 자원이 투입되기 때문에 고급형의 엔지니어링 비용을 높게 잡고, 표준형은 낮게 책정하고 있습니다." 경쟁사는 표준형 엔지니어링 비용으로 4백만 원, 고급형에는 24백만 원을 분배했다. 경쟁사는 표에서 보는 바와 같이 판매 관리 비용 역시, 표준형(30백만 원)과 고급형(50백만 원)을 다르게 분배했다. 결과적으로, 표준형 공기압축기의 생산 단가는 A사보다 경쟁사가 낮고, 고급형의 생산 단가는 경쟁사보다 A사가 낮다. 그런데 중요한 것은 표준형 공기압축기 시장이다. 두 기업 모두 그동안 대부분의 매출이 표준형 시장에서 나왔기 때문이다. 두 기업의 표준형 공기압축기 가격을 보면 경쟁사는 169.4백만 원, A사는 191.4백만 원이다. 표준형은 경쟁사의 가격이 22백만 원 싸다. 그런데 반대로 고급형은 A사의 가격이 더 낮다.

이런 사실을 모르고 있던 A사는 경쟁사가 어떻게 그렇게 낮은 가격에 표준형 공기압축기를 생산하여 판매하고 있는지, 도저히 알 수가 없었던 것이다. 경쟁사의 회계 방식을 이해한 후에야 경쟁사의 전략이 무엇인지를 간파할 수 있었다. 결국, A사는 캐쉬카우 시장인 표준형 공기압축기 시장을 경쟁사에 넘겨주고, 경쟁사는 시장과 매출이 적은 고급형을 A사에 넘겨주었다. A사는 회계 처리 방식의 부주의로 인해 기업 매출의 대부분을 차지하는 표준형을 경쟁사에 고스란히 내어준 꼴이 되었다. 자, 그렇다면 승자는 누구인가? 당연히 경쟁사다. 때때로 "아하!" 하고 외치는 순간은 경쟁사의 기술이 얼마나 뛰어난지, 얼마나 최신 설비를 보유하고 있는지, 얼마나 좋은 서비스를 하고 있는지, 마케팅 비용이 얼마나 되는지를 아는 데서 오는 것이 아니라 경쟁사가 숫자를 어떻게 다루고 있는지를 아는 데서 올 수도 있다. 때로는 전혀 새로운 시각으로 경쟁사를 바라볼 필요가 있는 것이다.

	A사			경쟁사(B사)		
	표준형	고급형	합계	표준형	고급형	합계
재료비	120.0	160.0	280.0	120.0	160.0	280.0
엔지니어링비	14.0	14.0	28.0	4.0	24.0	28.0
판매관리비	40.0	40.0	80.0	30.0	50.0	80.0
단가	174.0	214.0	388.0	154.0	234.0	388.0
이윤	17.4	21.4	38.8	15.4	23.4	38.8
단위가격(백만 원)	191.4	235.4	426.8	169.4	257.4	426.8

4. 위기를 기회로 바꾼 기업 : 프랫앤드휘트니

무엇을 보고 있는가? 이것이 게임의 규칙을 바꾼다

이 책을 읽고 있는 여러분이 정보 분석 전문가가 될 필요는 없다. 그러나 시장을 제대로 바라보기 위한 방법에 대해서는 이해할 필요가 있다. 시장을 제대로 바라보기 위해서는 먼저 큰 그림에 대한 이해, 다시 말하면 산업에 대한 이해가 필요하다. 산업의 구조와 특성을 이해해야만 경쟁사의 의도나 고객의 선호도 변화와 같은 세부적인 것들에 대한 파악이 가능하기 때문이다. 산업을 이해한다는 것은 경쟁사뿐만 아니라 공급자, 수요자, 대체재, 시장 진입 장벽 등 시장을 구성하는 다양한 요소들을 이해하는 것이다. 그럼 이런 다양한 시장 참여자들과 여러분의 회사와는 도대체 어떤 관련성이 있을까? 단도직입적으로 말하면, 여러분 기업의 성공 여부는 이러한 시장 참여자들이 무엇을 어떻게 하는가에 달려 있다. 여러분 기업의 성공 여부가 여러분의 손이 아닌 다른 사람들의 손에 달려 있다는 것이 좀 이상하게 들리는가? 그러나 잘 생각해 보면 너무나 당연한 말이다. 여러분 기업에서 어떤 제품이나 서비스를 시장에 출시했을 때 고객의 반응, 경쟁사의 대응, 대체재의 가격 등에 따라 그 제품이나 서비스의 성공 여부가 결정되기 때문이다.

제아무리 첨단 기술로 최고의 제품을 만들어도 고객이 외면하거나 경쟁사가 똑같은 수준의 제품을 훨씬 싸게 판다면 그 제품이 시장에서 살아남기는 어려울 것이다. 또, 신생 기업이 소비자의 욕구를 만족시킬 수 있는 대체품을 출시한다면 시장 상황은 완전히 바뀌어 버리는 것이다. 앞장에서 얘기했듯이, 기업 경영은 어떤 제약이나 방해물, 저항이 전혀 없는 진공 상태에서 하는 것이 아니다. 그런데 많은 기업들이 이러한 사실을 잊고 있다. 열심히 연구 개발해서 제품과 서비스의 품질만 높이면 되는 것으로 생각한다. 그러나 누차 얘기하지만, 이것은 기본 중의 기본이다. 기본만을 해놓고 시장에서 살아남아 지속적으로 성장할 수 있겠는가? 이번 사례는 연구 개발을 통해 시장을 다른 시각으로 바라봄으로써 기업의 운명을 바꾼한 항공기 엔진 제조회사 얘기다. 항공기 엔진 제조사인 프랫앤드휘트니

(Pratt & Whitney, P&W)가 어떻게 게임의 룰을 바꾸었는지 알아보자.

자, 항공기 엔진 산업의 큰 그림을 간단히 그려 보자. 우선 이 산업의 진입 장벽을 보자. 항공기 엔진 산업은 대규모의 설비, 최첨단의 기술, 많은 자본이 소요되기 때문에 아무 기업이나 쉽게 넘볼 수 있는 그런 산업이 아니다. 진입 장벽이 꽤 높기 때문에 기존의 기업들은 새로운 경쟁사의 진입에 대해 그다지 걱정하지 않았다. 항공기 엔진의 수요자는 누구인가? 항공기 제조 회사다. 전 세계적으로 항공기 제조는 미국의 보잉(Boeing), 프랑스의 에어버스(Airbus)가 주도하고 있고, 캐나다의 봄바디어(Bombardier)와 브라질의 엠브라에르(Embraer)가 소형 항공기 생산을 통하여 각각 3위와 4위를 달리고 있다. 항공기 제조사가 많지 않다 보니 이들의 구매 협상력은 상당히 높은 편이다.

1990년대의 시장 상황을 살펴보자. GE와 롤스로이스가 시장의 90%를 장악하고 있었다. 보잉과 에어버스는 GE와 롤스로이스로부터만 엔진을 구입했다. 따라서 항공기 엔진 시장에서 GE와 롤스로이스가 아니라면 살아남기가 힘든 상황이었다. 특히, GE는 시장이 가장 크고 수익률이 좋은 협동체(narrow body) 항공기 엔진 시장을 독점하다시피 하고 있었다(협동체 항공기: 복도가 한 개인 단일 통로 구조로 기체 폭의 지름이 3-4m 정도인 B737, A320와 같은 항공기).

프랫앤드휘트니는 1980년대 초반까지 이 시장의 선두 기업이었으나 1990년대에는 3위로 추락했다. 이후, 1위 탈환을 위한 필사적인 노력을 했다. 프랫앤드휘트니는 비즈니스 워게임을 통해 시장을 바라보고 경쟁 전략을 만들었다. 자, 그럼 어떻게 했을까? 프랫앤드휘트니는 GE가 장악해 왔던 협동체 항공기 엔진 시장에 도전장을 냈다. 그러나 정면 승부를 하지 않았다. 대신, 기회를 기다리면서 10년 프로젝트를 준비했다. 이 프로젝트는 기존의 경쟁사들과 완전히 차별화된 엔진을 개발하는 것이었다. 일명, GTF(Geared Turbofan)라고 불리는 엔진 개발에 착수한 것이다. 그동안 업계에서 해 왔던 항공기 엔진 개발의 전통적인 방식은 가능하면 부품의 움직임을 적게 하는 것이었고, 이것이 우수한 엔진을 만드는 데 가장 중요한 요소로 인식되어 있었다. 그러나 프랫앤드휘트니는 이런 방식에 익숙해져 있는 GE나 롤스로이스를 모방하지 않았다. 부품의 움직임을 보다 많게 하더라도 기존의 제트엔진보다 연비가 좋고 소음이 적은 엔진을 만들 수 있다는 판단하에 GTF 기술 개발에 박차를 가했다. 결국, 프랫앤드휘트니는 10년 이상의 노력 끝에 기술 개발에 성공했다. 전문가들에 의하면 이 GTF 엔진은 기존 엔진들보다 훨씬 친환경적이고 연비도 우수하다고 한다. 어떤 방식으로 만들었는지 잠시 들여다보자. 여러분이 항공기 엔진 전문가가 아닐 것이기 때문에 GTF 엔진의 원리를 이해하는데 머리가 좀 아플 수도 있다. 그러나 그렇게 복잡하지 않으니 조금만 참고 읽어 주길 바란다.

GTF 엔진과 기존 터보제트 엔진과의 가장 큰 차이점은 공기를 빨아들이는 엔진 앞쪽의 팬과 공기와 연료를 혼합해 점화한 후 가스를 분사하는 엔진 뒤쪽의 터빈 회전수를 다르게 했다는 점이다. 팬이 고속으로 회전하면 제트엔진은 심한 소음을 유발하기 때문에 공항 주변에 큰 피해를 주게 된다. GTF 엔진은 이러한 단점을 해결하고자 엔진에 변속 장치를 장착해 팬과 터빈이 다른 속도로 회전할 수 있도록 했다. 팬과 터빈이 각각 최적의 속도로 회전하기 때문에 효율과 추진력은 향상되고 소음은 감소했다. 또, 배기가스를 큰 폭으로 줄일 수 있는 차세대 연소실을 탑재해 대기오염 문제도 줄였다. 결국, 기존의 터보제트 엔진보다 연료 효율은 16% 우수하고, 소음은 50%가 감소된 것으로 나타났다.

우회 전략으로 승부한다

그러나 제아무리 우수한 엔진을 개발했다고 하더라도 이미 확고하게 굳어진 공급 사슬 구조에서 시장을 뚫기는 결코 쉽지 않았다. 프랫앤드휘트니는 우회 전략을 썼다. GE나 롤스로이스와 완전히 밀월 관계에 있는 보잉이나 에어버스를 상대로 한 마케팅에는 성공 가능성이 없기 때문에 캐나다의 중소형 항공기 제조사인 봄바디어에 GTF 엔진 탑재를 제안했다. 때마침, 봄바디어 역시 경쟁사인 보잉이나 에어버스를 따라잡기 위한 돌파구를 찾던 차라, 두 기업의 만남은 서로가 윈윈할 수 있는 좋은 기회가 되었다. 이때가 2007년이었다. 상대적 약자끼리 손을 잡고 거인들과 싸울 준비를 시작한 것이다.

프랫앤드휘트니가 보잉과 에어버스를 우회하여 봄바디어의 항공기에 GTF를 탑재한 것은 첫 번째 산을 넘은 것에 불과했다. 항공기 시장에서는 그것만으로 충분하지 않았다. 두 번째 단계는 항공사들의 반응을 예측하는 것이었다. 프랫앤드휘트니는 중화항공을 찾았다. 중화항공은 세계에서 가장 빠르게 성장하고 있는 항공사 중의 하나다. 중화항공은 봄바디어에 탑재된 이 엔진에 대해 대단한 만족감을 표시했다. 이후, GTF 엔진에 대한 호평이 항공기 시장에 전파되면서 2013년에는 브라질의 소형 항공기 제작사인 엠브라에르가 GTF 엔진 탑재를 결정했다. 2016년에는 결국, 에어버스 항공기에도 탑재되었다. 에어버스 역시 GTF가 경제성, 환경 문제 등 모든 측면에서 우월했기 때문에 선택하지 않을 이유가 없었다. GE가 지배했던 협동체 항공기 시장에서 프랫앤드휘트니가 다시 주도권을 잡기 시작한 것이다.

협동체 시장에서 한동안 뒤처져 있던 프랫앤드휘트니가 이런 전략을 통해 빠르게 선두 위치를 탈환한 것은 업계의 전문가들도 믿기 어려울 정도로 이례적인 일로 여겨진다. 사실, 남들이 보기에는 빠른 시간일지 모르지만 프랫앤드휘트니는 10년이라는 인고의 시간을 보낸 것이다. 프랫앤드휘트니는 2016년, 단일 통로 협동체 항공기 엔진 시장에서 30% 이상의 점유율을 확보했고, 2020년까지 50억 달러의 매출을 예상하고 있다. 이러한 얘기는 이코노미스트 등에서 주요 기사로 다룬 바 있다. 자, 그렇다면 프랫앤드휘트니는 어떻게 게임의 룰을 바꿀 수 있었을까? 어떻게 그런 혁신을할 수 있었을까? 모두가 성공 비결에 대한 이런저런 얘기를 한다. 그러나이것만은 분명하다. 프랫앤드휘트니는 큰 그림을 보기 위해 노력했고, 그러한 그림 속에서 그들의 포지션에 대해 평가했고, 경쟁사들과 다른 시각으로 시장을 바라봤다는 것이다.

면도기 시장과 유사한 항공기 엔진 시장

1988년 셰네베르(Chenevert)가 프랫앤드휘트니의 CEO로 취임했을 때 프랫앤드휘트니는 GE나 롤스로이스에 비해 한참 뒤처지는 업계 3위의 기업이었다. 앞서 말했듯이, 1980년대 초반까지는 프랫앤드휘트니가 항공기 엔진 시장의 리더였다. 그러나 한순간의 잘못된 결정으로 추락하고 만다. 1980년대 초 프랫앤드휘트니는 광체 항공기에 집중하기 위해 협체 항공기 시장을 두 경쟁사에 내어주는 결정을 했다. 당시, 프랫앤드휘트니의 경영진은 보다 화려하고 안락한 광체 항공기 시장이 확대될 것이라고 예측한 것이다. 물론, 완전히 잘못된 예측이었다.

결국, 협체 항공기가 광체 항공기보다 훨씬 좋은 비즈니스 모델로 판명되면서 GE가 부상하고 프랫앤드휘트니는 뒤처지게 된다. 광체 항공기의 가격은 너무 높았고 부품판매 시장으로 알려진 애프터 마켓 판매도 좋지 않았다. 항공기 엔진은 면도기 판매와 비슷한 점이 있다. 면도기 회사는 면도기를 저가에 판매한 후에 면도날 판매로 수익을 낸다. 마찬가지로, 항공기 엔진 제조사는 초기에 손익분기점 가격이나 아예 손실을 보면서 판매한다. 그러나 부품 교체, 수리, 유지비용 등으로 돈을 번다. 따라서 비행을 많이 하는 항공기에서 서비스 매출이 가장 크다. A747, 767과 같은 기종은 하루 평균 2회의 왕복 비행을 한다. 그러나 협체 항공기는 통상적으로 하루 7회 정도의 왕복 비행을 한다. 협체 항공기는 차로 치자면 고급 세단보다는 택시와 같은 존재다. 결국, 협체 항공기의 애프터 마켓이 훨씬 큰 것이다. 통상 500만 달러 정도에 판매하는 협체 항공기 엔진은 20-30년에 걸쳐서 부품 교체와 수리비용을 통해 2,000-3,000만 달러를 벌어들인다.

자, 생각해 보자. 누구나 잘못된 결정을 할 수 있다. 그러나 잘못된 의사결정으로 인해 발생한 위기 상황을 어떻게 수습하고 또, 이런 위기를 어떻게 기회로 바꿀 것인가가 중요한 것이다. 셰네베르는 GTF 개발을 통해 위기 상황을 기회로 바꾼 것이다. 물론, 개발 초기에 프랫앤드휘트니 이사진의 반응은 냉소적이었다. 그러나 셰네베르는 이사진을 설득하여 광체 항공기 엔진 시장에서의 경쟁을 포기시키고 GTF 개발에 집중했다. 왜냐하면, 그는 경쟁사를 무작정 모방하는 CEO가 아니었기 때문이다.

5. 사양 산업을 부활시킨 기업 : 태양의 서커스

이번에는 성격이 완전히 다른 서커스 산업을 보자. 동물 서커스로 명성이 있었던 링링 브라더스는 1884년에 시작되었다. 100년 이상의 역사를 가지고 있었다. 그러나 동물 학대로 인해 사람들의 반발을 사기 시작하면서 관객은 점점 줄어들고 있었다. 그래서 사람들은 이제 서커스는 사양 산업이라고 생각했다. 그런데 딱 100년 후인 1984년에 랄리베르테(Laliberte)가 나타났다. 그는 캐나다의 퀘벡주 몬트리올에서 '태양의 서커스'를 만들었다.

물론, 처음에는 작은 거리 공연으로 시작했다. 그러나 그는 모두가 사양 산업이라고 생각하던 서커스를 완전히 새로운 산업으로 바꾸어 놓았다. 그는 사람들이 더 이상 동물들의 쇼를 좋아하지 않는다는 것을 알았다. 그는 젊은 세대를 보았다. 젊은이들은 테마, 캐릭터, 새로운 음악, 댄스, 스토리를 보고 싶어 한다는 것을 알았다. 그는 이러한 젊은이들의 욕구와 새로운 IT 기술을 서커스에 접목했다.

현재 태양의 서커스는 5,000여 명의 직원이 연 매출 10억 달러 이상을 올리는 문화 산업의 대표 기업이 되었다. 성공의 핵심은 고객의 욕구를 읽는 능력과 기존 아이템들의 융합이었다. 새로운 기술개발은 없었다. 빅 데이터도 없었다. 엔터테인먼트 시장을 꿰뚫어 본 랄리베르테의 통찰력이 전부였다. 기존의 것들을 상상력과 창의력으로 접목한 것이 전부였다. 한 사람의 통찰력으로 서커스 산업을 조망했고, 이것을 수십억 달러의 기회로 만든 것이다. 앞서 언급한 130년 전통의 링링 브라더스는 2017년 1월에 결국 문을 닫았다.

어느 CEO의 말인지 기억나진 않지만 사양 기업은 있어도 사양 산업은 없다고 한 말이 생각난다. 태양의 서커스를 보면서 이 말이 새삼 새롭게 느껴졌다. 물론, 사양 산업은 분명히 있다. 그러나 이 CEO의 말이 주는 의미는 같은 것을 하더라도, 어떤 시각에서 누가 어떻게 하느냐에 따라 결과는 천양지차가 될 수 있다는 말로 이해해야 할 것이다. 왜냐하면, 사양 산업에서도 지속적인 혁신으로 성장하는 기업이 있고, 소위 말하는 첨단 산업에서도 고전을 면치 못하는 기업이 있기 때문이다.

우리는 흔히 창의적인 생각, 번뜩이는 아이디어, 기발한 발상과 같은 것들이 어느 한순간 갑자기 머리에 떠오르는 것으로 생각을 한다. 하지만 그렇지 않다. 수많은 생각과 시행착오, 새로운 관점에서의 고민, 다양한 정보들이 우리의 머릿속에서 서로 연결되고 융합되면서 충분한 숙성이 이루어진 후, 어느 순간 때가 되어 튀어나오는 것이다. 세계적인 혁신 전문가이자 『탁월한 아이디어는 어디서 오는가?』(2012, 한국경제신문사)의 저자인 스티븐 존슨(Steven Johnson)은 지난 200년 동안 인류가 개발한 모든 위대한 혁신에 대해 연구했다. 존슨에 의하면 혁신의 원천은 서로 배경이 다른 사람들이 뒤섞여 의견을 자유롭게 교환하는 것이 가장 중요하다고 말한다. 인류의 삶을 바꾼 혁신의 80%가 개방된 환경에서의 협력과 다양한 정보의 교류에서 나왔다. 고립된 기업이 혁신한 경우는 매우 드물었다. 이것이 바로 우리가 고민해야만 하는 이유인 것이다.

제4부

한국의 기업들,
이제 경쟁정보에 주목하라

Competitive Intelligence

1장
경쟁정보는
조기경보의 눈과 귀다

1. 기술과 품질만이 전부가 아니다

장수가 전쟁을 할 때 전투 지형의 특성, 적군 장수의 성격과 전투 이력, 적군 무기의 종류와 장단점, 연막에 가려 있는 적군의 움직임, 군량미 등에 대한 아무런 정보도 없이 오로지 아군의 칼과 창만을 열심히 갈고 닦은 후에 전투에 임하면 어떻게 되겠는가? 결과는 불을 보듯 훤한 것이다. 비즈니스도 마찬가지다. 기업이 제아무리 좋은 기술과 제품을 가지고 있다고 하더라도 산업의 변화와 시장의 움직임, 경쟁사, 공급사, 규제 방향, 고객의 선호도 등을 빠르고 정확하게 파악하기 위한 프로세스가 없다면 한동안은 견뎌낼 수 있을지 모르지만 지속적으로 생존하고 성장할 수는 없을 것이다.

예컨대, 장밋빛 전망만으로 해외 진출을 시도했다가 실패하는 기업들을 쉽게 찾아볼 수 있다. 요즘 우리나라 웬만한 기업들의 기술 수준과 제품의 품질은 꽤 높은 편이다. 그래서 자신감을 가지고 해외 진출을 시도한다. 처음 몇 년은 이런저런 호평과 관심도 받으면서 뭔가가 되는 듯하다. 그런데 거기까지가 전부다. 결국은 해외 시장에 안착하지 못하고 실패하고 만다. 왜일까? 기술과 품질만이 전부인 것처럼 생각하기 때문이다. 그러나 이것은 반쪽짜리 준비에 불과한 것이다. 이런 기술이나 제품이 한동안은 시장에서 버텨 낼 수 있다. 그러나 시간이 지나면 동일한 기술, 아니 그 이상의 기술로 무장한 유사 제품이 반드시 나오기 마련이다. 또, 산업은 계속해서 진화해 나가고, 시장의 참여자들은 수시로 변하고, 고객들은 항상 새로운 것을 찾는다. 그때는 어떻게 할 것인가?

대한상공회의소가 2011년 내놓은 보고서에 따르면 국내 중소기업의 평균수명은 12.3년, 대기업은 29.1년에 불과하다. 또, 한국무역협회가 내놓은 최근 자료(2017. 9)를 보면 기술 하나만을 바라보고 당차게 시장에 진입한 스타트업 기업들의 5년 생존율이 27%인 것으로 조사되었다. 왜 이렇게 짧은 것일까? 우리가 고민해야만 하는 이유가 여기에 있는 것이다. 기술을 개발하고 제품을 개선하는 것도 중요하지만, 지속적인 경쟁 우위를 갖기 위해서는 산업의 미래와 시장의 변화를 감지하고 예측하기 위한 노력이 반드시 병행되어야만 하는 것이다.

2. 경쟁정보란 무엇인가?

이미지 소스 : https://www.archintel.com/products

서문에서 간단히 설명했지만, 이 책의 제목 속에 들어 있는 경쟁정보 (Competitive Intelligence, 경쟁사 정보가 아님)에 대해 알아보자. 아마 많은 사람들에게 이 '경쟁정보'라는 말은 생소할 것이다. 경쟁정보를 간단하게 정의한다면, 의사결정을 할 수 있는 정보라고 할 수 있다. 다시 말하면, 경쟁 우위와 통찰력을 줄 수 있는 정보를 말한다. 물론, 이를 위해서는 다양하고 분산된 정보조각들을 분류하고 통합하는 과정, 즉 분석이라는 과정을 거쳐야 한다. 너무 학술적인 냄새가 나는가? 그러나 달리 쉽게 설명할 수 있는 방법이 없다.

경쟁정보에서의 정보 즉, 인텔리전스는 우리가 무엇을 발견했다는 단순한 사실이 아니다. 인텔리전스는 행동을 유도할 수 있어야 한다. 기업이 어떤 정보를 토대로 의사결정이라는 행동을 취할 수 없다면 그것은 인텔리전스가 아니다. 다시 말하면, 경쟁정보가 아닌 것이다. 해외의 내로라하는 경쟁정보 전문가들마다 정의는 약간씩 다르게 하지만 의사결정을 할 수 있도록 분석된 정보라는 데는 이견이 없다. 사실, 이 분석이라는 말에 많은 사람들이 알레르기 반응을 보일 수도 있지만 걱정하지 않아도 된다. 5부에서 자세히 설명하겠지만, 분석이란 것은 그렇게 복잡할 필요가 전혀 없다.

여러분이 기업 활동을 하다 보면 각종 정보들을 접할 것이다. 예컨대, SNS상에서 떠돌고 있는 루머부터 업계의 지각변동을 일으킬 만한 큰 M&A가 임박했다는 소문, 경쟁사의 신제품에 대한 소식, 정부의 규제 방향에 대한 정보에 이르기까지 이런저런 소문과 정보를 접하게 된다. 그러나 이러한 모든 것들이 진실은 아닐 것이고, 보이는 모습이 전부도 아닐 것이다. 따라서 이러한 소문과 정보의 연막 속에서 그 실체를 빠르고 정확히 꿰뚫어 볼 수 있어야 한다. 모든 연막이 걷힐 때까지 기다릴 수가 없는 것이다. 비즈니스는 타이밍이 중요하기 때문에 유통기한이 지난 정보는 아무런 쓸모가 없기 때문이다. 따라서 남들보다 한발 앞서 미미하고 모호한 정보 조각들을 퍼즐 맞추듯이 빠르게 선별하고 통합해 나가야 한다. 경쟁정보 활동은 기업 비즈니스와 관련된 다양한 형태의 정보를 수집하고 분석해 나가는 과정이라고 할 수 있다.

여기에서 정보 조각이라고 하는 것은 앞서 잠시 언급했지만, 인터넷 정보부터 고객, 공급사, 기술 전문가, 산업 전문가, 규제 전문가 등 업계 사람들과의 휴먼 네트워크를 통해 얻은 정보, 전시회나 컨퍼런스 참석을 통해 확보한 산업 동향 정보, 정부문서 공개청구를 통해 수집된 각종 비즈니스 정보, 기술 논문과 특허 분석을 통해 도출된 경쟁사의 R&D 정보 등 다양하다. 물론, 이런 정보들은 합법적이고 윤리적인 방법으로 얼마든지 구할 수 있다

그런데 좀 엉뚱한 얘기 같지만 인상파 화가들의 그림이 어떻게 만들어졌는지를 알고 있다면 경쟁정보에 대해 좀 더 쉽게 이해할 수 있다. 쇠라나 모네와 같은 점묘파 화가들의 그림을 15cm 정도의 짧은 거리에서 보거나 신문의 그림을 아주 가까이에서 보면 수많은 점들만이 보일 것이다. 그러나 몇 걸음만 뒤로 물러나서 바라보면 이미지, 그림자, 빛 등 전체적인 모습이 한눈에 선명하게 들어온다. 비즈니스도 마찬가지다. 기업이 생존하고 성장하기 위해서는 자사가 아닌 제3자의 시각에서 다양한 정보의 점들을 종합적으로 볼 수 있어야 한다. 그렇지 않고, 자사 중심의 시각과 단편적인 정보만으로 비즈니스를 바라본다면 시장 상황을 정확하게 인식하지 못할 것이고 이것은 결국, 비즈니스의 실패로 이어지는 것이다.

19세기의 영국 철학자인 존 스튜어트 밀(John Stuart Mill)은 "지속적인 도전을 받지 않는 진실은 결국, 진실의 효과를 잃어버리게 된다."라고 했다. 우리가 믿고 있는 진실에 대한 지나친 과신이나 오만 또는 자신만의 세계에 갇혀 있는 사고에 대한 위험성을 경고하는 말이다. 사람들은 자신이 겪은 극히 제한적인 경험이나 선입관으로 어떤 현상이나 사물에 대해 나름대로의 평가를 내리고 마치 그것이 진실인 양 확신하는 경우가 많다.

물론, 그러한 선입관이나 과신이 개인적 차원에서만 영향을 미치고 끝난다면 무슨 큰 문제가 되겠는가? 그러나 이런 경우에는 문제가 달라진다. 그 선입관이나 과신이라는 것이 개인적 차원을 넘어 회사의 중요한 의사결정과 관련되어 있을 때는 전혀 다른 얘기가 된다. 다시 말해, 회사의 생존과 직결될 수도 있는 사안에 대한 의사결정을 하는데 CEO의 선입관이나 지나친 자신감으로 인해 어떤 진실이나 시장의 실체를 정확히 파악하지 못했을 경우 상황은 심각해질 수 있는 것이다.

그렇다면 비즈니스 세계에서의 진실이란 무엇일까? 누차 강조했지만, 산업의 미세한 변화와 시장의 움직임, 경쟁사의 의도, 공급사와 유통업체들의 움직임, 규제기관의 동향, 고객들의 변덕스러운 선호도 변화, 산업의 융·복합 추세 등 복잡한 비즈니스 환경을 이해하고 그 속에서 자사가 처해 있는 위치와 방향을 정확하게 있는 그대로 인식하는 것이라고 할 수 있다.

그런데 대부분의 사람들은 그들이 생각하고 싶은 대로 생각하고, 판단하고 싶은 대로 판단한다. 기업도 마찬가지다. 기업 경영도 결국은 사람이 하는 것이기 때문이다. 기업들은 산업과 시장, 경쟁사와 고객의 움직임을 그들의 시각에서 생각하고 예측한다. 문제는 이러한 시각을 바꾸는 것이 쉽지 않다는 데 있다. 2부의 3장에서 언급했듯이, 이런 현상은 성공한 기업일수록 더욱 심하다. 그렇기 때문에, 자사 중심의 일차원적인 시각을 바꿀 수 있는 팩트가 필요한 것이다. 결국, 경쟁정보 활동은 우리 회사가 철석같이 진실이라고 믿고 있는 것들에 대한 사실 여부와 실체를 정확히 파악함으로써 과신을 없애고 또, 과거의 한때 성공으로 인해 생겨난 기업의 오만과 싸워나가는 과정이라고 할 수 있다.

퓨처스 그룹(Futures Group)의 조사에 의하면 매출 100억 달러 이상 되는 미국 기업 중 82%가 경쟁정보 조직을 가지고 있는 것으로 나타났다. 경쟁정보의 개념은 1986년, 미국에서 SCIP(Strategic of Competitive Intelligence Professionals)라는 비영리기구가 만들어지면서 본격적으로 확산되었다. 그런데 우리나라의 경우 아직까지도 '경쟁정보'라는 용어조차 생소하여 경쟁정보 조직을 가지고 있는 기업은 찾아보기 힘들다.

물론, 경쟁정보라는 말은 쓰지 않았지만 우리 기업들도 정보활동을 한다. 그렇지만 대부분의 기업들이 자사 중심의 1차원적인 관점에서 극히 좁은 의미의 정보활동만을 하고 있다. 다시 말하면, 수치로 나타나고 눈에 보이는 정보만을 수집하고 분석하는 반쪽자리 정보활동만을 하고 있다. 미국, 캐나다, 프랑스, 중국 등에서는 이미 오래전부터 경쟁정보의 개념이 도입되고 확산되어 수많은 기업에서 경쟁정보 활동을 체계적으로 하고 있다. 그렇지만 우리나라는 아직도 경쟁정보에 대한 연구, 출판, 교육 등 전반적인 기반이 거의 전무한 상태다.

많은 사람들이 우리나라를 정보통신 강국이라고 한다. 맞는 말이다. 하드웨어 인프라는 세계적 수준이지만 소프트웨어 인프라 특히, 비즈니스 전략 수립에 필요한 정보 인프라는 아직 멀었다. 예컨대, 미국과 유럽에 어떤 경쟁사들이 있는지 알고 싶은 경우, 또 이들 경쟁사들의 최근 동향과 연구 개발 방향을 알고 싶은 경우, 우리 회사의 제품을 미국 시장에 출시했을 때 경쟁사와 소비자들의 반응을 예측하고 싶은 경우, 사업 다각화를 위해 독일에 있는 기술력 있는 복합재료 기업을 M&A하고 싶은데 현지에 어떤 규모의 기업들이 얼마나 있는지 알고 싶은 경우, 우리 회사의 기술을 대체할 수 있는 파괴적 기술을 보유한 기업을 알고 싶은 경우, 전후방 산업이 어떻게 변해가고 있는지 알고 싶은 경우에 여러분들은 어떻게 하는지 생각해 보길 바란다. 아마, 대부분 구글을 검색해 보거나 컨설팅 기관에 의뢰하는 것 이외에 특별한 방법이 없을 것이다.

이것이 현실이다. 우리는 항상 정보의 중요성을 얘기한다. 그러나 자세히 살펴보면 립 서비스에 불과하다는 것을 알 수 있다. 그도 그럴 수밖에 없는 것이 우리나라의 많은 기업들이 체계적으로 정보를 수집하고 분석하는 방법을 제대로 알지 못하고 있기 때문이다. 누차 강조했듯이, 기업은 미래에 닥쳐올 수 있는 위기를 사전에 인식하여 회피하고 남들보다 한발 앞서 기회를 선점함으로써 경쟁력을 유지할 수 있다. 이를 위해서는 산업과 시장에 대한 다양한 시각과 통찰력을 바탕으로 시의적절하고 정확한 의사결정을 해야만 한다. 그렇기 때문에, 비즈니스 전략과 경쟁정보는 상호 보완적이 되어야 한다. 어느 하나가 없으면 나머지 하나도 온전할 수 없다. 경쟁정보 없이 수립된 비즈니스 전략은 공허한 구호일 뿐이고, 비즈니스 전략에 반영되지 못하는 경쟁정보는 CEO의 아집을 안주 삼아 회사의 미래에 대해 걱정하는 직원들의 술자리 얘깃거리로 전락하고 마는 것이다.

생각해 보자. 기업이 생존하기 위해서는 성장해야 하고, 성장하기 위해서는 변화해야 하고, 변화하기 위해서는 시장의 움직임을 읽을 수 있어야 하고, 이러한 움직임을 정확히 읽기 위해서는 산업과 시장을 꿰뚫어 볼 수 있는 경쟁정보가 반드시 필요하다. 결국, 조기경보는 경쟁정보를 통해 울리게 되는 것이다. 그렇기 때문에, 경쟁정보는 조기경보의 엔진, 조기경보의 눈과 귀라고 할 수 있다. 그런데 이런 눈과 귀가 이런저런 이유로 인해 가려지고 있고 이로 인해 시장의 실체를 제대로 파악하지 못하고 있다. 물론, 경쟁정보가 미래를 내다볼 수 있는 수정 구슬 같은 것은 아니다. 그러나 경쟁정보가 조기경보의 역할을 할 수 있다는 것은 분명한 사실이다. 그렇지 않고서야, 그 많은 글로벌 기업들이 너나없이 경쟁정보 활동을 그토록 열심히 하겠는가? 경쟁정보에 대해 보다 깊이 있는 이해를 위해서는 레오너드 펄드(Leonard Fuld)가 쓴 『경쟁게임에서 승리하는 기술』(2007, 예지)을 한번 읽어볼 것을 추천한다.

3. 데이터, 정보, 인텔리전스 도대체 뭐가 다른가?

경쟁정보를 좀 더 정확히 이해하기 위해서는 우리가 쓰고 있는 용어에 대해 한번 생각해 볼 필요가 있다. 우선, 우리가 일상적으로 사용하고 있는 데이터와 정보의 차이에 대해 생각해 보자. 데이터와 정보의 차이는 미묘할 수는 있지만 확연하게 구별될 수 있다. 데이터는 가공되지 않은 채로 분산되어 있는 단편적 지식이다. 예컨대, 미국에 있는 경쟁사의 2010년도의 직원 수는 500명 정도였다. 그런데 최근 참석한 컨퍼런스에서 경쟁사의 직원이 절반인 250명으로 줄었다는 얘기를 들었다. 여기에서 500명, 250명 이러한 숫자들이 데이터다. 정보는 무엇일까? 직원 수가 급감했다는 사실이다. 정보는 데이터의 관계를 이해함으로써 발생된 지식이다. 그러나 이러한 정보 역시 아직은 자사와 어떤 연관성을 가지고 있는 지는 알 수가 없다. 그럼 인텔리전스는 무엇인가? 인텔리전스를 우리말로 하면 지능, 기밀, 첩보, 정보, 지성 등으로 번역되는데 분야에 따라서 다양한 의미로 사용된다. 비즈니스 분야에서는 일반적으로 인텔리전스를 고급 정보라는 의미로 사용한다.

분석이란 인텔리전스로 전환하기 위해 데이터나 정보를 정제하고 분류하는 프로세스다. 위에서 경쟁사의 종업원 수가 감소했다는 것은 무엇을 의미하는 것일까? 경쟁사가 사업이 부진하여 인력을 대폭 줄인 것인가? 아니면 무엇일까? 경쟁사가 위치하고 있는 미국 주정부의 UCC(Uniform Commercial Code, 미국통일상법전) 파일을 조사한 결과, 천만 달러의 예산으로 2년 전에 첨단장비를 구입한 사실을 알게 되었다. UCC 등 정보 수집에 대한 설명은 5부의 2장에서 자세히 하겠다. 조사 결과, 경쟁사의 직원이 반으로 줄어든 이유는 리엔지니어링과 자동화의 결과라는 사실이 밝혀졌다. 따라서 이렇게 가벼우면서도 첨단 인프라를 보유한 기업은 미래의 성장 잠재력이 매우 크기 때문에 기업 인수를 검토할 수 있는 유력한 후보 기업이 될 수 있다. 이것이 바로 인텔리전스다. 인텔리전스는 의사결정을 할 수 있도록 정보를 완전하게 분석하고 평가한 것이다.

위와 같은 단순한 예를 들어 데이터, 정보, 인텔리전스에 대해 설명을 했지만 사실, 기업이 직면하고 있는 비즈니스 상황은 이렇게 단순하지 않다. 어쨌든, 기업이 가지고 있는 이런저런 자료들이 단순한 데이터의 수준인지, 아니면 정보의 수준인지, 인텔리전스의 수준인지는 판단할 수 있어야 한다. 물론, 경우에 따라서는 데이터 자체만으로도 의미 있는 정보가 될 수도 있고 의사결정을 할 수 있는 통찰력을 줄 수도 있다.

4. 기업 정보활동의 모습을 들여다보자

기업에서 하고 있는 이런저런 정보활동들을 유형화하면 보다 체계적이고 균형 있게 정보활동을 할 수 있다. 이를 위해서 우선 정보활동의 유형에 대해 생각해 보자. 기업 정보활동의 유형은 전략적 정보를 위한 활동, 전술적 정보를 위한 활동, 흥미 중심의 정보활동, 실행중심의 정보활동 등 크게 네 가지의 유형으로 나누어 생각해 볼 수 있다. 너무 이론적이고 학술적으로 접근하는 것 같은가? 그러나 반드시 정리할 필요가 있으니 참고 읽어주기 바란다.

　기업에서 하는 이런저런 정보활동들을 유형화하여 바라봄으로써 우리 회사가 지금 현재의 사업에만 중점을 두고 있는지, 미래를 위해서 어느 정도의 준비를 하고 있는지, 숲을 보기 위한 정보활동은 어느 정도 하고 있고, 나무를 보기 위한 정보활동은 어느 정도 하고 있는지를 알 수 있다. 다시 말하면, 기업 비즈니스 전략의 포트폴리오 분석이 가능하다. 자, 그럼 정보활동 유형에 대해 하나하나 간단히 살펴보자.

　우선, 전술적 정보를 위한 활동부터 보자. 이것은 현시점에서 당장 해야 할 일들과 관련되어 있는 활동이다. 즉, 현재의 비즈니스에 집중되어 있는 정보활동이다. 만약, 여러분이 전술적 정보 수집을 위한 활동만을 주로 한다면 이런 질문과 대답에 관심이 있을 것이다. "어떻게 하면 현재의 생산 공정을 효율화 할 것인가?", "어떻게 하면 경쟁사보다 저가에 생산하여 판매할 수 있을 것인가?", "어떤 마케팅을 할 것인가?", "어떻게 하면 올해 매출 목표를 달성할 것인가?" 이러한 질문들에 대한 답을 찾기 위한 정보활동은 오늘, 현재의 시장에서 어떻게 경쟁할 것인가? 이것이 핵심이다. 반면에, 전략적 정보를 위한 활동은 보다 큰 시각에서의 장기적 관점에 맞추어져 있다. 기업이 현재 하고 있는 일을 넘어서 보다 먼 미래의 비즈니스, 산업, 시장이 어떻게 변해갈 것인가를 예측하기 위한 정보활동이다.

　이러한 두 종류의 정보활동을 어떻게 균형 있게 해 나갈 것인가? 이것은 아주 중요한 문제로 기업 현장에서 끊임없이 지속적으로 제기되는 이슈다. 그런데 앞서 얘기했듯이, 전략적 활동의 대부분은 눈에 보이지 않는 장기적인 것들과 관련되어 있다. 예컨대, 산업의 변화, 시장의 변화, 기술의 변화, 고객의 변화와 같은 전략적 이슈들은 한눈에 명확히 보이지는 않지만 전술적 이슈들보다 기업의 생존에 훨씬 치명적인 영향을 미친다.

따라서 조기경보는 생산, 마케팅, 가격 등과 같은 운영 효율성 중심의 전술적 요소보다는 전략적 이슈에 집중되어야 한다. 그럼에도 불구하고, 전략적 이슈는 당장 시급하지 않다는 이유로 외면당하고 있는 것이 현실이다. 눈에 보이는 것만을 인식하고 볼 수 있는 우리 보통 사람들의 한계인 것을 어찌 할 것인가?

앞서 얘기했듯이, 흥미 중심의 정보활동과 실행 중심의 정보활동으로 나누어 생각해 볼 수도 있다. 흥미 중심의 정보활동을 하는 사람들은 이런 종류의 질문을 한다. "이 경쟁사에 대한 모든 것을 조사해 주세요.", "이 신문기사 참 흥미롭네요. 관련 자료를 좀 더 얻었으면 좋겠어요." 뭐 이런 종류의 질문들이다. 그런데 왜 이 정보가 필요한지에 대해서는 정확히 모른다. 단지, 알면 좋을 것 같고 뭔가 도움이 될 것 같은 것들이다.

물론, 이런 질문들이 필요 없다는 말은 아니다. 그러나 누차 강조하지만, 비즈니스 의사결정은 시간과의 싸움이다. 적절한 타이밍에, 올바른 의사결정을 해야만 한다. 모든 것을 조사하고 분석할 만큼의 시간을 허락하지 않는 경우가 많다. 그렇기 때문에, 이런 경우에는 왜 이런 정보가 필요한지를 반드시 묻고 정보활동을 해야 한다.

실행중심의 정보활동은 기업이 하고 있는 비즈니스와 직접적인 관련성이 있는 질문을 하는 것으로 시작된다. 다시 말하면, 비즈니스 의사결정을 하기 위한 질문과 대답들이다. 표 4-1은 지금까지 설명한 정보활동의 유형을 사분면상에 나타낸 것이다.

|표 4-1| 기업 정보활동의 유형을 알 수 있는 질문들[7]

	흥미 중심	실행 중심
전략적	5년 뒤에 세상이 어떻게 변해있을지 궁금하다.	우리는 지금 무엇을 해야 하는가?
전술적	뉴스나 사건에 대해 자연적으로 반응: 이 기사는 무엇을 의미하는 것일까?	경쟁사는 어떻게 마케팅을 하는가? 경쟁사는 우리 고객들에게 무엇을 전달하고 있는가?

이러한 그림을 사용하여 기업에서 하고 있는 다양한 정보활동들을 그룹화 함으로써 우리 회사는 지금 어떤 유형의 정보활동을 주로 하는지를 진단할 수 있다.

이번에는 종합적으로 한번 생각해 보자. 우선, 3 사분면에 있는 전술적/흥미 중심의 질문은 주로 뉴스나 사건, 이메일 등 외부로부터 전달된 것을 보거나 들은 후에 자연적으로 반응하는 질문들이다. 이러한 뉴스나 사건들은 때때로 놀라움이나 두려움 같은 것을 주기도 하지만 기업에서 무엇을 어떻게 해야 할지에 대해서는 아무런 의미나 방향성을 주지 못한다.

4 사분면에 있는 전술적/실행 중심의 질문은 기업의 비즈니스와 관련성도 있고 구체적이지만 대부분 현재의 운영 효율성과 관련된 단기적 관점의 질문들이다. "경쟁사의 판매 전략은 무엇인가?", "그들은 우리의 고객들에

---

7) Arjan Singh, How to Build a Strategic Early Warning System, The Next IntelCollab Webinar from Aurora WDC, 16th September, 2015

게 무엇을 전달하고 있는가?", "경쟁사의 가격 전략을 어떻게 해석해야 하는가?", "경쟁사의 영업망은 어떻게 되어 있는가?" 이러한 질문과 대답들은 단기적 목표를 달성하는 데 필요한 것들이다.

1 사분면에 있는 전략적/흥미 중심의 질문은 장기적 관점에서 바라보고 있지만 이것만을 가지고는 정확한 의사결정을 할 수 없다. "5년 뒤에 세상이 어떻게 변해 있을 것인가?", "10년 후에 우리의 시장은 어느 방향으로 갈 것인가?" 중요한 질문들이다. 하지만, 이러한 막연한 질문과 대답들은 오늘 우리가 무엇을 어떻게 준비할 것인가에 대해서는 말해 주지 못한다.

마지막으로, 2 사분면을 보자. 가장 중요한 것은 미래의 불확실성에 대비하기 위해서 지금, 무엇을, 어떻게 준비하고 실행할 것인가와 관련되어 있는 질문들이다. 시나리오 분석과 비즈니스 워게임과 같은 기업 전략 시뮬레이션을 통해 이러한 질문들에 대한 답을 찾을 수 있다. 미래 비즈니스에 대해 예측하고 준비하는데 지금 당장 할 수 있는 것이 없다면 1, 3 사분면과 같이 실행력이 빠져 있는 단순한 흥미 위주의 가십거리로 끝날 수밖에 없다.

지금 여러분의 회사는 어느 분면에서 사투를 벌이고 있는가? 효과적이고 전략적인 조기경보 시스템을 만들기 위해서 첫 번째 해야 할 일은 지금 여러분의 회사가 어디에 위치해 있는지를 정확히 인식하는 것이다. 전술적/흥미 위주의 정보활동에만 관심을 가지고 있는지, 전략적/흥미중심의 정보활동만을 하고 있는지, 아니면 표의 오른편에 위치해 있는지를 확인해 보기 바란다. 또 네 개의 분면에서 각각 몇 퍼센트의 노력을 쏟고 있는지도 생각해 보길 바란다. 이런 메트릭스를 사용함으로써 여러분 회사에서 하고 있는 이런저런 정보활동들을 그룹화하여 바라볼 수 있다. 이러한 분석을 토대로 현재와 미래에 대한 기업 비즈니스 전략의 균형을 진단할 수 있다.

만약, 불균형적인 정보활동을 하고 있다면 어느 분면으로 이동해야만 하는지를 고민해야 한다. 물론, 정답은 없다. 여러분의 회사가 처한 환경에 따라 사분면상에서의 비중과 이동 경로는 다를 수밖에 없다. 왜냐하면, 산업의 특성, 기업의 능력이나 규모, 제품이나 서비스의 특성, 기업 문화, 보유 자원 등 모든 것이 다르기 때문이다. 그래서 2부에서 얘기했듯이 조기경보에는 카피앤페이스트가 통하지 않는 것이다.

5. 조기경보에 꼭 필요한 정보는 무엇인가?

CEO들과 얘기를 나눌 때마다 항상 느끼는 것은 CEO들의 머리는 이런저런 걱정거리로 가득 차 있다는 것이다. 많은 CEO들이 성공적인 삶을 살면서 사람들의 주목을 받고 있지만, 다른 한편에서는 우리 모두와 같이 고민하고 걱정하고 또, 좌절을 경험한다. 한 바이오 제약사의 CEO는 요즘 건강보험 적용을 받는 의약품의 가격이 낮아져서 어려움이 많다고 말한다. 그러나 이 CEO는 이것만을 생각할 수가 없다고 토로한다. 지금 당장 해결해야 할 문제가 넘치고 있기 때문이다. 그는 보통 새벽 4시에 일어난다고 한다. 어느 누구의 방해도 받지 않는 새벽 시간을 이용하여 회사가 지금 어디에 와 있는지, 어디를 향해 가고 있는지, 앞으로 어떤 어려움이 예상되는지, 이런저런 생각을 한다고 한다. 아마 대부분의 CEO들이 잠 못

이루면서 이와 비슷한 고민을 할 것이다.

자, 그렇다면 이러한 고민을 해결할 방법은 무엇일까? 아쉽게도, 모든 것을 해결해 주는 도깨비 방망이 같은 것은 우리에게 없다. CEO에게 운명처럼 주어진 숙제들을 하나하나 차분하게 해 나가는 수밖에 없다. 가장 중요한 숙제는 무엇일까? 앞서 누차 언급했듯이, 시장에서의 기회를 남들보다먼저 빠르게 포착하고, 남들이 미처 위기로 인식하지 못하는 것들을 사전에 알아차려 미리 준비하는 것이다. 이를 위해서는, 산업의 변화와 시장의움직임을 정확하게 감지하고 이런 큰 그림 속에서 자사의 위치를 바라볼수 있어야 한다. 이를 토대로, 기업의 방향성과 개별 사업부 단위의 전략을 구체적으로 만들고 다듬어 나갈 수 있는 것이다.

잠시 다른 얘기를 해 보자. 오바마 대통령은 어떻게 의사결정을 했을까?미국에게 위협과 기회를 줄 수 있는 정치, 경제, 사회적 문제들과 전 세계에서 발생하는 주요 사건, 각국의 움직임에 대해 어떻게 파악하고 대응책을 세웠을까? 오바마 대통령은 매일 대통령 일일 브리핑(PDB, Presidential Daily Brief)을 받았다. 대통령 일일 브리핑은 미국 대통령에게 매일 아침 보고되는 일급 비밀문서를 말한다. 미국의 모든 정보기관을 통솔하는 국가정보국(NI)이 중앙정보국(CIA), 국방정보국(DIA), 국가안보국(NSA) 등 모든 정보기관들의 정보를 종합적으로 정리하고 분석하여 대통령에게 보고한다.대통령이 반드시 알아야 할 정보를 매일 아침마다 보고받고 참모들과 의견을 나누는 것이다.

자, 우리나라 CEO들 중에서 이와 같은 정보 브리핑을 받는 CEO는 얼마나 될까? 그때그때 일이 있을 때마다 기획실이나 관련 부서에서 이런저런 보고를 하겠지만, 매일 아침 정기적으로 보고를 받는 CEO는 많지 않을 것이다. 그러나 매일 아침은 아니더라도 매주, 적어도 매월 한 번은 PDB와 같은 비즈니스 정보 브리핑을 받아야 한다. 이런 얘기를 하면, 혹자는 기업의 현실을 너무 모른다고 속으로 코웃음을 칠지도 모르겠다. "전문 인력을 옆에 두고 매일 아침 정보 브리핑을 받을 만큼의 여유가 있는 기업이 얼마나 되겠는가?" 라고 되묻고 싶을 것이다. 맞는 말이다. 특히, 중소기업의 경우는 더욱 말할 것도 없다.

저자가 정보 브리핑을 말하는 이유는 오늘날은 최소한의 예산과 인력만으로도 얼마든지 체계적인 정보활동을 할 수 있다는 것을 말하기 위해서다. 과거에 인터넷이나 SNS 등이 보편화되기 전에는 기업의 시장 기회와 위기를 감지할 수 있는 이런저런 정보를 수집하는 것이 쉽지 않았다. 예산이 넉넉한 일부 기업들만이 가능했고 정보 입수에도 상당히 오랜 시간이 소요되었다. 지금은 어떤가? 중소기업들도 얼마든지 필요한 정보를 수집할 수 있다. 온라인이든, 오프라인이든 관심만 가지고 있다면 웬만한 비즈니스 정보는 얼마든지 구할 수 있다.

CEO들과 얘기를 나눌 때마다 항상 느끼는 것이지만 그들은 큰 그림, 즉 경쟁의 패러다임과 산업의 판이 바뀌어 가고 있는데, 지금 가지고 있는 기술을 좀 더 업그레이드 시키는 데만 관심이 있는 경우가 많다. 이런 것을 보면서 답답함을 느끼게 되지만 한편으로는, 이럴 수밖에 없는 우리 중소, 중견기업들의 현실에 안타까운 마음이 들기도 한다. 그러나 이제는 변화를 주어야 한다. 지속적인 생존과 성장을 위해서는 산업의 변화와 시장의 움직임을 정확하게 인식하고 그 속에서 기업의 비즈니스를 객관적으로 바라볼 수 있어야 한다.

그런데 우리나라의 CEO들 중에서 CEO가 반드시 알고 있어야만 하는 것들을 글로 명확하게 기술해 놓고 경영을 하는 CEO는 거의 없다. 반면, 조기경보 시스템이 잘 되어있는 글로벌 기업들은 CEO가 다양한 관점에서 위기를 바라보고 해결할 수 있도록 위기관리 체크 리스트와 프로세스가 정립되어 있고, 이와 같은 것들이 성공의 핵심 요인이라는 것을 잘 알고 있다. 글로 기술된 것들을 다양한 시각으로 점검하면서 경영하는 것과 그렇지 않은 경우와는 천양지차가 나는 것이다.

|표 4-2| 비즈니스 기회 포착과 위기 감지를 위한 질문

1. 현재와 미래의 경쟁 환경에 대한 평가가 다양한 시각에서 제대로 되고 있는가?
    - 고객, 경쟁사, 공급사, 유통사, 기술, 생산, 규제, 산업 구조, 글로벌 트렌드 등

2. 현재의 산업 변화, 기술 변화, 경쟁 상황을 평가해 볼 때 우리 회사의 가장 가능성 있는 미래 모습은 어떤 것인가?

3. 미래 시장을 주도할 수 있는 우리 회사의 전략적 플랜은 무엇인가?

4. 우리 회사의 미래 경쟁력에 결정적인 영향력을 미칠 수 있는 획기적 기술이 나타날 가능성이 가장 큰 분야는 무엇인가?
    - 소위 말하는 파괴적 기술과 기업들이 우리 시장에도 진입할 것인가? 그렇다면, 그들은 어떤 모습으로 다가올 것인가? 그때, 우리의 전략(플랜 B)은 무엇인가?

5. 다른 산업에서의 새로운 수익 모델은 어떤 형태들이 있나? 우리는 그러한 모델을 어떻게 응용할 것인가?

6. 우리의 시장 이외에, 다른 산업에서 성장하고 있는 시장은 어디인가?

7. 우리 회사가 생산하고 있는 제품이나 서비스 중에서 우리가 미처 생각하지 못했던 산업과 시장에서 응용될 수 있는 방법은 없는가?

8. 기술 경쟁력을 유지하기 위해서 우리는 어떤 연구 개발을 해야만 하는가?

9. 혁신과 성장을 위해서 우리는 누구와 어떻게 협력해 나갈 것인가? 경쟁사들은 누구와 무엇을 하고 있는가?

10. 신제품을 개발하여 출시할 경우, 경쟁사와 소비자들은 어떻게 반응할 것인가?

11. 일상적으로 경쟁하는 경쟁사들 이외에, 우리를 위협할 수 있는 잠재적 경쟁사는 누구인가?
    - 완전히 다른 산업과 비즈니스에서 새롭게 떠오르고 있는 경쟁사는 누구인가?
    - 또, 우리의 시장 진입을 노리고 있는 기업은 누구인가?

12. 주요 경쟁사들에 대해 정확하게 파악하고 있는가?
    - 그들의 시장목표와 전략적 플랜은 무엇인가?
    - 우리 회사와 우리의 고객에 대한 그들의 의도는 무엇인가?
    - 재무, 기술, 제조, 비즈니스 모델, 유통, 판매, 마케팅 등 그들의 세부전략은 무엇인가?

13. 모니터링하고 있는 기업들 중에 전략에 변화를 주기 시작한 기업이 있는가? 있다면, 그 기업은 왜 그렇게 했을 것이라고 생각하는가?

14. 시장 참여자들은 우리 회사를 어떻게 바라보는가?

- 경쟁사와 유통사들은 우리의 유통, 판매, 마케팅 전략을 어떻게 생각하는가?
- 우리의 제품과 서비스를 바라보는 산업 전문가, 경쟁사, 고객의 태도와 인식은 어떤가?
- 우리의 시장과 비즈니스를 바라보는 투자 그룹들의 인식은 어떠한가?

15. 경쟁사와 시장 참여자들은 우리 회사의 어떤 부문에 관심을 가지고 있고 어떤 정보를 수집하고 있는가?

16. 새로운 고객군의 욕구와 그들의 관심 사항에 대해 정확히 파악하고 있는가?
- 경쟁사는 어떻게 새로운 고객군을 만족시키고 있는가?

17. 핵심 공급사들의 현재 상태와 향후 전략은 무엇인가?
- 재무 건전성, 단가와 품질 문제, M&A 가능성 등

18. 정부의 산업 정책은 어떻게 변화될 것으로 예측되는가?
- 주의 깊게 봐야 할 규제 기관들의 움직임에는 어떤 변화가 있는가?

19. 요즘, CEO를 잠 못 이루게 하는 것은 무엇인가?

20. 마지막으로, 우리가 모르고 있다는 것조차도 모르고 있는 것은 과연 무엇인가?

　

표 4-2는 미국 중앙정보국(CIA)에서 과학기술 인텔리전스 부서의 국장을 지내고 지금은 경쟁정보 전문가로 활동하고 있는 허링(Herring)의 보고서를 기반으로 저자가 수정하고 보완하여 작성한 것임을 밝혀 둔다. 허링은 중

앙정보국 퇴직 후에 많은 글로벌 기업에서 경쟁정보 책임자로 일하면서 국가 정보의 인텔리전스 방법론을 기업 비즈니스에 접목시키는 노력을 하고 있다. 이 표는 시장 기회를 포착하고 기업이 갑작스럽게 일격을 당하지 않기 위해 반드시 체크해야 할 것들을 정리한 것이다. 이와 같이 다양한 관점에서, 다양한 질문을 통해 기업의 위기관리와 기회포착, 다시 말하면 조기경보가 가능하다. 앞서 얘기했듯이, CEO들은 미래에 대한 막연한 걱정이나 불안감을 얘기하는 경우가 많다. 그렇기 때문에, 잠재적 위기 요인들을 구체화하여 질문을 하는 것은 아주 중요하다.

언제까지 컨설팅사에게 기업의 운명을 맡길 것인가?

경쟁정보의 목표는 많은 정보를 의사결정자인 CEO에게 제공하는 것이 아니다. 올바른 의사결정을 할 수 있도록 판단력과 통찰력을 줄 수 있어야 한다. 물론, 이러한 판단력과 통찰력은 저절로 생기는 것이 아니다. CEO와 직원들의 끈질긴 노력과 집요함에서 나올 수 있다. 그런데 많은 기업들이 컨설팅사에서 제공하는 한두 권의 보고서를 통해 이러한 판단력과 통찰력을 얻으려고 하고 있고, 이것을 토대로 중요한 의사결정을 하고 있다. 생산과 마케팅을 외부에 맡기는 것도 모자라, 이제는 기업의 생사를 결정지을 수 있는 미래의 전략까지 모두 외부 기관에 맡겨 버린다.

하지만 위기관리만큼은 기업 스스로의 힘으로 해야 한다. 물론, 외부 전문가들의 도움을 받아야 한다. 그렇지만 말 그대로 도움만 받아야 한다. 도움을 받되, 전적으로 의지해서는 안 된다. 언제까지 외부의 전문가들에게 의지할 것인가? 그들이 해 주는 컨설팅의 수준, 내용, 신뢰성을 어떻게 평가할 것인가? 그들이 잘못된 방향을 제시해 주면 그대로 따를 것인가? 그들은 컨설팅이 끝나면 보수를 챙기고 떠나면 그만이다. 결국, 시장과 경쟁 상황을 정확하게 볼 수 있는 힘을 기업 스스로 갖지 않으면 지속적인 경쟁력을 확보할 수 없는 것이다. 몇 년에 걸쳐 한두 제품만을 팔고 기업 경영을 그만둘 것이 아니라면 말이다. 아, 오해하지 말길 바란다. 모든 것을 기업에서 떠안고 하자는 것이 아니다. 일머리를 알면서 맡기는 것과 덮어놓고 맡겨 버리는 것은 천양지차라는 것을 말하는 것이다.

누차 강조하지만, CEO가 반드시 파악해야 할 것들이 무엇인지를 정확하게 인식하고, 그 답을 찾기 위해서는 CEO와 직원들이 자연스럽게 의견을 교환하고 토론할 수 있는 장을 어떻게든 만들어야 한다. 앞서 설명한 비즈니스 워게임이 이러한 장을 위한 하나의 방법이 될 수 있다. 표 4-2는 기업이 생존하고 성장하기 위해서 스스로에게 던져야 할 질문들이다. 이것은 일종의 숙제 같은 것이다. 가장 중요한 것은 역시, 기업 스스로 숙제를 해 보는 것이다. 숙제의 답을 찾기 위해 이런저런 고민을 하다 보면, 어떤 정보들이 필요하고 어떻게 준비해야 하는지에 대한 실마리가 보일 것이기 때문이다.

2장
누가, 어디에서 경쟁정보를
활용하는가?

1. 영세한 유통기업인이
대기업 CEO들에게 가르쳐 주는 한 수

　이 얘기는 아메리칸 엑스프레스(American Express) 오픈포럼(2011년)에서 다룬 사례인데 우리 기업들에게 시사해 주는 바가 커서 잠시 소개하도록 하겠다. 오픈포럼에서 주목을 받은 것은 첨단 기술도 아니고, 대기업의 혁신 사례도 아니었다. 그것은 다름 아닌 조그마한 자전거 매장 운영에 대한 얘기였다. 이런 자전거 매장 운영 얘기가 어떻게 많은 사람들의 주목을 받게 되었을까? 앞서 언급했듯이, 이번 얘기에는 소위 말하는 혁신 기술도 없고, 최신의 경영학 이론도 없고, 극적인 스토리 전개도 없다. 하지만 비즈니스 전략의 본질에 대해 차분히 다시 한 번 생각하게 하면서 많은 사람들의 공감을 이끌어 냈다.

인터넷에서 가격을 비교한 후 즉석에서 구매를 하는 요즘 같은 시대에 이 매장은 저가 공세를 퍼붓고 있는 온라인 매장들과 어떻게 경쟁하고 있을까? 여러분은 잠시 뒤에 이러한 질문에 대한 답을 찾을 수 있을 것이다. 이 매장을 운영하는 넬슨(Nelson)은 경영학을 공부하지 않았다. 하지만 대기업들도 알지 못하는 비즈니스 전략의 본질에 대해 직감적으로 알고 있었고, 이를 통해 웬만한 대기업들보다 훨씬 높은 생산성을 달성하고 있다. 지금부터 알아보겠지만, 이런저런 성공 요인들이 있다. 하지만 자세히 들여다보면 비즈니스 성공의 핵심은 결국, 시장을 바라보는 시각에 달려 있다는 것을 알 수 있다.

주말에 뉴저지 허드슨 강 옆의 9W 도로를 달리다 보면 화려하고 선명한 색깔의 사이클 복장을 한 수백 명의 뉴요커들이 자전거를 타는 모습을 쉽게 볼 수 있다. 이 도로는 뉴저지의 포트리에서 베어마운틴 주립공원까지 이어지는 도로인데 자전거 애호가들에게는 명성이 나 있는 도로다. 도로를 따라 조금 더 가다 보면 뉴욕 맨해튼의 워싱턴 하이츠와 포트리를 연결하는 조지 워싱턴 다리의 경관이 시선을 사로잡는다.

여기에서 조금 더 달리다 보면 나약(NYACK)의 진기한 가게들이 눈에 들어오는데 이러한 가게들은 험한 베어마운틴까지 자전거를 타느라 녹초가 된 사람들에게 종종 휴식의 장소가 되기도 한다. 그러나 뭐니 뭐니 해도, 뉴욕과 뉴저지에서 자전거를 타는 사람들이 가장 자주 찾는 최고의 명소는 뉴저지의 포트리에 있는 스트릭트리 바이시클스(Strictly Bicycles)라고 하는 자전거 판매점이다. 이 매장에는 고가의 주문형 자전거와 신기술을 적용한 자전거들이 즐비하다. 2층으로 올라가 보면 어린이용 자전거와 비교적 가격이 저렴한 자전거들이 햇빛을 받아 반짝이고 있다. 사이클 마니아들은 휴식을 취하면서 새로 나온 자전거나 진귀한 자전거를 언제든지 타볼 수 있다. 하지만, 이 매장에서는 자전거만을 판매하지 않는다. 햇빛이 잘 드는 커피바와 매장 바깥쪽 테라스에 있는 편안한 파티오 의자는 사람들로 하여금 이곳을 찾고 머물게 만든다.

스트릭트리 바이시클스는 자전거 애호가들과 지역사회로부터 신뢰와 존경을 받으면서 뉴욕과 뉴저지 지역에서 독보적인 위치를 개척했다. 그럼, 어떻게 이런 명성을 얻은 것일까? 한마디로 말하면, 편안함이다. 여가로 자전거를 타는 사람부터 전문 사이클 선수에 이르기까지 모든 자전거 애호가들이 집과 같은 편안함을 느끼는 곳으로 만들었기 때문이다. 그럼, 이런 편안함은 어디에서 왔을까? 고객들과의 유대감과 지역 사회와의 공동체 의식이다. 뉴욕주 브루클린 지역에 있는 한 자전거 동호회 회장은 "우리가 9W 도로를 지날 때 이곳을 지나치는 경우는 거의 없어요. 이 매장은 우리와 같은 공동체라는 생각이 들어서 꼭 들르게 되지요."라고 말한다.

시장 통찰력과 기회를 빠르게 선점하는 능력이 전부다

쿠바 이민자 2세인 넬슨은 어린 시절부터 뉴저지의 허드슨 지역에서 자전거를 타면서 자랐다. 열세 살 때는 사이클 마니아들과 함께 시합에 참가하기 위해 부모 몰래 센트럴 파크로 빠져 나오기도 했다. 자전거를 유난히 좋아했던 넬슨은 고등학교를 졸업 후 호보켄에 있는 한 자전거 판매점에 취직을 했고, 열심히 일을 해 매니저 자리까지 올랐다. 그러나 그의 가슴 속에는 항상 기업가 정신이 살아 숨 쉬고 있었다. 넬슨은 자신의 가게를 간절히 원했다. 스물세 살이 되자, 그는 할아버지가 보증해 주는 조건으로 은행에서 2만 달러를 융자하여 자전거 판매점을 열었다. 매장은 포트리 시내 중심가에 있는 비좁은 점포였다. 물론, 이곳은 자전거를 타는 사람들이 자주 다니는 거리는 아니었다. 넬슨은 홍보를 할 돈이 없었다. 그러나 가게의 이름을 알리기 위해 노력했고, 입소문을 통해 단골 고객도 어느 정도 생기기 시작했다.

그런데 넬슨은 그가 어릴 때 자주 갔었던 9W 도로에서 자전거를 타는 사람들이 조금씩 증가하고 있다는 데 주목했다. 그때가 지금부터 약 15년 전 일이다. 그때만 해도 미국에서 자전거 열풍은 그다지 폭발적이지 않았다. 넬슨은 직감적으로 현재의 위치에서는 한계가 있다는 것을 인식하고 9W 도로 주변으로 매장을 이전할 계획을 세운다. 2005년까지 가게 살 돈을 열심히 모으면서 시간이 나는 대로 9W 도로 주변을 살폈다. 그러던 중 건물과 위치가 마음에 딱 드는 가게 하나를 발견한다. 넬슨은 그 가게를 몇 년째 눈여겨보고 있었는데 마침내, 그 가게가 매물로 나왔다는 것을 알았다. 그 가게는 조지 워싱턴 다리에서 9W로 이어지는 도로에 위치한 한 일식 식당이었다. 그는 그 가게가 매물로 나오자마자, 독수리가 먹이를 낚아채듯이 재빠르게 인수했다. 평상시에 그 일식 식당의 위치나 외관이 자전거 매장으로서 최적이라는 것을 잘 알고 있었기 때문에 조금도 주저하거나 고민할 필요가 없었다.

그러나 스트릭트리 바이시클스의 성공 요인이 입지에 있는 것만은 결코 아니다. 매장의 입지가 중요한 것은 맞지만 그것은 하나의 필요조건일 뿐이다. 넬슨은 이때 950평의 부지와 건물을 사기 위해 중소기업청에서 2백만 달러를 융자했다. 당시 넬슨에게 2백만 달러는 결코 적은 돈이 아니었다. 하나의 모험이나 다름없었다. 그 후 몇 달간 포트리 시내에 있는 가게에서 하루 일을 마친 후 9W에 위치한 가게로 달려가 자전거 매장으로 리모델링을 하면서 새로운 꿈을 꾸었다. 우선, 거리를 마주 보고 있는 색 유리창을 무색의 판유리로 바꾸어 햇살이 환히 들어오게 해 매장 내에서 도로를 훤히 볼 수 있도록 했다. 이 외에도 사이클 마니아들이 휴식을 취하면서 매장을 둘러볼 수 있도록 섬세한 부분까지 배려했다.

넬슨은 당시의 상황을 이렇게 회상한다. "커피바가 있는 햇빛이 잘 드는 안락한 장소가 필요하다는 것을 알았어요. 물론, 도로를 훤히 볼 수 있도록 했지요. 그래야 자전거를 타고 먼저 도착한 사람들이 그들의 동료가 도착하는 모습을 이곳에서 볼 수 있거든요." 통풍이 잘되는 2층 매장으로 가는 계단은 벨기에의 에디 먹스(Eddy Merckx) 등 유명 사이클 선수들의 사인이 새겨져 있는 셔츠들이 전시되어 있다. 넬슨은 "고객들이 집과 같은 편안함을 느끼도록 해야 합니다. 그래야 고객들이 그들의 가족한테서 물건을 사는 것 같은 느낌을 가질 수 있거든요."라고 말한다.

지역 사회에서의 중추적 역할이 경쟁력으로 이어진다

넬슨의 모험은 성공적이었다. 지금 9W 도로는 캘리포니아의 태평양 연안 도로를 능가하는 미국에서 가장 붐비는 사이클 도로 중의 하나가 되었다. 주말에는 보통 1,000여 명의 사람들이 쉬거나 물건을 구입하기 위해 이 매장을 찾는다. 매출은 새로운 가게로 이전한 후 4배 가까이 증가하여 4백만 달러 이상이 되고 있다. 종업원은 바쁜 시즌인 5월부터 10월까지는

15명 정도이고 나머지 달은 12명이 일을 하고 있다. 이 매장은 이제 9W 도로에서 사이클을 시작하고 마치는 사람들에게 사실상의 회합 장소가 되었고, 넬슨 역시 9W 도로에서 수호신과 같은 역할을 하고 있다. 넬슨은 가게 문을 열기 전 매일 아침마다 9W 도로를 달린다. 자전거에 문제가 있거나 다친 사람을 발견하면 빠르게 직원들을 보내어 고쳐 주고 안전한 조치를 취해 준다. 또, 자선단체에 자전거를 기부하는 등 자그마한 유통 기업인으로서 지역 사회에 기여할 수 있는 일이 있다면 발 벗고 나섬으로써 지역 사회에서의 유대 관계와 신뢰를 쌓아 갔다. 넬슨은 지역 사람들과의 공동체 의식을 공고히 하는 것이 가장 중요하다는 것을 잘 알고 있었다.

포트리의 시의원이자 한 교육재단의 대표는 이런 말을 한다. "넬슨은 정말 대단한 사람입니다. 지역 주민들이 필요로 할 때면 항상 그는 지역 주민들과 함께 있어요." 그 시의원은 한 가지 예를 든다. 이 교육재단은 대학 입학을 앞둔 이 지역의 고등학생들에게 장학금을 주기 위해 몇 년째 사이클 대회를 열고 있었다. 그런데 대회는 시간이 지남에 따라 지역 사람들의 관심을 받지 못하고 형식적인 대회로 명맥만 유지되고 있었다. 그러던 차에, 넬슨이 후원자로 나서면서 예전보다 3배가 더 많은 3백 명 이상이 참석하는 대회로 자리 잡았고, 모금액도 2배 이상 증가했다고 말한다. 지역 사회에서 이와 같은 관계와 신뢰는 결코 과소평가되어서는 안 된다. 사이클 선수에서 은퇴하고 지금은 자전거 부품을 생산하는 한 기업의 CEO는 이런 말을 한다. "이러한 관계는 매장의 성패를 좌우하는 매우 중요한 것입니다. 사람들은 온라인에서 몇 달러의 돈을 아끼는 것보다 넬슨의 가게에서 자전거와 부품을 삽니다. 왜일까요? 넬슨과 넬슨의 가게가 남과 같이 느껴지지 않기 때문입니다. 인터넷보다 조금 비싸더라도 넬슨의 가게에서 물건을 사는 것이 그들 자신과 지역 사회에 도움이 된다는 것을 알기 때문이지요." 넬슨도 이 말에 웃음으로 동의하면서 "신뢰와 유대 관계가 제 비즈니스의 성공 요인이지요."라며 커피 잔을 들었다.

스물세 살 나이에 넬슨은 그의 가게를 갖기 위해 2만 달러를 빌렸다. 여기까지는 일반적인 소규모 유통업체의 얘기다. 여기에서 끝이라면, 포트리의 어느 이름 모를 거리에 있는 소규모 점포로만 남았을 것이다. 그러나 넬슨은 남들이 보지 못하는 기회를 보았다. 9W 도로가 자전거 마니아들이 즐겨 찾는 도로가 되고 있다는 것을 알아차렸고 이 기회를 놓치지 않았다. 또, 소규모 유통업체의 성패는 커뮤니티를 구축하는 것에 달려 있다는 것을 알고 있었다. 이것이야말로 그를 다른 경쟁사들과 차별화할 수 있는 유일한 방법이자 저가 공세를 퍼붓고 있는 인터넷 매장들과의 경쟁에서 이길 수 있는 최선의 방법이었기 때문이다. 넬슨은 경영학을 공부하지 않았다. 그러나 넬슨은 비즈니스 전략에 대해 직관적으로 이해하고 있었다. 또, 넬슨이 추진하는 모든 것들은 그의 전략과 일관성이 있었다. 자전거 마니아들과의 유대 관계는 견고해져 갔고, 입소문은 마니아들의 자전거 구매에 큰 영향을 미쳤다. 15명의 직원들이 연간 4백만 달러의 매출을 올린다. 이것은 직원 1인당 25만 달러 이상에 해당하는 생산성이다. 얼마나 많은 대기업들이 이와 같은 생산성을 달성하고 있는가?

여기에서 우리는 무엇을 배워야 하는가?

오늘날의 CEO들은 과연 넬슨과 같은 통찰력을 가지고 있을까? 많은 기업들이 시장 변화의 조기 징후들을 제대로 인식하지 못하고 있다. 첨단 IT 기술과 온갖 데이터를 가지고 있지만 많은 기업들이 비즈니스 기회를 포착하는데 여전히 어려움을 겪고 있다. 새로운 비즈니스 기회라는 것을 보면 판매처 확대 정도에 머물고 있고, 시장조사라는 것도 소비자들이 원하는 것을 발견하는데 한 박자 늦거나 소비자들이 진정으로 원하는 것을 제대로 파악하지 못하고 있다. 또, 소비자 인터뷰에만 목매다 보니 소비자들도 미처 인식하지 못하는 새로운 융합과 혁신은 찾아보기 어렵다. 사실, 소비자들도 그들이 무엇을 원하는지 정확히 알지 못하는 경우가 많다.

자, 그렇다면 우리는 여기에서 무엇을 배워야 하는가? 성공은 남들보다 먼저 기회를 알아차리고 얼마나 빨리 선점하느냐에 달려 있다는 것이다. 넬슨이 9W 도로에서 자전거가 증가하기 시작했다는 것을 인식했을 때 다른 사람들의 레이다에 9W 도로는 없었다. 그가 만약에 대기업들이 주로 하는 컨설팅, 시장 조사, 포커스 그룹 인터뷰 등을 하느라 몇 년을 보낸 후 완전한 확신이 들었을 때 행동에 나서려고 했다면 기회는 이미 저 멀리 사라져 버렸을 것이다.

2. 경쟁정보를 제대로 이해한 기업, 그렇지 않은 기업

포춘이 선정한 500대 기업의 90% 이상이 경쟁정보를 담당하는 조직을 가지고 있다. 그런데 이들 기업의 CEO들에게 기업의 중요한 정책 결정에 경쟁정보가 어떠한 영향을 미치고 있는지를 묻는다면 그들은 아마도 그다지 영향을 미치지 않고 있다고 말할지도 모른다. 글로벌 경쟁이라는 말이 CEO들의 입에서 떠나지 않는 오늘날, 왜 경쟁정보는 기업의 중요한 의사결정에 별 도움이 되지 못할까? 답은 간단하다. 경쟁정보를 제대로 이해하지 못하고 있기 때문이다. 많은 기업들이 경쟁정보를 단순한 경쟁사 정보로 생각하고 있기 때문에 경쟁사의 세세한 움직임을 모니터링하고 대책을 마련하는 데 대부분의 시간과 돈을 쓰고 있다. 이번 장을 읽어가면서 차차 알게 되겠지만, 경쟁사는 우리가 생각하는 것만큼 기업의 생존에 큰 영향을 미치지 않는다. 그럼 무엇이란 말인가? 지금부터 알아보도록 하자.

경쟁사가 기업 파산에 얼마나 큰 영향을 미치는가?

이코노미스트에 의하면 1956-1981년 사이에 매년, 평균 24개의 기업이 포춘 500대 기업에서 사라졌다고 한다. 1982-2006년 사이에는 40개 기업으로 늘어났다. 아마 2007-2016년까지를 조사했다면 더욱 증가했을 것이다. 그런데 이들 기업들이 포춘 500대 기업에서 사라지는데 경쟁사들이 얼마나 큰 영향을 미쳤을 것이라고 생각하는가? 기업 경영을 하다 보면 이런저런 원인으로 인해 어려움을 겪기도 하고, 최악의 경우 파산 선고를 받기도 한다. 그렇지만 경쟁사로 인해 파산이 된 경우는 거의 없었다.

2007-2008년 경기 침체가 세계 경제를 강타했을 때 미국에서 유독 두 개의 산업이 전략 실패의 화신으로 묘사되었다. 여러분은 어떤 산업이라고 생각하는가? 그렇다. 자동차와 금융 산업이다. 그렇다면, GM, 크라이

슬러, 포드의 몰락에 경쟁사들이 얼마나 많은 영향을 미쳤을까? 한때 GM은 세계 시장의 50%를 점유했었다. 그런데 오늘날에는 겨우 10%대를 유지하고 있다. 미국 자동차 기업들의 몰락이 토요타나 혼다와 같은 일본 경쟁사들 때문인가? 아니면, 직원들의 높은 인건비 때문인가? 어느 것도 아니다. 디트로이트 3사의 몰락은 소비자들의 차에 대한 선호도가 성능에서 경제성으로 바뀌면서 시작되었다. 큰 차체, 파워, 시끄러운 엔진의 회전속도는 디트로이트의 특징이었다. 남성 운전자, 특히 젊은이들은 이런 차를 좋아했으며 디트로이트는 미국의 소비자들을 만족시킬 수 있었다.

그러나 여성 운전자들이 점점 증가하기 시작했고, 꽉 막힌 도로에서의 출퇴근은 일상이 되었다. 따라서 소비자들은 크고 힘이 좋은 차보다는 작고 견고하며 연비가 좋은 차를 찾게 되었다. 작고 견고한 일본 차들이 미국인들의 이러한 욕구를 만족시키기 시작했다. 토요타나 혼다가 디트로이트를 몰락시킨 것이 아니라 소비자들의 변화와 욕구를 무시한 것이 몰락으로 이어진 것이다. 일본의 경쟁사들이 생산하는 고품질의 소형 자동차가 변하고 있는 미국 소비자들의 욕구를 충족시킬 수 있다는 것은 누구나 아는 사실이었다.

자, 생각해 보자. 디트로이트의 CEO들이 일본 자동차에 대한 세부 정보나 데밍이 전수한 일본 기업들의 품질관리에 대한 정보가 없었겠는가? 아니다. 코롤라(Corolla)의 내부 공간이나 닷선(Datsun)의 엔진 배기량, 시빅(Civic)의 외관 스타일에 관한 정보가 지난 30년 동안 GM CEO들의 근본적인 시각을 변화시켰는가? 아니다. 일본 자동차에 대한 세부 정보는 누구나 알 수 있었다. 디트로이트의 경영자들이 진정으로 필요했던 것은 산업과 시장의 변화와 소비자들의 움직임에 대한 정보였다. 이것은 매월 정기적으로 보고되는 경쟁사 제품에 대한 상세 정보와는 차원이 다른 것이다.

2008년 세계경제를 위기에 빠뜨렸던 미국 발 금융 위기의 근본 원인에 대해 잠시 생각해 보자. 베어스턴스(Bear Sterns)가 2007년 유동성 위기를 겪기 시작하더니 2008년 3월 결국, JP모건에 주당 10달러에 팔렸다. 85년의 전통과 최신 금융기법의 산실이었던 베어스턴스 몰락의 원인을 다양하게 추정할 수 있겠지만 결정적 원인이 된 것은 환매조건부채권매매(REPO)와 같은 초단기 차입으로 장기대출을 지나치게 했기 때문이다. 투자자, 은행 등 채권자들이 베어스턴스의 유동성 불안 소문으로 인출을 서두르자 단 며칠 사이에 파산 위기에 처하게 된 것이다. 초단기 리포금리로 돈을 빌려 주택담보부 채권과 같은 금융상품에 투자하는 것은 막대한 금리 차익을 얻을 수 있지만 위험성이 크다는 것은 월스트리트의 금융기관이나 투자기관이라면 다 알고 있는 사실이었다. 당시 대부분의 기관들이 이런 금융기법에 취해 있었다. 자, 그렇다면 베어스턴스의 몰락이 경쟁사들 때문인가? 아니다. 월스트리트의 모든 금융기관, 투자기관들은 모기지와 헷지펀드로 투자 포트폴리오를 넓혀갔다. 위험을 무릅쓰고 과도하게 모기지에 투자하는 당시 월가의 투자 트렌드를 따르지 않는 기관을 찾기가 힘들 정도였다. 만약에 당시 베어스턴스의 CEO였던 지미 케인(Jimmy Cayne)이 경쟁사의 리포 투자에 대한 세부적인 정보를 알았더라면 베어스턴스는 이런 투자를 하지 않았을까? 아마도 아닐 것이다.

경쟁정보와 단순한 경쟁사 정보와는 분명한 차이가 있다. 경쟁사의 세부 움직임과 전략을 지켜보는 것 자체는 CEO들에게 그다지 중요한 것이 아니다. 기업의 몰락은 일상적으로 경쟁을 하는 몇몇 경쟁사들과는 거의 관련이 없기 때문이다. 물론, 경쟁사들이 이런저런 문제를 야기할 수는 있지만 경쟁사가 치명적인 위협, 그 자체가 되는 경우는 아주 드물다. 왜냐하면, 일상적으로 경쟁하는 경쟁사들은 대개 비슷한 전략과 기술로 싸우기 때문이다. 춘카무이(Chunka Mui)와 폴캐롤(Paul B. Carroll)의 『똑똑한 기업을 한순간에 무너뜨린 위험한 전략』(2009, 흐름출판)을 보면, 기업 파산을 야기할 수 있는 일곱 가지 유형의 실패 사례를 생생하게 보여준다. 시너지 효과에 대한 환상, 허점투성이인 금융상품 투자, 맹목적 기업 쇼핑, 변화를 거부하고 주력 사업만을 고수하기, 모양만 그럴싸한 인접 사업 진출, 시장성 없는 첨단 기술에 미래를 거는 것, 무모한 몸집 불리기 등이 기업을 한순간에 무너뜨릴 수 있는 원인들이라고 진단한다.

그런데 일곱 가지의 기업 파산 유형 속에 있는 수많은 사례 중에서 경쟁사가 파산의 원인이 된 경우는 월마트와 에임스 백화점 사례 단 하나뿐이다. 에임스는 가격에 민감한 소비자를 상대로 경쟁하는 월마트에 의해 파산되었다. 에임스는 대도시 밖에서의 소매 할인점을 가장 먼저 시작한 기업으로 미국 내에서 매출 규모 3-4위를 차지하는 소매 할인점이었다. 그러나 월마트의 탁월한 유통과 재고 전략, 저가 정책이 에임스를 어렵게 만들었다. 그런데 이러한 경쟁사의 위협 속에서도 에임스는 1985년에 G.C. 머피를 인수하더니 1988년에는 제이어를 인수하고 1999년에는 힐스 스토어즈까지 인수하는 등 무모한 몸집 불리기를 계속했다. 어떤 목적의 M&A인지 도저히 이해할 수 없는 행보를 계속하더니 급기야 2000년에 파산 신청을 했고, 2002년에 청산 절차를 밟았다. 에임스 백화점의 경우도 경쟁사인 월마트로 인해 파산되었다기보다는 무리한 기업 인수로 인한 전략상의 실패로 보는 것이 옳을 것이다.

코닥의 경우를 다시 생각해 보자. 과히 독점적이라고 할 수 있을 만큼의 글로벌 시장 지배력을 가졌던 코닥의 몰락 원인을 후지의 시장 진출 때문이라고 할 수 있을까? 물론, 후지로 인하여 코닥이 어려움을 겪은 것은 사실이다. 그러나 근본적인 원인은 3부에서 살펴보았듯이 코닥의 늦장 대응 때문이었다. 물론, 코닥의 경직되고 오만한 조직 문화 역시 한몫을 했다.

경쟁사만을 바라본다면 이런 위험에 빠질 수 있다

1983년에 첫발을 내디딘 모토롤라의 모바일폰 사업은 50억 달러를 투자한 이리듐 위성전화로 시작하였다. 그러나 서비스를 시작한지 채 1년도 되지 않아 파산 신청을 하는 신세가 되었다. 통화료는 비쌌고 폰 자체도 너무 무겁고 커서 다루기가 불편했다. 그런데 이리듐 위성전화의 실패가 당시의 경쟁사인 에릭슨 때문이었다고 할 수 있을까? 아니다. 에릭슨이 아니라 신기술인 셀룰러폰 때문에 몰락한 것이다. 보다 저렴하고 편리한 셀룰러 기술은 이리듐의 잠재 고객이었던 사업가나 부유층뿐만 아니라 평범한 서민들에게도 매력적으로 다가왔기 때문이다. 1990년대 말, 시가총액 2,000억 달러까지 성장했던 에릭슨 역시 2000년대로 들어서자마자 하락의 길로 접어든다. 노키아가 맵시 있는 폰으로 새로운 구매 고객군인 젊은 이들을 공략하면서 시장의 강자로 떠올랐기 때문이다.

자, 여기에서 생각해 보자. 에릭슨의 몰락이 노키아 때문인가? 셀룰러폰의 소비층이 사업가나 일부 부유층에서 평범한 일반인들, 특히 젊은이들에게로 급속하게 확산되고 있다는 것은 모두가 알 수 있는 사실이었는데 에릭슨의 경영진만 모르고 있었을까? 아니면, 에릭슨의 경영진이 노키아의 신상품에 대한 자세한 정보와 가격 정책을 면밀하게 모니터링 하지 않아서일까? 아마도 둘 다 아닐 것이다. 얼마 후, 노키아 역시 스마트폰으로의 변화에 대응하지 못하면서 서서히 몰락의 길로 접어든다. 노키아의 몰락 역시, 삼성과 애플 때문이라고 말할 수 없다.

여기서 우리가 절대로 간과하지 말아야 할 것이 하나 있다. 이러한 비즈니스의 역사를 뒤돌아볼 때, 지금의 스마트폰의 몰락도 머지않았다는 것이다. 해외의 한 연구소에서는 5년 안에 사물과 소통이 가능한 인공지능(Artificial Intelligence, AI) 웨어러블 기기가 스마트폰 시대를 종식시킬 것이라는 연구 결과를 최근 내놓았다. 삼성이 애플과의 시장 점유율 경쟁에만 모든 것을 걸어서는 안 되는 이유가 여기에 있는 것이다.

대체재 역시 기업을 몰락시키는 데 중요한 역할을 한다. 대체재는 고객의 니즈와 욕구를 만족시킬 수 있는 또 다른 대안이다. 데스크탑 컴퓨터 제조사들이 겪고 있는 지금의 어려움 역시 치열한 경쟁 때문이라고 만은 할 수 없다. 물론, HP, 델컴퓨터, 에이서, 레노보와 같은 데스크탑 제조 기업들의 치열한 경쟁은 분명히 매출의 감소를 가져온다. 그러나 데스크탑 제조 기업들이 겪고 있는 어려움의 근본 원인은 아이폰, 갤럭시와 같은 스마트폰 때문이다. 스마트폰으로 데스크탑 컴퓨터만이 할 수 있었던 인터넷이나 문서작업 등을 손쉽게 할 수 있게 되었기 때문이다. 데스크탑 제조사들의 어려움을 가중시키는 또 하나의 원인은 PC 산업에서 대부분의 수익을 가져가고 있는 인텔이나 MS와 같은 기술력 있는 공급사들 때문이기도 하다.

자, 이번에는 말도 많고 탈도 많은 M&A에 대해 생각해 보자. 시너지에 대한 환상과 성장에 대한 다급한 욕심으로 인해 많은 CEO들이 인수 합병의 유혹을 뿌리치지 못하는 경우가 많다. 예컨대, 1998년에 보험회사인 콘세코(Conseco)는 76억 달러를 주고 그린 트리 파이낸셜(Green Tree Financial)을 인수했다. 그린 트리 파이낸셜은 조립식 주택으로 알려진 트레일러 주택을 담보로 장기 대출을 해 주는 모기지 금융회사였다. 콘세코는 1988년에서 1998년까지 주가가 매년 47%씩 성장하는 건실한 회사였다. 결과는 어떠 했을까? 2000년 4월 콘세코의 CEO인 힐버트(Hilbert)는 물러났으며, 이때 콘세코의 주가는 5.63달러에 불과했다. 콘세코가 그린트리 합병을 발표하기 전날의 주가는 57.74달러였다. 콘세코는 2002년 12월에 그리트리에서 발생한 손실 30억 달러를 상각하고 파산 신청을 했다. 콘세코는 그린트리가 금융 공학이 만든 언제 무너질지 모르는 사상누각이었다는 사실을 몰랐던 것이다.

그런데 무리한 M&A로 인한 실패 사례는 비단 미국 기업들만의 얘기가 아니다. 2006년 금호아시아나 그룹은 대우건설을 6조 4,255억 원에 인수했다. 국내 M&A 사상 최대 규모의 거래였다. 금호아시아나 그룹은 자산관리공사로부터 대우건설을 인수할 당시 주당 1만 5천 원에 거래되던 주식을 2만 6천 원에 인수했다. 당시, 부족한 인수 자금이 약 4조 원 정도였는데 대부분을 은행과 보험사 등 투자자들로부터 빌렸다. 그런데 이들 투자자들에게 3년 후인 2009년까지 주가가 3만 2천 원이 되지 않으면 차액을 돈으로 주겠다는 이른바 '풋백옵션(Put-back option)'을 약속했다. 그러나 2008년 글로벌 금융 위기가 터지면서 주가는 곤두박질쳤고, 약속한 2009년 말이 다가왔지만 야속하게도 주가는 1만 원대 초반에서 벗어나질 못했다. 결국, 2010년 말에 2조 2천억 원을 받고 대우건설을 산업 은행에 매각했다. 이런 상황에서 2008년에 금호아시아나 그룹은 대한통운까지 4조 1천억 원에 인수했다. 그러나 대한통운도 인수 3년 만인 2011년, 1조 8천억 원을 받고 CJ에 매각하게 된다. 이와 같은 의사결정에 경쟁사들이 어떤 영향을 미쳤을까? 당연히 경쟁사들은 아무런 영향력을 미치지 않았다. 당시의 국내 건설 경기의 침체와 글로벌 금융 위기, 계열사들의 어려움이 합쳐지면서 이런 상황을 만든 것이다. M&A에서의 경쟁정보의 중요성에 대해서는 다음 장에서 자세히 설명하겠다.

아, 오해가 없기를 바란다. 경쟁사 분석이 중요하지 않다는 것이 아니다. 델컴퓨터는 IBM의 고객을 빼앗았고, 펩시와 코카콜라는 퀘이커 오츠의 게토레이를 계속적으로 압박하고 있고, 애플, 삼성, LG가 모토롤라와 에릭슨을 어렵게 했다. 경쟁사로 인해 시장 점유율과 매출은 떨어질 수밖에 없기 때문에 경쟁사보다 한발 앞서가려는 노력은 중요하다. 그러나 일상적으로 경쟁하는 경쟁사들이 경쟁의 패러다임을 완전히 바꾸어 버리거나 산업의 방향을 변화시키는 경우는 거의 없다. 앞서 데스크탑 컴퓨터와 핸드폰 사례에서 보았듯이, 시장의 판을 뒤흔드는 변화는 전혀 생각하지 못했던 다른 산업에서 시작되는 경우가 상당히 많다.

물론, 경우에 따라서는 경쟁사를 정밀하게 조사하고 분석할 필요성이 있다. 그런데 이런 경우에도 경쟁사의 보이는 모습만을 보고 어떤 결정을 하는 것은 위험천만한 일이다. 앞서 설명한 콘세코 몰락의 사례는 바깥으로 보이는 경쟁사의 움직임과 재무 정보만을 가지고 기업을 평가하는 것이 얼마나 무모한 것인지를 보여주는 좋은 예라고 할 수 있다.

경쟁정보를 잘못 이해하고 있는 기업들은 경쟁사를 벤치마킹하는 차원을 넘어서 아예 똑같이 모방하거나 경쟁사들 사이에서 유행하는 기술이나 전략을 무작정 추종하려는 경향이 있다. 지금부터 살펴보겠지만, 진정한 경쟁력은 경쟁사를 모방하고 추종하는 데서 오는 것이 아니다.

경쟁력의 핵심은 독창적인 가치 창출이다

기업 몰락의 원인에는 수많은 이유가 있을 수 있겠지만, 일상적으로 경쟁하는 현재의 경쟁사들 때문에 몰락하는 경우는 매우 드물다. 마찬가지로, 지속적으로 생존하고 성장하는 기업들의 성공 요인에도 여러 가지가 있을 수 있겠지만, 경쟁사들을 그대로 모방하여 성공한 경우는 매우 드물다.

하버드 비즈니스 스쿨의 마이클 포터 교수는 비즈니스 성공의 기본 원칙을 아주 간결하게 제시하고 있다. 한마디로 말하면, 경쟁사들과 차별성을 가지라는 것이다. 포터는 성공을 위한 몇몇 공식이나 원칙 같은 것을 말하지 않았다. 그는 독창적인 가치를 창출하는 각각의 여러 행위로부터 나오는 차별화 전략이 성공 요인의 전부라고 말한다.

경쟁사들과 반대 전략으로 승부한다: 네덜란드의 ASML

반도체 장비 시장에서 혜성처럼 나타나 세계시장의 70% 이상을 점유한 ASML이라는 네덜란드 기업을 보자. ASML은 반도체 칩에 정교한 회로도를 그리는 리소그래피(lithography, 노광) 장비 분야에서 독보적인 기술을 가진 기업이다. 일반인들에게는 다소 생소한 이 기업이 유명해진 이유는 유럽발 세계경제 위기에도 아랑곳하지 않고 성장세를 거침없이 몰아갔기 때문이다. 1990년대, ASML의 세계시장 점유율은 10%대에 머물러 있었다. 당시, 일본 기업인 캐논과 니콘이 세계 시장의 대부분을 차지하고 있었는데 이 두 기업은 통합 생산 모델을 사용하고 있었다.

그런데 ASML은 이 두 거대 경쟁사를 모방하는 대신에 새로운 비즈니스 모델을 사용하는 전략적 결정을 한다. ASML은 제품 생산 방식을 모듈 방식으로 완전히 새롭게 디자인한 후 핵심 부품은 모두 전문 기업들에게 외주를 주었다. 대신 ASML은 판매한 노광 장비를 사용하는 고객사들의 문제 해결에 핵심 역량을 집중했다. 모든 지식을 꽁꽁 묶고 있는 캐논이나 니콘의 전략과 매우 대조적인 것이었다. 2016년의 시장 점유율은 어떻게 되었을까? ASML은 세계시장의 70% 이상을 점유하고 있다.

여기에서 ASML과 부품 납품 기업들과의 동반 성장 전략에 대해 좀 더 알아보자. 국내의 한 언론에서 CFO인 피터 베닝크(Peter Wennink)를 인터뷰(2013. 3)한 내용이 아주 인상적이었다. 잠시 보자. ASML은 노광 장비 부품의 80% 이상을 아웃소싱하고 있는데 이런 외주 생산 전략에 대해 기자가 묻자, 베닝크는 "우리는 외주 생산 기업들의 마진을 쥐어짜는 단순한 전략을 쓰지 않습니다. 우리는 이들 기업들이 최고 기술을 개발할 수 있도록 최대한 도움으로써 단순한 부품이 아니라, 혁신과 가치를 납품받기 위해 노력하고 있습니다."라고 말했다.

성공 비결에 대해 좀 더 구체적으로 묻자, 납품 기업들의 지분을 사들여 개발에 따른 이익을 공유하는 동시에 납품 기업들의 R&D에도 함께 투자해 실패에 따른 리스크도 함께 짊어지고 있다고 말했다. 그는 "ASML은 부품 납품 기업들과 사실상 결혼한 것과 마찬가지지요."라고 말을 했다. 납품 기업들을 단순한 하도급 업체로 여기지 않고 진정한 비즈니스 파트너로서 결혼한 것과 같은 매우 끈끈한 신뢰관계를 맺는 것이 성공의 비결이라는 것이다. 80%를 아웃소싱하면 ASML은 무엇에 집중하는지를 묻자, 장비 시스템을 설계하고 디자인하면서 고객사 서비스에 역량을 집중한다고 했다.

저자는 기업 현장에서 우리나라 중소기업들이 겪고 있는 하청 업체로서의 서러움을 너무나도 잘 알고 있기 때문에 이 기사를 읽은 후 한동안 이런저런 생각에 잠겼던 기억이 난다.

경쟁사들과의 직접적인 경쟁을 피한다: 미국의 얼리전트 항공

모방이 다른 어떤 산업보다 급속히 확산되는 항공 산업에서 사우스웨스트(Southwest)와 얼리전트(Allegiant) 항공은 확연한 차별화 전략으로 주목을 받고 있다. 사우스웨스트는 종합 서비스와 허브앤스포크 방식(허브 도시를 중심으로 수많은 도시를 나뭇가지처럼 연결하는 방식)을 사용하는 보통의 항공사들과 다른 차별화된 전략(지정석과 기내식이 없고 허브 공항을 사용하지 않음.)으로 성공을 거둔 대표적인 항공사로 여러 책이나 논문, 언론, 경영대학의 사례 분석에서도 빈번히 다루어진 기업이기 때문에 여기에서 더 이상 설명하지 않겠다. 그러나 미국 저가 항공사 중의 하나인 얼리전트는 다소 생소한 기업이므로 잠시 살펴보자. 미국의 많은 항공사들이 금융 위기 등으로 인해 어려움을 겪고 있었음에도 불구하고 얼리전트는 지난 10년 동안 계속해서 흑자를 기록하고 있다. 얼리전트의 CFO인 엔드류 레비(Andrew Levy)에 의하면 얼리전트는 항공 여행을 넘어선 그 무엇인가를 판매하는데 초점을 맞추고 있다고 한다. 그럼, 그 무엇인가가 무엇인지를 알아보자.

엔드류는 돈을 버는 가장 좋은 방법은 다른 대형 항공사들과 경쟁하지 않는 것이라고 말한다. 70여 개 도시에 140개 노선을 운항하지만 경쟁 노선은 5개 정도에 불과하다. 얼리전트는 오직 소도시에서 인기 휴양지까지의 직항 운항만을 한다. 항공료는 경쟁사에 비해 저렴하다. 대신, 기내식과 음료는 공짜가 아니다. 수익의 대부분은 항공기 운항과 연계한 여행 패키지, 호텔, 자동차 렌탈 사업에서 나온다. 소형 공항만을 주로 이용하며 아무리 탑승률이 높은 공항이라도 호텔, 여행 패키지, 자동차 렌탈에서 충분한 수익이 나오지 않으면 운항을 중단한다. 얼리전트는 그들을 항공사라고 생각하지 않고 여행사라고 생각한다. 현재 렌탈 서비스나 여행 패키지에서 벌어들이는 수입이 항공 부문 수입에 육박하고 있기 때문이다.

경쟁사가 아닌 고객에 집중한다: 한국의 현대자동차

자동차 산업을 잠시 보자. 미국발 금융 위기로 인해 2008-2009년은 모든 업계가 어려움을 겪었지만 특히나 자동차 업계에게 아주 혹독한 시기였다. 오랫동안 업계 1위로 군림해 오던 GM이 파산 신청을 하였고, 크라이슬러도 비슷한 운명을 밟고 있었으며, 토요타를 비롯한 일본의 빅 3도 적자에 허덕이고 있었다. 이런 여건 속에서 소형차로서의 브랜드 이미지가 강했던 현대 차가 제네시스 출시를 통하여 미국의 프리미엄 시장 공략에 성공한 것은 단연 돋보이는 성과였다. 많은 미국 언론에서 제네시스를 럭셔리로 인정했고, 2009년에는 올해의 차로도 선정되었다. 이러한 제네시스의 성공 역시 경쟁사들과의 차별화 전략이 유효하였다. 독일, 일본의 경쟁사들이 고급 차를 출시할 경우 관행적으로 높은 가격 정책으로 일관하는 것과 달리 제네시스는 프리미엄을 표방하지만 가격은 오히려 합리적으로 낮춤으로써 경기 침체로 가격 대비 가치를 중시하는 미국 소비자들의 욕구에 정확히 맞추었다. 차를 구입한 후 1년 이내에 실직할 경우 차를 다시 반납해도 좋다는 공격적인 마케팅도 하였다. 한 가지 재미있는 것은 제네시스에는 현대(Hyundai) 마크가 없고 오직 제네시스라는 마크만을 선명하게 볼 수 있다. 내로라하는 전 세계 브랜드 차들이 고전을 면치 못하는 미국 시장에서 제네시스의 차별화 전략은 미국에서의 점유율을 높이면서 프리미엄 자동차로서의 브랜드 이미지와 위상을 높인 것으로 평가할 수 있다.

경쟁사와 다른 비즈니스 모델을 만든다: 영국의 제약사 GSK

경쟁사들과의 차별화가 매우 어려운 산업이 바로 제약 산업이다. 신약 개발부터 마케팅, 판매에 이르기까지 각종 정부 규제로 인해 어려움을 겪고 있는 대부분의 제약사들은 서로를 모방하는 데 익숙해져 있다. 그러나 영국의 대표적인 제약사인 글락소스미스클라인(GSK)은 이러한 모방 트렌드를 따르지 않고 있다. 대부분의 제약사들이 사용하는 비즈니스 모델은 상당한 리스크를 떠안더라도 천문학적인 수익을 보장해 주는 블록버스터급 신약 개발이 주류였다. 2008년부터 GSK의 CEO가 된 앤드류 위티(Andrew Witty)는 큰 수익을 가져다주는 비즈니스 모델에서 위험성을 줄이면서 안정적인 수익을 주는 모델로 회사의 전략을 바꾸었다.

당시 가장 어려웠던 것이 수십, 수백억 달러의 수익을 가져다줄 수도 있는 블록버스터급 신약 개발에 대한 유혹과 집착을 떨쳐 버리는 것이었다고 위티 회장은 말했다. 대신에, 그는 수입 규모는 작지만 잠재 시장으로 연구자들이 시야를 넓힐 수 있도록 하면서 몇몇 선진국이나 부유층들에게만 의존하는 제약 경영의 패턴을 깼다. 동시에 정부나 보험사들과의 거래 규칙을 완전히 바꾸려는 노력도 같이 하였다. 위티 회장은 정부나 보험사들이 진정으로 가치 있게 생각하고 지불 의사가 있는 부분이 무엇인지를 알아내고, 상담하고, 컨설팅하는데 많은 시간을 보냈다. 위티 회장은 연구자들이 지배하고 있는 제약 업계에서 경제 전문가로서의 모습을 유감없이 보여주었다.

경쟁정보 없는 기업의 전략

기업은 경쟁사들로부터 지속적으로 공격을 받고 또 소비자들의 선호도 변화, 기술변화, 각종 규제, 대체재 출현 등으로 인해 위기를 맞고 있다. 이를 극복하기 위해서 기업들은 항상 새로운 전략을 찾는다. 그런데 기업의 전략은 지금까지 설명한 차별화 개념과 반드시 연계되어야만 한다. 그렇지 않고 경쟁사의 세부적인 활동에만 집착하는 것은 기업의 전략적 의사결정에 그다지 도움이 되지 않는다. 또, 많은 기업들이 특정 지역의 시장 점유율을 소수 자리까지 제공하는 시장조사 기관들로부터 수도 없이 많은 보고서를 구입하고 있다.

문제는 이러한 보고서에는 CEO들이 의사결정을 할 수 있는 인텔리전스, 다시 말하면 경쟁정보가 빠져 있다는 것이다. 각종 데이터와 차트로 가득 찬 수백 페이지의 보고서를 보고 무슨 의사결정을 어떻게 하겠는가? 이제 기업의 정보 담당자와 전략 담당자들은 아무 쓸모도 없는 시장 통계

자료만을 잔뜩 수집하는 것에서 벗어나야 한다. 그렇지 않으면 결국, 제대로 된 정보 없이 전략을 만들고 또 아무런 전략도 없이 정보를 무작정 수집하는 악순환만이 계속되는 것이다.

3. 경쟁정보로 무장한 해외의 투자 자본들

이미지 소스 : https://cooperativeintelligenceblog.com/category

외환은행을 인수한 후 4조 원 이상의 매각 차익을 내고 우리나라를 떠난 론스타로 인해 온 나라가 한때 떠들썩했다. '먹튀'라며 모두가 비난을 했다. 맞다. 우리 입장에서 보면 그들은 비난받을 짓을 했다. 하지만 론스타는 수익 창출을 최우선으로 하는 투자사라는 것을 잊어서는 안 된다.

언제까지 그들을 향해 '먹튀'라며 비난만 하고 있을 것인가? 이제는 좀 차분하게 다른 시각에서 생각해 보자. 그들은 어떻게 생각하고 행동하는가? 그들은 왜 먹잇감으로 한국의 외환은행을 선택한 것일까? 그들과 우리와의 차이점은 무엇이었을까? 이런 질문에 답하기 위해서는 세계적인 투자은행, 사모펀드, 국제 M&A 브로커들이 어떤 정보를 어떻게 활용하는지를 알 필요가 있다.

이러한 글로벌 투자사 CEO들의 가방 속에는 무엇이 들어 있을까? 각국의 경제와 산업 동향, 주요 사건 등 매물로 나온 기업을 진단하고 평가할 수 있는 정보들로 가득 차 있다. 그들은 정보를 선별하고, 선별된 정보를 통해 먹잇감을 고르고, 세상을 보는 방법을 알고 있다. 그들은 정보를 수익 창출의 원천으로 만들 수 있는 그들만의 방식을 터득하고 있는 것이다.

같은 정보를 보지만 남들과 다르게 생각한다

한 글로벌 사모투자사 CEO의 정보 마인드에 대해 알아보자. 이 사람은 사모투자사 콜로니 캐피탈(Colony Capital)의 CEO인 버락(Barrack)이다. 사모투자사는 사모 방식으로 자금을 조달하여 투자대상 기업의 경영과 지배구조 개선 등을 통해 수익을 내는 기업이다. 콜로니 캐피탈은 부동산 투자를 전문으로 하는 세계 10대 사모투자사 중의 하나다. 버락은 고도의 통찰력이 요구되는 이 시장에서 어떻게 오랜 기간 동안 성공할 수 있었을까? 거기에는 이유가 있었다. 그는 항상 복잡하고 인기가 없는 부동산을 보유하고 있는 기업을 찾는다. 버락의 부동산 투자 전략은 카지노, 면세점, 영화사, 호텔, 리조트와 같은 부동산이 기업 경영에 아주 중요한 역할을 하는 기업에 투자하는 것이다.

1990년도 후반에 닷컴 열풍이 최고조였을 때도 IT 기업 중에서 서버를 유지하고 관리하기 위한 빌딩을 보유하고 있는 기업을 중심으로 투자하였다. 여기에서 그의 투자 철학과 부동산을 바라보는 그만의 시각을 엿볼 수 있다. 그는 시장의 변화를 예측하고 남들보다 한발 앞서 이용함으로써 보통 사람들과 상반되는 투자를 한다. 그에게 복잡한 부동산은 상당히 매력적인 것이다. 왜냐하면, 복잡한 부동산일수록 그것을 사려는 사람들은 많지 않기 때문이다. 그러나 그는 거기에서 경제적 문제, 법적인 문제, 기타 이런저런 요인들로 인해서 가치가 절하되어 있는 것을 발견하고 기회를 만들어 낸다.

물론, 버락도 다른 사람들과 똑같은 정보를 본다. 그러나 그는 정보를 스폰지같이 빨아들이고 또 다른 정보를 찾는다. 특히, 그의 생각과 다른 정보를 찾고 그의 의견과 다른 사람들을 찾는다. 이와 같은 정보와 사람들과의 토론을 통해서 그의 생각을 검증할 수 있기 때문이다.

버락은 1998년 외환위기를 겪고 있는 동아시아로 눈을 돌렸다. 과도한 투자로 어려움을 겪고 있던 은행과 기업들이 자산 처분에 들어갔기 때문이다. 그는 "우리의 목표는 우리의 자산, 경험, 기술을 활용하여 기업을 회생시킴으로써 우리의 파트너, 투자자, 금융기관, 각국의 정부 등 모두에게 이익을 주는 것입니다."라고 말한다.

콜로니와 같은 사모투자 전문 회사는 시장의 방해물과 비효율성을 제거하는 것이 그들의 목표라고 그는 강조한다. 그는 또 "아시아의 금융기관들은 불량채권 같은 그들의 문제를 해결하는데 어려움을 가지고 있는 것이 사실입니다. 콜로니와 같은 자본이 이러한 불량 채권을 인수하여 경영 정상화를 통해 공개시장에서 매각함으로써 연결 다리와 같은 역할을 하는 것이지요."라고 말한다. 살 사람은 없고 팔 사람만 있는 시장에서의 연결 다리 역할을 한다는 것이다. 버락의 동료들은 그를 다음과 같이 표현한다. "그는 문제가 있는 곳이면 어디든 달려가지요. 그리고 문제를 똑바로 직시하고 도움이 필요한 사람들을 보살피고 가볍게 인사를 한 후 사라집니다." 우리는 언제까지 글로벌 투자사들의 그런 모습을 바라만 보고 있을 것인가?

그들은 어떻게 먹잇감을 고르는가?

자, 그렇다면 이런 투자사들이 어떻게 기업사냥에 나서는지를 좀 더 구체적으로 알아보자. 이들은 우선, 먹잇감 기업의 관련 산업에 대해 광범위하게 조사를 한다. 산업의 특성은 무엇인지, 이 산업의 전반적 경기 동향은 어떤지, 어느 기업들이 주도권을 가지고 있는지, 공급망은 어떤 구조인지, 업계의 전문가들은 이 산업에 대해 어떻게 생각하는지, 어떤 규제들이 있는지, 업계의 평균 수익률은 어느 정도인지 등등을 조사한다.

예컨대, 산업에 대한 동향 파악은 미국 산업무역 전망(www.ntis.gov, www.trade.gov)이나 스탠더드앤드푸어스(Standard & Poor's)의 산업조사(Industry Surveys) 등을 통해 전반적인 전망과 객관적인 수치들을 찾는다. 물론, 이들 외에도 수많은 소스가 있다. 그들은 월스트리트, 이코노미스트와 같은 저널은 물론이고 주요국에서 발행되는 웬만한 경제지는 요약정보 제공 서비스를 통하여 훑는다. 기업을 제대로 평가하기 위해서는 기업과 밀접한 관련이 있는 산업을 분석하는 것이 얼마나 중요한지를 잘 알고 있기 때문이다.

산업 분석을 통해 업계의 전망과 동향 파악이 끝나면, 다음은 인수를 염두에 두고 있는 기업에 대해 조목조목 꼼꼼히 분석한다. 현재의 위기 원인은 무엇이며 왜 발생했는지, 이 기업과 유사한 기업이 파산한 사례가 있었는지, 만약 있었다면 원인은 무엇이었는지, 주요 경쟁사는 누구이며 그들은 이 기업을 어떻게 바라보는지, 업계의 사람들과 고객들은 이 기업을 어떻게 생각하는지, 이 기업의 어떤 상품과 서비스가 주요 수익원인지, 이러한 상품과 서비스가 인수 후에도 계속적인 수익원이 될 수 있을 것인지, 그렇다면 그러한 판단의 근거는 무엇인지 등등 인수를 염두에 두고 있는 기업의 잠재적 문제점을 발견하기 위해 다양한 관점에서 면밀히 검토한다.

이제 인수 후보 기업에 대한 평가가 어느 정도 끝이 났다. 이후에는 과거의 유사한 거래들을 포괄적으로 조사한다. 누가 얼마의 가격으로 인수했는지, 왜 인수했는지, 당시의 이슈는 무엇이었는지 등등을 확인한다. 예컨대, 투자사가 AT&T를 인수하고자 한다면 AT&T에 대한 정보는 물론이고 AT&T와 유사한 통신 기업을 인수했던 과거의 모든 거래 정보를 면밀히 검토한다. 실질적으로 시너지가 있었는지, 문제는 무엇이었는지, 현재의 상황은 어떤지 등등을 조사한다. 이와 같은 조사와 분석을 통해서 기업 인수의 성공 가능성을 어느 정도 예측할 수 있다. 이때 이들이 주로 활용하는 정보원은 M&A 전문 데이터베이스(DB)다. 톰슨로이터(www.thomsonreuters.com)나 팩셋(www.factset.com)과 같은 전문 DB를 활용한다. 비교적 규모가 작은 기업이나 비상장 기업을 인수할 때는 팩셋과 같은 DB를 이용하고 월스트리트 저널과 같은 곳에서 다루는 큰 규모의 거래를 할 때는 톰슨로이터와 같은 DB를 활용한다.

보통 글로벌 투자사들은 이와 같은 DB나 정보원을 수십 개 알고 있고 실제로 비교, 분석하면서 활용한다. 어떤 DB가 어떤 장점이 있고 무엇이 부족한지를 파악하고 있기 때문이다. 인수 후보 기업들을 물색하고 분석하는데 이와 같은 전문 DB를 주로 활용하지만 일단 인수할 기업이 최종적으로 확정되면 이것만으로는 충분하지 않다. DB에서 파악할 수 없는 새로운 정보를 수집한다. 물론, 새로운 정보는 다양한 형태로 존재한다. 기업의 웹사이트, 구글, 각종 보고서, 통계 자료, 컨퍼런스 자료, 신문기사, 최근의 구인 광고 등등 수도 없이 많다.

예컨대, 구인 광고와 기업 인수가 도대체 무슨 관련성이 있을까? 이런 생각을 할 수도 있다. 5부의 2장, 정보수집 편에서 자세히 설명하겠지만 구인 광고는 기업의 전략을 파악하는데 아주 중요한 정보원이 될 수 있다. 구인 광고를 통해 최근에 기업이 집중하고 있는 분야를 파악할 수 있고 어떤 분야에서 어느 정도의 사람이 필요한지를 알 수도 있기 때문이다. 어떤 기업의 홈페이지는 CEO의 경력까지 상세하게 보여주는데 이런 정보는 기업 인수 시에 상당히 중요한 정보가 될 수 있다. 또, 인수를 염두에 두고 있는 기업 CEO의 대외 활동, 언론 인터뷰, 블로그, SNS 등을 통해 그가 어떤 스타일의 사람인지를 추정할 수 있고, 이를 통해서 CEO가 거래에 어떻게 반응할지와 향후 어떤 행동을 할 것인가를 예측하는데 아주 중요한 단서가 될 수 있다.

그들의 레이다에 걸린 한국의 외환은행

이제 먹잇감이 사정거리 안에 들어와 있는 것을 최종적으로 확인하기 위해 투자사들은 먹잇감 기업이 위치해 있는 지역신문과 그 지역에서 떠도는 루머 등 현장의 살아 있는 정보를 정밀하게 조사하면서 현지에 있는 업계 전문가들의 말을 듣는다. 루머를 별것 아닌 것으로 무시할 수도 있지만 루머의 진위와 근원을 파헤치다 보면 예상치 못한 정보를 얻을 수 있고, 업계와 기업의 특성을 정말 제대로 꿰뚫고 있는 진정한 고수를 만날 수 있기 때문이다. 현지의 업계에서 잔뼈가 굵은 이런 사람들과의 대화를 통해서 DB나 세계적인 컨설턴트들이 제공하지 못하는 살아 있는 정보를 얻는다. 몇 통의 전화나 대면 인터뷰를 통해서 문서나 글로 공시되지 않는 진정한 통찰력을 얻는 것이다. 그들은 말한다. "전화나 인터뷰를 통해서 정보를 수집하는 것은 일종의 예술과도 같아요. 왜냐하면, 이러한 것들은 일상적인 도구에 불과하지만 누가, 어떻게 활용하는가에 따라 그 효과는 그야말로 천양지차가 나기 때문이지요." 이와 같이, 글로벌 투자사들은 다양한 형태의 정보원과 치밀한 단계를 통해서 인수 후보 기업들을 물색한 후 최종 먹잇감을 결정한다. 한국의 외환은행이 이들의 레이다에 걸린 것이다. 그들은 한국 은행업계의 특성, 정책과 규제, 유사한 과거의 거래 사례, 한국 정부와 대주주들의 특성과 향후 움직임 등을 이미 훤하게 꿰뚫고 거래에 임했다. 그런데 우리 정부는 론스타에 대해 얼마나 알고 그들을 상대했을까?

4. M&A(인수합병)의 성패는 경쟁정보가 좌우한다

일반적으로 M&A는 대형 로펌이나 회계 법인의 업무로 인식되고 있다. 맞다. 변호사나 회계사와 같은 전문가들의 역할이 중요하다. 법률적, 재무적 자문이 필요하고 계약 조건, 규제, 주식 가치 평가 등을 위해서 이런저런 문서들도 검토해야 하기 때문이다. 그런데 이와 같은 법적, 행정적 절차도 중요하지만 M&A에서 정말 중요한 것은 이러한 절차 이전에 어떤 기업을 M&A할 것인가를 선택하는 일이다. 언론에 심심치 않게 보도되고 있듯이 M&A의 70%는 실패한다. 왜 그럴까? 법적인 절차에 문제가 생겨서일까? 아니면, 자본과 부채를 제대로 평가하지 못해서일까? 둘 다 아니다. 처음부터 M&A할 기업을 잘못 선택했기 때문이다.

시너지에 대한 환상과 기업을 성장시키겠다는 의욕에 사로잡혀 M&A할 기업에 대해 제대로 파악하지 못하고 덥석 인수부터 하는 경우가 허다하다. 70%가 말해주듯이 막연한 기대감이나 겉으로 보이는 기업 실적만을 보고 '묻지 마' 선택을 하면 대부분은 실패한다고 보면 된다. M&A 실패 사례와 원인 분석에 대해서는 시중에 더러 책들이 나와 있기 때문에 여기서는 더 이상 언급하지 않겠다. 하지만 M&A할 기업을 선택하는 방법을 구체적으로 설명해 주는 책을 저자는 아직 보지 못했다. 앞장에서 잠시 살펴보았지만, 인수할 기업을 선택하는 과정은 인수 절차 못지않은 디테일과 전문성이 필요하다. 물론, 이번 장이 완벽한 방법을 제공해 주지는 못하겠지만 M&A 후보 기업들을 어떻게 바라보고, 평가하고, 선택할 것인가에 대한 방향성은 제시해 줄 수 있을 것으로 생각한다.

이 책 전반에 걸쳐서 누차 강조하고 있는 다양한 시각의 중요성은 M&A

도 예외가 아니다. M&A할 기업을 제대로 선택하기 위해서는 책상에 올라와 있는 M&A 후보 기업들의 말끔한 재무제표뿐만 아니라 후보 기업을 둘러싼 산업의 변화, 고객의 선호도, 경쟁 강도, 진입 장벽, 대체재, 환경과 규제, 기업 문화, 전략적 부합도, 업계 전문가들의 의견 등을 하나하나 면밀히 살펴봐야 한다. 이와 같은 과정을 통해 분산되어 있는 다양한 정보 조각들을 맞추어 나가다 보면 책상에서 하는 몇몇 서류 검토나 의례적으로 하는 현장 실사만으로는 놓칠 수밖에 없는 새로운 사실들을 발견할 수 있을 뿐만 아니라, M&A를 염두에 두고 있는 기업을 다른 각도에서 바라볼 수 있는 통찰력을 얻을 수 있다. 이와 같이, 눈에 보이지 않는 정보를 조사하고 분석하는 정밀한 과정을 통해 M&A할 기업을 신중하게 선택해야 한다. 그렇지 않으면, M&A의 실패 가능성은 불을 보듯 훤한 것이다.

우물 안 개구리인 한국 기업들의 M&A

자, 여기에서 우리나라의 M&A 현황을 잠시 살펴보자. 공정거래위원회 자료에 따르면 국내에서는 2016년에 총 646건(593조 원)의 기업결합이 있었다. 이 중에서 국내 기업 간의 M&A가 468건으로 전체의 72%를 차지했고, 국내 기업이 외국 기업을 M&A한 것은 고작 22건으로 3.4%에 불과했다. 22건도 내용을 들여다보면 소규모 합작회사 설립이 대부분으로 나타났다. 외국 기업이 국내 기업을 M&A하는 비율 역시 7.2%로 매우 낮다.

그럼, 가까이에 있는 일본과 중국은 어떤가? 블룸버그(Bloomberg)에 따르면 2011년부터 2015년까지 최근 5년 동안 일본과 중국의 해외 기업 M&A

규모는 각각 3,020억 달러와 2,808억 달러로 나타났다. 같은 기간 동안, 우리나라의 해외 기업 M&A 규모는 389억 달러였다. 두 나라 모두 우리나라보다 7-8배 높다. 특히, 중국 기업들이 해외 기업들을 사들이는데 아주 적극적이다. 2015년에 중국 기업이 해외 기업을 사들인 건수는 2014년보다 58% 증가한 908억 달러(398건)를 기록했다. 이러한 수치는 무엇을 말하는가? 우리 기업들, 너나 할 것 없이 글로벌화를 말하지만 M&A 측면에서 보면 아직도 우물 안 개구리라는 것을 알 수 있고, 여전히 폐쇄적인 경영을 한다고밖에 말할 수 없다.

눈에 보이는 것만을 보고 결정하면 십중팔구 실패 한다

기업이 생존하기 위해서는 반드시 성장해야 한다. 그러나 자력 성장만으로는 분명히 한계가 있다. M&A가 여러 위험성을 내포하고 있지만 사실, M&A만큼 확실한 성장 수단도 없다. 구글, 페이스북, 오라클, 화이자와 같은 기업들은 수십, 수백 건의 M&A를 통해 성장한 대표적인 기업들이다. 이들 기업뿐만 아니라, 대부분의 글로벌 기업들은 M&A를 통해 성장 전략을 추진하는 것으로 나타났다. 그러나 앞서 언급했듯이, 아이러니하게도 하버드 비즈니스 리뷰(HBR)나 베인앤컴퍼니(Bain & Company) 등 신뢰성 있는 기관들의 분석 자료를 보면 M&A의 약 70%가 기업의 가치를 높이기는커녕 오히려 경쟁력을 낮추는 결과를 초래했다는 보고가 있다. M&A 역시 양날의 칼과 같은 것이다. 이 칼을 어떻게 활용할 것인가? 이것이 중요한 것이다. 결국, 승자의 저주라는 덫에 걸리지 않기 위해서는 M&A할 기업을 제대로 선택해야 하는 것이다.

2000년대로 접어들면서 세계 각국의 M&A 규제는 상당히 완화되었다. 유럽연합의 경우, 언론, 공공 안보, 금융 분야를 제외한 모든 분야의 M&A 를 개방하고 있다. 특히, 국제회계기준 도입으로 기업의 재무 정보 역시 과거와 같은 큰 혼란은 주지 않는다. 자, 그렇다면 왜 대부분의 M&A가 실패하는 것일까? 앞서 얘기했듯이, 많은 CEO들이 기업을 키워야 한다는 강박관념과 다각화의 환상에 사로잡혀 면밀한 분석 없이 덥석 인수부터 하기 때문이다. 실패 유형을 보면 시너지 과대평가로 인한 실패, 인수 완료후 기업 문화 통합의 실패, 실사 과정에서 치명적 문제점을 미처 발견하지 못한 경우 등 원인은 다양하다.

그럼, 도대체 왜 이런 현상이 벌어지는 것일까? M&A할 기업을 물색할때 매출, 수익률 등 재무제표상의 숫자만을 보고 선택하기 때문이다. 물론, 이러한 실적 지표는 중요하다. 그러나 이렇게 겉으로 드러난 숫자보다는 기업 문화나 가치 창출 전략과 같이 공식적인 문서에서는 찾아볼 수 없는 정보가 훨씬 더 중요하다. 왜냐하면, 실패한 M&A의 근본 원인을 잘 뜯어보면 이러한 눈에 보이지 않는 정보를 무시한 경우가 대부분이기 때문이다.

하나의 사례를 보자. 한 다국적 기업이 수익성이 좋을 것으로 예상되는 틈새시장 진출을 계획하고 있었다. 경쟁사들 역시 이 틈새시장 진출을 호시탐탐 노리고 있었기 때문에, 이들보다 앞서 빠르게 진출하여 시장을 선점해야만 하는 상황이었다. 이 다국적 기업은 자사의 힘만으로 틈새시장 진출을 위한 유통망을 구축하는 것은 너무나 많은 비용과 시간이 소요된다는 결론을 내리고, 이러한 유통망을 가지고 있는 해외 기업을 찾아서

M&A하거나 전략적 제휴를 맺고자 했다. 이 다국적 기업이 M&A 할 기업을 어떻게 선택하는지 알아보자.

기업 간 M&A도 궁합이 중요하다

이 다국적 기업의 기업 인수 책임자는 여러 M&A 후보 기업들을 물색하고, 분석하고, 토의하는 과정에서 기업 간의 전략적, 문화적 적합성과 같은 눈에 보이지 않는 정보의 중요성을 새삼 깨달았다. 따라서 산업 전문가들과의 인터뷰, 고객, 유통사, 공급사 직원들과의 대화 등을 통해 공식적인 문서에서는 찾을 수 없는 후보 기업들의 경영 스타일이나 운영 방식 같은 것을 파악했다. 이와 함께 어떤 후보 기업이 이 틈새시장에서 얼마나 영향력을 발휘하고 있는지, 유통사와 고객들은 이 후보 기업을 어떻게 바라보고 있는지 등등을 정밀하게 조사했고, 이러한 질문 과정을 통해 다양한 평가 기준들을 도출했다. 물론, 평가 기준의 특성에 따라 비중을 조금씩 달리했다. 이후, 이러한 평가 기준에 따라 후보 기업들에 대해 1점부터 10점까지의 평가 점수를 매겼다. 질문에 대한 부합도가 높으면 높은 점수를 주고, 부합도가 낮으면 낮은 점수를 주었다. 이와 같은 방식으로 모든 후보 기업들을 대상으로 점수를 매겼다. 모든 기업들의 점수를 집계한 결과, 하나의 기업이 눈에 확연히 들어왔다. 이 기업은 다른 기업들보다 약 20% 높은 점수를 받았다.

시나리오 분석으로 다시 한 번 확인한다

그러나 위에서 실시한 평가 점수만으로 M&A할 기업을 결정하는 것은 뭔가 미흡한 감이 있었다. 이 다국적 기업의 경영진은 M&A 후보 기업들의 미래 잠재력과 이들 기업이 앞으로 시장에서 취할 수 있는 전략을 예측하기 위한 시나리오를 만들었다. 시나리오 분석을 통해 각각의 후보 기업과 M&A를 할 경우 경쟁 상황이 어떻게 변할 것인가에 대한 예측을 했다. 모든 후보 기업들과의 M&A 조합을 해 보는 것이다. 이를 테면, 초등학생이 사칙연산과 같은 수학 문제를 풀 때 크로스 체크를 해보는 것과 유사하다고 할 수 있다. 이러한 이중 확인을 통해 평가 점수로 선택된 기업과의 일치 여부를 다시 한 번 확인할 수 있는 것이다.

이제, 이 다국적 기업은 가장 높은 점수를 받은 후보 기업이 무엇 때문에 전략적, 문화적 적합성이 높게 나타났는지를 확신할 수 있었다. 재무제표 등 공식 문서는 누구나 볼 수 있는 것이고, 회계사들이 내어놓는 해석도 크게 다르지 않다. 그러나 전략적, 문화적 적합성에 관한 정보는 깔끔한 공식 문서로 제공되는 것이 아니기 때문에 누구나 볼 수 있는 것도 아니고 해석도 사람들마다 각양각색이다. 그래서 중요한 것이고 제대로 파악을 해야 하는 것이다. 기업이 생존하기 위해서는 성장해야 한다. 기업이 성장하는데 가장 효율적인 수단 중의 하나가 바로 M&A다. 그런데 M&A의 실패는 성장은 고사하고 생존 자체를 위협할 수 있다. 자칫 잘못하면 한 번의 실수가 기업의 몰락으로 이어지는 것이다. 기업 몰락의 결과는 무엇인가? 다들 너무나도 잘 알고 있듯이, 엄청난 고통과 참담함 바로 그 자체다.

M&A 성공을 위해서 이것만은 반드시 확인하라

자, 여기에서 M&A에서 가장 중요한 일로 여겨지는 기업 실사(Due diligence)에 대해 알아보자. 실사는 M&A할 기업에 대한 현장 조사라고 생각하면 된다. 부동산을 구매하는 경우와 유사하다. 고객은 자신이 관심을 가지고 있는 부동산에 대해 공인중개사에게 요청을 하면 중개사는 고객의 취향, 가격대 등을 고려해서 매물을 찾아 소개해 준다. 이때 고객은 부동산이 있는 현장으로 가서 이런저런 것들을 확인한다. 건물은 튼튼한지, 하자는 없는지, 교통은 괜찮은지 등등을 꼼꼼히 살피고 확인해야 한다. 부동산 현장 조사와 기업 실사는 사전에 점검하고 확인한다는 측면에서 유사한 점이 있다.

보통 실사는 법적인 문제, 재무, 세무, 기술적 문제, 지식재산권 문제 등을 검토할 수 있는 다양한 전문가들로 구성되어 실시된다. 이때 실사 팀의 역량이 아주 중요하다. 실사 팀은 깔끔하게 제공된 문서들뿐만 아니라 눈에 보이지 않는 정보, 다시 말하면 공식 문서로 인쇄되지 않는 정보까지 파악해야 한다. 경쟁정보가 필요한 이유가 여기에 있다. 너무나도 중요한 기업 실사가 단지 기존 문서들에 대한 검토와 현장을 둘러보는 것으로만 종결되어서는 안 된다.

그럼 어떻게 준비를 해야 할까? M&A 계획을 가지고 있는 기업은 자사의 미래 전략과 현재의 역량, 산업의 진화, 경쟁사의 동향 등을 토대로 어떤 기업을 M&A할 것인가를 항시 염두에 두고 있어야 한다. 그리고 때를 기다리는 것이다. M&A 후보 기업들에 대한 분석을 평상시에 해 놓아야 한다는 말이다. 기회는 반드시 오게 마련이다. 어느 순간, 이미 분석이 끝난 기업이 M&A 시장에 매물로 등장한다. 이때 준비된 기업은 독수리가 먹이를 낚아채듯이 재빠르게 인수를 한다. 매물이 등장한 후에 기업을 분석하고 급하게 실사 팀을 구성해서는 성공적인 M&A를 보장할 수 없다.

M&A는 사람으로 말하자면 일생의 반려자를 구하는 것이나 다름없는데 급하게 해서야 되겠는가? 배우자를 선택할 때 외모뿐만 아니라 눈에 보이지 않는 성격, 가치관 등 중요한 요소가 얼마나 많은가? 외모만을 보고 결혼했다가는 십중팔구 파경에 이를 가능성이 크다. M&A도 마찬가지다. 눈에 보이는 성장세, 매출액 등으로만 판단하면 실패하기 십상이다. 모든 M&A에는 목적이 있게 마련이다. 신사업 진출, 시장 점유율 확대 등 나름의 목적이 있다. 따라서 이러한 목적에 맞는 실사 체크 리스트가 정밀하게 만들어져야 한다. 업계에서 사용되는 일반적인 체크 리스트만을 가지고 실사를 해서는 안 된다. M&A할 기업의 산업, 기업 특성, 인수 목적 등에 맞게 맞춤형으로 재구성해야 한다. 또, 실사 때는 필요한 정보에 대해 아주 구체적으로 요구해야 한다. 예컨대, "회사의 모든 재무 정보를 주세요."라고 말하는 것은 좋지 않은 질문이다. 정부 계약 건수와 금액, 금융 및 비 금융권 부채 내역, 어음, 담보 계약서 등등 특정 문서를 상세하게 요구해야 한다. M&A를 당하는 기업 입장에서 보면, 실사 팀이 요구하지도 않는데 기업 평가에 부정적인 자료를 군이 제공할 필요가 있겠는가? 일반적인 실사 항목에는 주주 관련 정보, 자본 정보, 재무 정보, 고객 및 공급사 정보, 계약 정보, 종업원 정보 등으로 구성되어 있다. 표 4-3에서 제시한 10개의 항목은 일반적인 실사 항목과 더불어 기업 인수 시에 반드시 파악해야 하는 것들이지만 간과되고 있으므로 참고해 주길 바란다.

|표 4-3| M&A시 반드시 확인해야 할 10개 항목

1. M&A할 기업의 산업 트렌드와 시장 환경은 어떠한가?

2. 정부의 규제 정책은 어떻게 변화될 것인가?

3. 국내외 주요 경쟁사는 누구이며, 그들은 이 기업을 어떻게 바라보는가?

4. 이 기업의 직원들은 그들의 회사를 어떻게 생각하는가?

5. 업계의 사람들(전후방 기업, 공급사, 유통사)과 고객들은 이 기업을 어떻게 평가 하는가?

6. 이 기업과 유사한 기업이 파산한 사례가 있는가? 있다면, 원인은 무엇인가?

7. 이 기업은 어떤 상품과 서비스가 주 수익원인가? 이러한 것들은 M&A 후 에도 지속적으로 수익원이 될 수 있을 것인가? 그렇다면, 그러한 판단의 근 거는 무엇인가?

8. 제품과 서비스의 유통 경로는 어떠한가?

9. 이 기업을 붕괴시킬 수 있는 파괴적 기술이나 대체재는 무엇인가?

10. 이 기업이 가지고 있는 잠재적 문제는 무엇인가?

기업 스스로 준비해야 M&A의 성공 가능성을 높일 수 있다

M&A를 계획하고 있는 기업은 M&A 후보 기업들에 대한 정보를 수집하여 분석을 할 수 있어야 한다. 물론, 표에서 제시한 10개 항목은 단기간에 입수하고 분석할 수 없다. 그러나 시간을 두고 차분히 준비를 하면 대부분의 정보는 큰 비용을 들이지 않고도 기업이 자체적으로 충분히 확보할 수

있는 정보들이다. 기업이 스스로 준비를 하고 있어야 M&A 추진 시에 실사 팀과의 계약에서 주도권을 가지고 깊이 있는 분석을 요구할 수 있다. 예컨대, 우리 회사는 이미 이 기업에 대한 정보를 수집하여 분석해 놓은 상태임을 실사 팀에 밝히고, 한 단계 더 깊이 있는 정보와 고도의 전문성을 요구하길 바란다. 기업이 M&A 할 기업에 대한 기본적인 정보조차도 없다면 실사 팀은 눈에 보이는 기본적인 정보의 수집과 분석에 대부분의 시간을 할애하느라 정작 중요한 정보에 대한 접근과 분석은 소홀해질 수밖에 없는 것이고, 이는 결국 M&A의 실패로 이어질 수 있다.

소위 내로라하는 해외 컨설팅사와 법무법인, 회계법인 등의 전문가들이 총동원되어 조사, 분석, 평가를 했음에도 불구하고 왜 실패하는 M&A는 계속해서 발생하는 것일까? 다시 한 번 말하지만, 준비되지 않은 채 기업 인수를 덥석 해 버리기 때문이다. 또, 모든 것을 지나치게 외부 전문가들에게 의지하기 때문이다. 앞서 언급한 법인들이나 거래에 관여했던 전문가들은 기업 결합 이벤트가 끝나면 보수를 챙겨서 자기 본업으로 돌아가는 사람들이다.

결국, 남아서 기업을 책임질 사람은 경영진과 직원들이며 이러지도 저러지도 못하면서 애를 태우는 사람은 주주들이다. 사태가 벌어진 후에, 누구를 원망해 본들 아무 소용이 없는 것이다. 물론, M&A와 같은 중요한 일을 할 때는 전문가들에게 일정 부분 위임하는 것이 맞다. 그러나 일머리를 알고 맡기는 것과 일머리도 모르면서 덮어놓고 맡기는 것은 천양지차인 것이다. 잠시 머물다 떠날 외부의 사람들에게 기업의 생존을 결정지을 수도 있는 중요한 비즈니스 거래를 전부 맡겨만 두어서는 안 되는 것이다. 표 4-4는 미국 기업을 M&A 할 때 필요한 정보원을 나타낸 것이므로 참고

해 주길 바란다. 정보수집 전략은 5부의 2장에서 좀 더 자세히 설명하도록
하겠다.

|표 4-4| 미국 기업을 M&A 할 때 필요한 정보원

정보항목	내용	정보원(출처)
기업 개요	법인인증서, 대표자명, 주소, 조직, 자회사, 이사회 승인서, 자산 내역, 소송 자료	기업 홈페이지 (주정부자료, UCC)
주주 정보	주식 수, 주요 주주, 보통주, 우선주, 전환사채, 지분증권, 발행일	SEC(8K,10K 등)
계약 정보	담보대출, 리스, 구매, 공급자, 보험, R&D	UCC, D&B
제품/제조	주생산품, 가격, 경쟁상품, 핵심고객	기업 홈페이지, SNS
정부 규제	각종허가/인증서, 감사/심사보고서	FOIA, 주정부 자료
세금 정보	연방/주 및 해외 기업과의 거래 관련 세금	IRS, UCC
소송/감사	계류 중인 소송, 중재문서, 특별보고서	사법부 자료
종업원/경영	과거와 현재의 노사 이슈, 협약서, 인력정책	SNS, 인터뷰
종업원 복지	연금정책, 의료보험	IRS 401(K)
재무 정보	재무제표, 매출 예측 데이터, 외환거래 내역	SEC 자료
시장 정보	시장 규모, 점유율, 성장률, 경쟁사 정보	협회, 업계 인터뷰
정부 계약	정부 조달 거래 내역	FPDS.GOV, exportcenter. go.kr
자산/환경	부동산/리스, 위험물/건강/안전	UCC, EPA, compass.or.kr
기술/지재권	특허, 상표 및 각종 계약	USPTO, UCC
수출정보	수출입 종류 및 물량	bis.doc.gov, OFAC, pmddtc.state.gov, ECCN

5. 해외 로펌들, 그들은 왜 경쟁정보에 주목하나?

기업뿐만 아니라 글로벌 로펌들 역시 경쟁정보를 활용하여 그들의 차별성을 확보하고 경쟁력을 높이기 위한 노력을 하고 있다. 2009년, 국제법률기술협회(International Legal Technology Association)는 NLJ 250개 로펌(법률저널지인 National Law Journal은 매년 변호사 수를 기준으로 미국의 상위 250개 로펌을 선정하여 발표)을 대상으로 경쟁정보 활용 현황에 대한 조사를 했다. 응답한 로펌의 75%가 경쟁정보 기능을 가지고 있는 것으로 나타났으며, 9%는 앞으로 도입할 계획인 것으로 답했다.

기업 자문 시장에서 경쟁하고 있는 해외의 대형 로펌들은 기업 클라이언트에게 경쟁정보를 제공함으로써 점점 치열해지는 법률시장에서 새로운 매출의 물줄기를 잡고 있다. 우리나라는 2011년부터 2017년까지 법률시장이 단계적으로 거의 다 개방되었다. 요즘 외국계 로펌들이 속속 국내에 진입하고 있다는 언론 보도가 심심치 않게 보도되고 있다. 연매출 100억 원을 돌파한 외국계 로펌도 이미 등장했다. 그러나 국내 로펌들은 이러한 위기 상황을 그저 바라만 보고 있는 듯하다. 여전히 전통적으로 해 왔던 법률 서비스만이 로펌의 업무라고 생각한다. 그런데 앞으로 법률적 자문만으로 경쟁력을 가질 수 있을지는 의문이다. 일부 국내 대형 로펌의 경우 외국 변호사들을 영입하는 등 시장 개방에 대한 준비를 하고 있지만 근본적인 변화를 모색하지는 못하고 있다. 아래 기사는 법률신문 중의 일부를 발췌한 것인데 시사해 주는 바가 크다.

국제거래와 국제중재를 중심으로 한 기업자문 시장이 가장 먼저 타격을 입을 것이며 법률시장이 합작사업체를 통해 국내 변호사를 고용할 수 있는 3단계 개방까지 완료될 경우 외국 로펌과 국내 로펌이 국내 기업자문 시장에서 직접 경쟁하는 일이 비일비재할 것이다. 결국, 비교적 안전지대라고 생각하는 국내 송무 시장에서도 외국 로펌과 치열한 경쟁을 피할 수 없게 될 것이다.

송무 시장은 협정발효 후 5년째 허용되는 3단계 개방부터 외국 로펌과 국내 로펌 간의 본격적인 각축장으로 변질될 것이다. 이렇다 할 능력을 갖추지 못한 변호사들은 송무 시장에서조차 밀려나 변호사 업계의 빈익빈 부익부는 더욱 심화될 것으로 보인다. 법률시장이 개방되면 경쟁에서 밀린 국내 로펌들이 수익을 올리기 위해 개인 변호사들이 주로 맡아왔던 소규모 송무 사건에도 손을 뻗을 것이라는 전망 때문이다.

영국의 로소사이어티의 경우 20명 이상의 국제 업무 전담 직원을 두고 영국 로펌들이 진출해 있는 현지의 각종 정보를 수집, 분석해 로펌들에게 제공하고 있는 것으로 알려져 있다. 로펌과 변호사 단체, 법무부와 사법연수원 및 로스쿨이 협력해 각자의 몫을 다해야 한다(2011년 법률신문).

물론, 아직은 외국계 로펌들이 국내 소송 대리 업무를 당장에 수임하기는 어려울 것이지만 M&A나 기업의 해외시장 진출, 국제 비즈니스 분쟁 등과 같은 굵직굵직한 기업 자문 시장은 상당 부분 잠식당할 것이라는 것은 불을 보듯 훤하다. 국내 로펌들이 기업 자문 시장을 빼앗긴다면 국내 소송 대리만으로 생존하기는 쉽지 않을 것이다. 그렇기 때문에, 기업 자문 시장을 사수하기 위해서는 경쟁정보는 필수다. 글로벌 로펌들의 경우, 경쟁정보 활동을 하고 있지 않거나 경쟁정보 기능이 미흡한 기업 클라이언트에게 경쟁정보를 제공하고 있다. 글로벌 로펌들은 아래와 같은 질문을 통해 기업 클라이언트의 경쟁력 확보를 위한 중요한 정보와 통찰력을 제공하고 있다.

1. 고객사의 비즈니스는 성숙된 산업인가? 아니면, 부상하고 있는 산업인가?
2. 고객사의 산업과 시장은 어떻게 변화될 것인가?
3. 고객사의 현재 그리고 5년 후의 전략적 방향성은 무엇인가?
4. 고객사의 시장 포지션은 무엇인가?
5. 고객사의 주요 고객은 누구인가?
6. 고객사의 주요 경쟁사는 어떤 기업들인가?
7. 고객사가 목표를 달성하는데 제일 큰 장애물과 불확실 요소는 무엇인가?
8. M&A 계획, 설비 확장 등 기업의 미래 플랜은 무엇인가?
9. 신제품 출시, 새로운 서비스 개발을 계획하고 있는가?
10. 국내외 규제는 어떤 방향으로 진행되고 있는가?

예컨대, 기업 클라이언트가 인수 합병을 생각하고 있다. 경쟁정보를 통해서 전통적으로 해 왔던 법률적 자문뿐만 아니라 시장의 경쟁 상황과 M&A 후보 기업 분석 등을 통해 한 걸음 더 들어가는 기업 자문이 가능하다. 다음은 미국에 있는 두 로펌 얘기로 경쟁정보 활용 사례 중의 일부를 간단히 소개하겠다.

고객사를 완벽하게 분석한다

알트앤하든(Arter&Hadden's) LA 사무소의 기업 자문 팀장인 론워너가 투자 유치 설명회(여기서는 각 로펌이 제안서를 제출하고 경쟁하는 자리)가 있다는 소식을 들었을 때는 제안서를 준비할 수 있는 시간이 채 일주일도 남지 않은 상태였다. 만약 이번 계약을 따낸다면 상당한 수익과 함께 로펌이 한 단계 성장할 수 있는 기회가 될 것이라는 것을 론워너는 잘 알고 있었다. 론워너는 어떻게든 이번 프로젝트를 수주하고자 했다. 론워너의 전략은 고객사와 고객의 산업, 경쟁 상황 등에 대한 완전한 이해를 바탕으로 한 차별화 전략이었다. 그는 그의 로펌에 대해 얘기하는 대신에 고객사의 목표와 그것을 어떻게 달성할 것인가에 중점을 두었다. 그는 고객사의 비즈니스와 현재 추진되고 있는 사업에 실질적인 도움을 줄 수 있다는 것을 보여주고자 했다.

물론, 향후 예상되는 법률적 이슈들은 전문적이고 집중적인 컨설팅을 통해 해결할 수 있음을 고객사가 인식할 수 있도록 했다. 론워너와 팀원들은 고객사의 미래에 대한 합리적 플랜을 제시하기 위해 모든 노력을 다했다. 그들은 전문 데이터베이스를 검색하였고, 전문저널, 소송사건 등 고객이 경쟁하고 있는 산업과 관련된 모든 자료들을 조사하고 분석했다. 또한 최근의 유사 사건들에 대해서도 많은 정보와 지식을 가지고 있었다. 프레젠테이션을 하면서 그동안 조사하고 분석한 전문 정보와 시장 상황에 대해 설명했고 다양한 아이디어를 제시했다. 3개의 대형 로펌도 같은 날 프레젠테이션을 마쳤다. 결과는 어떻게 되었겠는가? 당연히 론워너가 계약을 따냈다. 무엇이 다른 로펌들과의 차이를 만들었을까? 기업의 이 프로젝트 담당자는 당시를 이렇게 회고했다. "론워너와 그의 팀원들은 우리 회사의 전략뿐만 아니라 부서 차원에서의 전략까지 제시한 유일한 로펌이었습니다.", "그들의 자질이나 경험만을 제시한 다른 로펌들과 달리 알트앤하든은 우리 회사가 어떤 위치에 있고 직원들이 어떤 일들을 하고 있는지를 가장 잘 파악하고 있는 유일한 로펌이었어요."라고 말했다.

단점을 장점으로 바꿔라

월풀(Whirlpool)이 제조물 책임소송 프로그램을 재설계할 것을 결정하고 17개의 로펌에 제안 요청서(RFP, Request For Proposal)를 보냈다. 당시, 널앤밀러(Nall & Miller) 로펌은 열 명의 변호사가 일을 하고 있었는데 제안 요청서를 받은 로펌 중 가장 작았다. 널앤밀러는 제안서 작성을 위해 전문 컨설턴트를 고용했고, 두 명의 변호사와 신입 변호사, 직원을 중심으로 제안서 작성을 위한 팀을 구성했다. 팀원 모두 로펌의 작은 규모를 강조함으로써 불리할 수도 있는 조직의 규모를 장점으로 바꾸는 것이 가장 중요하다는 것을 알고 있었다. 제안서와 발표에서 작은 로펌이기 때문에 가질 수 있는 장점들을 강조했다. 예컨대, 첨단 기술에 대한 지식이 있는 변호사들이 큰 규모의 로펌 변호사들보다 훨씬 민첩하게 움직일 수 있다는 것을 인식시키기 위해 노력했다.

외부의 컨설턴트는 월풀의 문제 해결을 위한 전문성을 부각시키는데 포커스를 맞추라고 충고했다. 예컨대, 월풀의 요구에 대한 해결과 소송 중심으로 접근하였지만 창조적인 제안들을 제시했다. 특히, 월풀의 강점인 고객과의 파트너십을 통해 소송비용과 시간을 줄이면서 법적 문제들을 해결하기 위한 솔루션을 제시하는데 집중했다. 동시에 월풀의 산업과 시장, 기업 특성에 관한 정보를 수집하고 분석했다. 작은 규모의 로펌도 성공적으로 해낼 수 있다는 것을 보여주기 위해 모든 측면에서 최선을 다하는 한편, 제안서가 시각적으로 인상 깊게 남도록 했다. 설명회 역시 의미 있는 시각 자료들로 준비했고 정보 기술을 접목한 프레젠테이션으로 완벽한 리허설을 했다. 제안서와 설명회는 제안 요청서의 여러 가지 요구 사항들을 모두 충족시키기에 충분했다. 제안 요청서에는 1시간의 구두 설명을 요구했다. 낼앤밀러가 1시간에서 몇 초 모자란 시간에 프레젠테이션을 마쳤을 때 월풀의 CEO는 그의 시계를 보고 이렇게 말을 했다. "1시간, 아주 정확하게 맞추었군요!" 그들의 프레젠테이션은 선택받기에 충분히 빛났다.

기업 공개나 M&A와 같은 굵직굵직한 법률 자문은 로펌의 수입뿐만 아니라 변호사 개인으로서도 인지도를 높일 수 있는 절호의 기회이므로 매우 중요하다. 기업에서 몇몇 로펌에 제안 요청서를 발송하면 로펌에서는 기업의 요청에 맞는 제안서를 제출하는데 이때 어떻게 제안서를 차별성 있게 작성할 것인가, 이것이 아주 중요하다. 물론, 모든 로펌에 발송할 수는 없으므로 주로 등록 변호사 수나 리그 테이블 순위(더벨은 IPO 법률 자문 실적을 기준으로 순위를 발표) 등을 기준으로 몇몇 로펌에 제안 요청서를 발송한다. IPO나 M&A는 대규모 인력을 보유하고 있는 대형 로펌들이 독식하고 있으므로 소규모 로펌들은 실력과 차별화 전략으로 승부할 수밖에 없다.

살아남기 위해서는 변해야 한다

영국의 법률정보 전문기관인 스윗앤맥스웰(Sweet&Maxwell)의 조사에 따르면 로펌 도서관의 기능이 법률 정보 제공에서 비즈니스 정보를 제공하는 방향으로 변하고 있다. 전 세계 50개 로펌을 대상으로 조사한 결과인데, 대부분이 세계 100대 로펌에 포함되어 있다. 약 70%의 로펌 도서관 사서가 시장 정보, 비즈니스 정보를 조사하고 분석하는 업무를 하고 있다. 사서들이 기업 클라이언트의 비즈니스 기회를 탐색하고 포착하는 서비스를 제공함으로써 로펌의 변호사들이 기업 자문을 하는 데 도움을 주고 있는 것이다.

앞으로 국내 로펌들이 살아남기 위해서는 좁은 국내시장에서 넓은 해외 시장, 특히 기업 자문 시장으로 진출할 수밖에 없을 것이다. 따라서 이제는 로펌의 규모와 관계없이 비즈니스 정보 제공을 통해 서비스 차별화를 확보하는 것은 아주 중요하다. 법률 자문과 함께 고객사 비즈니스의 전략적 방향성에 대해 자문해 줄 수 있어야 한다. 영국계, 미국계 로펌들은 한국의 기업 자문 시장을 서서히 잠식할 계획을 세우고 있는데 우리 로펌들이 국내의 좁은 안방시장을 사수하기 위한 노력만을 해서는 경쟁력을 상실하게 될 것이라는 것은 불을 보듯 훤한 것이다.

로펌에서의 경쟁정보의 위치는 법률정보팀, 마케팅팀, 전략개발팀의 교차점 정도가 될 수 있는데 기업 자문의 어느 부문에서 경쟁정보가 새로운 가치를 만들어 낼 수 있을 것인가를 구체적으로 고민해야 한다. 다음은 NLJ 250개 로펌들이 주로 사용하는 경쟁정보 소스의 일부다. 여러분의 로펌은 지금 이런 경쟁정보 소스를 몇 개나 활용하고 있는가?

NLJ 250개 로펌들이 사용하는 경쟁정보 자원		
Bloomberg	Incisive Legal Intelligence	OneSource
Boardex	ISI	PACER
Capital IQ	Lead411	Reference USA
Credit.net	Leadership Directories	SNL Financial
D&B GRS	Lexis	Thomson Financial Services
Deal Pipeline	Lexis AdVantage	VentureSource
Debt Market	Lexis Company Dossier	West Deal Monitor
Dialog	Lexis Courtlink	West IP Monitor
Google	Mergent Online	West Litigation Monitor
Hoovers	MergerMarket	Westlaw
	Newstext	Yahoo Finance
	Nexis	

6. 비즈니스 조기경보 시스템을 풀가동하는 글로벌 기업들

놓쳐 버린 기회, 잘못된 판단, 치명적인 실수의 공통점은 무엇일까? 뒤늦게 깨달아 후회해 본들 아무 소용이 없다는 것이다. 유가가 치솟는 시기에 SUV 자동차의 생산을 확대했다. 디지털 시대가 코앞에 와 있는데 주력 사업으로 필름 사업을 선택했다. 인터넷 버블이 꺼져가고 있는데 닷컴 벤처에 투자를 했다. 모기지 시장이 붕괴 조짐을 보이고 있는데 대규모 주택담보 대출을 승인했다. 지금 생각해 보면 말도 안 되고 한심한 듯이 보이지만 많은 기업들이 이런 곳에 실제로 천문학적인 돈을 투자했다. 그들은 도대체 무슨 생각으로 이런 결정을 했을까? 이와 유사한 실수를 하지 않기 위해 우리는 무엇을 어떻게 해야 할까? 비즈니스 조기경보 시스템이 잘 되어있는 해외기업들은 어떻게 하고 있는지 알아보자.

그들은 산업과 시장의 붕괴를 어떻게 예측하고, 기업의 위기관리를 위해서 어떤 노력들을 하고 있을까? 미국의 경쟁정보 전문 기업인 펄드앤컴퍼니(Fuld&Company)는 차별화된 조기경보 시스템을 운영하고 있는 16개 기업을 선정한 후, 이들 기업의 경쟁정보 책임자 인터뷰를 통해 이들 기업이 가지고 있는 네 가지의 공통된 특성을 발견하였다. 다시 말하면, 이러한 특성들은 이들 기업을 위기관리 베스트 기업으로 만든 성공 요소라고 할 수 있다.

자, 이 네 가지에 대해 간단히 살펴보자. 첫째, 이들 기업이 공통적으로 가지고 있었던 것은 신뢰다. 직원들의 경쟁정보 활동을 CEO가 전폭적으로 신뢰하면서 지원하고 있었다. 둘째는 적절한 투자다. 대부분 적정한 인력과 예산을 가지고 있었다. 셋째는 원활한 커뮤니케이션이다. 시장의 움직임이나 조기경보가 CEO에게 빠르게 전달되고 있었다. 넷째, 적절한 훈련 프로그램이 있었다. 기업의 사업 부문 책임자들이 비즈니스 워게임과 같은 전략 시뮬레이션 워크숍을 통하여 지속적으로 교육과 훈련을 받고 있었다.

이 중에서도 대부분의 경쟁정보 책임자들이 가장 중요한 것으로 꼽은 것은 CEO의 적극적인 지원과 효과적인 내부 커뮤니케이션이었다. 로열 더치 쉘(Royal Dutch Shell)의 경쟁정보 책임자인 칼로즈(Karl Rose)는 "비즈니스 미래 예측을 위한 경쟁정보 활동은 예술과도 같습니다. 왜냐하면, 이 정보 활동이라는 것이 때로는 섬세함이 필요하며, 때로는 집중력이 필요하고, 때로는 발상의 전환과 창의력이 필요하기 때문이지요."라고 말한다. 바로 이런 이유 때문에 어떤 사람이, 어떻게 하는가에 따라 그 결과는 천양지차가 나는 것이다.

물론, 이들 기업의 경쟁정보 조직 구조나 규모는 다양했다. 예컨대, 시나리오 분석으로 미래를 정확하게 예측하는 기업으로 세계적 정평이 나 있는 쉘의 경우 본사에 있는 경쟁정보 팀원은 약 50명 정도다. 이들은 전 세계에서 활동하는 쉘의 글로벌 네트워크와 연계되어 있다. 네트워킹 혁신 기업인 시스코는 경쟁정보를 기업 DNA의 일부, 다시 말해 하나의 기업 문화로 간주하고 있다. 세계적인 칩 생산 기업인 인텔의 모든 임원진들은 전략 개발과 장기 예측을 위한 비즈니스 워게임 워크숍을 정기적으로 개최하고 있었다. 예산 수준도 다양했다. 이번에 조사한 16개 기업들은 연간 10억 원에서 70억 원 정도를 투자하고 있는 것으로 나타났다.

CEO의 관심과 지원이 성공의 지름길이다

조기경보 시스템이 성공하기 위한 가장 중요한 요소 중의 하나가 바로 CEO의 전폭적인 지원이다. 성공적으로 경쟁정보 프로그램을 운영하고 있는 16개 기업 모두 임원급이 경쟁정보 프로그램을 책임지고 있었다. 경쟁 정보 책임자들은 그 어떤 부서도 거치지 않고 CEO에게 직접 보고하거나 CEO로부터 한 단계 정도만 떨어져 있는 것으로 나타났다.

헤이그에 본사를 두고 있는 쉘은 지난 40년 동안 시나리오 분석을 이용 하여 미래의 불확실성을 감지하고 예측하기 위한 노력을 지속적으로 해 왔다. 쉘의 경쟁정보 프로그램은 세계적인 명성을 얻고 있는데 전 세계의 기업들은 물론이고 정부 기관들까지 쉘의 미래 예측 기술을 배우기 위해 줄을 서고 있다. 세계 시장에서 연간 약 4,500억 달러의 매출을 기록함으 로써 월마트와 매출액 선두를 다투고 있는 쉘은 장기 전망에 엄청난 노력 을 기울이고 있다.

쉘의 경쟁정보 책임자인 칼로즈는 이렇게 말한다. "우리는 2050년까지 발생 가능한 모든 붕괴를 예측하기 위한 극한적 타임 프레임을 가지고 있 습니다." 그의 일은 장기 전략 수립을 위한 트렌드를 전망하는 일이다. 앞 서 언급했듯이, 경쟁정보 부서의 인원은 약 50명 정도. 쉘의 규모를 생각 해 볼 때 부서의 규모는 매우 작다고 할 수 있지만 영향력은 상당하다. 이 들 부서는 쉘의 경영진에게 경쟁정보를 직접 제공함으로써 쉘 경영진의 전 략적 판단에 아주 중요한 역할을 하고 있기 때문이다.

쉘은 조기경보를 위해서 시나리오 플래닝(Scenario planning), 정보 분석 (Intelligence analysis), 미래이슈 스캐닝(Horizon scanning) 등의 세 가지 기법을

사용한다. 시나리오 분석을 통해 기업의 미래에 영향을 미칠 수 있는 구조적 동인들이 무엇이고, 이것들이 어떻게 변하고 있는지를 모니터링 함으로써 미래에 발생 가능한 사건들을 예측한다. 정보 분석은 정반대의 프로세스로 진행되고 있다. 정보 분석은 어떤 특정한 사건과 관련하여 여러 동인들 중에서 어떤 동인이 가장 중요하고, 또 이 동인이 어떻게 변해가고 있는지를 정밀하게 밝혀내는 과정이다. 미래이슈 스캐닝은 미래의 이머징 기술을 예측하는 프로세스다. 쉘은 이러한 미래 예측 기법을 공유하자는 제안을 자주 받는다고 칼로즈는 말한다.

정보 경쟁력을 기업 문화로 발전시킨다

모든 기업들이 경쟁정보 프로그램에 많은 투자를 하고 있지만 조직 운영 방식은 달랐다. 어떤 기업들은 중앙 조직에 경쟁정보 기능을 집중시키고 어떤 기업들은 연구 개발이나 마케팅 부서에 경쟁정보 팀을 배치하고 있었다. 집중형이든, 분산형이든 간에 이들 기업들은 경쟁정보를 그들의 기업 문화로 발전시키기 위한 노력을 하고 있었다.

제약사인 와이어스는 2002년 구조조정을 하면서 1990년부터 지속적으로 발전시켜 온 경쟁정보 조직을 없앤 적이 있었다. 와이어스는 구조조정의 시련을 겪은 후에 안정을 되찾게 되자, 전략적 의사결정을 위해서는 경쟁정보가 필수적이라는 것을 다시금 실감하고 메트릭스 조직으로 다시 만들었다. 소비자분석 팀은 헬스케어 관련 기관, 소비자, 환자, 간병인 등을 모니터링하고 경쟁정보 팀은 산업과 규제, 경쟁사 분석에 집중했다. 이 두 팀은 현재 약 60명으로 구성되어 있는데 다양한 전공자들로 되어 있다. 경쟁정보 팀장인 맥헨리는 이렇게 말한다. "어떤 프로필을 가진 사람들이 경쟁 분석을 잘하는지에 대해서는 뭐라고 말하기가 쉽지 않아요. 제 생각에는 전공보다는 소질과 관심이 더 중요한 것 같아요." 이어서 그는 팀원들의 다양성에 대해 말했다. "MBA와 생물학을 공부한 사람, 특허 분석 경험을 가지고 있는 화학 전공자, 은행과 재무 업무 경력을 가지고 있는 사람, 계량 분석과 시장 분석 전문가, 2차 정보를 다루는 정보과학 전문가 등 다양한 분야의 사람들로 구성되어 있습니다."라고 말하면서 맥헨리 자신은 컴퓨터 과학을 공부했다고 말했다.

인텔은 경쟁정보 전문가들이 다양한 부서에서 시장을 스캔하고, 경쟁사를 모니터링하고, 비즈니스 환경을 평가할 수 있도록 조직 전반에 걸쳐 배치하고 있다. 인터뷰에서 "세계 최고의 칩 제조 기업으로서 기술을 넘어서 무엇을 보고 있습니까?"라는 질문을 했다. 인텔의 전략개발 프로그램 책임자인 에반 베렛(Evan Berrett)은 "우리는 항상 폭넓은 트렌드와 이슈들을 보고 있습니다. 우리는 다양한 트렌드와 이슈들을 바라볼 수 있는 민속학자, 사회학자, 인류학자들을 가지고 있습니다. 물론, 많지는 않지만 이들은 매우 뛰어난 사람들이죠. 이러한 인력들은 특정 사업부에 소속되어 있지만 기업의 자산으로 인식되고 있기 때문에 다른 사업부의 요구가 있을 때는 언제든지 도움을 주고 있습니다. 오늘도 아시아에서 몇 년을 보낸 한 인류학자가 인텔의 CEO와 경영진들에게 프레젠테이션을 하도록 되어 있습니다."라고 말한다. "전 세계 사람들을 위해서 우리가 만들 수 있는 것은 무엇일까? 그들은 지금 어떤 기술을 어떻게 사용하고 있는 것일까?" 인텔은 이러한 큰 질문들을 다양한 관점에서 끊임없이 한다고 에반 베렛은 말한다. 인텔과 같은 첨단 산업의 기업에서 인문학자들이 회사의 중요한 의사결정을 지원하고 있는 것이다. 아마도 인텔은 현대 경영학 이론의 한계를 일찌감치 깨달았는지도 모르겠다.

시스코에서 시장 변화를 예측하는 것은 이제 모든 직원들의 일상적인 일이 되었다. 정보 분석 책임자인 마티펄카(Marty Palka)는 시스코의 문화를 개방과 협업이라고 말하면서 이러한 문화 속에서 모든 직원들이 경쟁정보 프로세스에 참여하고 있다고 했다. 혁신, 시장의 움직임, 변화 이끌기와 같은 말들은 이제 특정 부서에서 일부 사람들만이 쓰는 말이 아니라 모든 시스코 직원들이 관심을 가지고 있는 용어가 되었다. 이러한 말들이 기업 문화 속에 내재되어 있고 연구 개발, 영업, 마케팅 등 모든 부서에 퍼져 있다. 또, 모든 직원들이 서로 협력하고 연합하고 새로운 아이디어를 수시로 제안할 수 있는 환경이 만들어져 있다고 마티펄카는 말한다. "우리는 고객사들의 시장 변화를 한발 앞서 예측하기 위해 노력합니다. 고객사들의 산업이 변함에 따라 우리의 고객사들이 변화될 수 있도록 돕기 위해서죠. 우리는 산업과 시장의 변화를 세상 사람들보다 5년에서 10년 정도 미리 알기 위해 노력을 하고 있어요. 이러한 변화들을 조기에 인식함으로써 비전을 만들고, 전략을 차별화하고, 제대로 된 투자를 할 수 있기 때문입니다." 라고 그는 말한다. 고객과 미래에 집중하는 시스코의 문화는 가히 타의 추종을 불허하는 듯하다.

수시로 커뮤니케이션하면서 미래를 준비한다

이들 기업들의 커뮤니케이션 스타일은 다양했다. 중요한 것은 조기경보를 가장 적합한 방법으로 올바른 사람에게 전달하는 것이다. 경쟁정보 담당 직원들은 주요 의사결정자들과 적어도 매달 1-2회 정도 정기적인 미팅을 하고 있는 것으로 나타났다. 와이어스의 경우, 각 브랜드나 제품별로 붕괴를 야기시킬 수 있는 잠재 요소들을 찾기 위해서 적어도 일 년에 2회 이상의 위기관리 워크숍을 개최한다. 따라서 아무리 잘나가는 브랜드나 제품이라도 적어도 두 번 이상은 붕괴에 대한 생각과 준비를 할 수밖에 없는 것이다.

코닝의 비즈니스 전략 수립은 마치 연구 프로젝트와 같이 운영된다. 다니엘(Daniel)은 뉴욕의 코닝 본사에서 특수 유리와 세라믹 제조의 기술 평가를 책임지고 있다. 그는 시장 전문가인 밀스(Mills)와 함께 시장 기술 (Exploratory Markrts & Technology) 그룹도 책임지고 있는데 그는 이렇게 말한다. "우리는 종종 아무것도 없는 한 장의 백지에서 새로운 시장과 기술을 탐색합니다. 물론, 목표는 코닝의 차세대 비즈니스 기회를 찾는 것입니다. 시장 기술 그룹의 분석가들은 적어도 5년에서 20년 정도의 시간 프레임을 바라봅니다. 우리의 시야는 일반 직원들보다는 좀 더 먼 미래를 바라보는 데 집중되어 있어요. 왜냐하면, 우리가 인식한 골치 아픈 문제들의 해결책을 내놓는 데는 보통 15년 정도가 소요된다는 것을 모두가 잘 알고 있기 때문입니다."라고 말한다. 오늘날 많은 기업들의 경영성과 시스템은 어떻게 되어 있는가? 2부에서 얘기했듯이, 단기성과 창출에만 집중할 수밖에 없는 구조로 되어 있다. 매분기, 매년의 성과를 주주들과 이사회에 보고해야 하고, CEO들은 이런 단기성과에 따라 연임이 결정되고 인센티브를 받는다. 코닝의 CEO들은 아마도 그들이 누릴 수 있는 모든 것들을 초월한 듯하다.

체계적인 방법으로 지속적인 훈련을 한다

기업의 경쟁정보 담당자들에게 그들의 업무 중에서 무엇이 가장 어려운지를 물었다. 모두가 하나같이 가장 큰 문제는 CEO들이 조기경보를 제대로 인식하고 준비하도록 만드는 것이라고 했다. 와이어스와 인텔의 경우, 지난 몇 년간 새로운 접근 방식을 시도하였고 모두 긍정적인 결과를 얻었다고 말했다. 두 기업 모두 경영진들이 조기경보 시그널을 감지하고 영향을 평가한 후 경쟁 전략을 수립하기 위해 비즈니스 워게임으로 훈련을 한다고 말했다.

와이어스의 주요 브랜드 책임자들은 일 년에 두 번 개최되는 비즈니스 워게임 워크숍에 참여한다. 이제, 이러한 워크숍은 비즈니스 전략을 수립하는 가장 중요한 장으로 자리를 잡았다. 왜냐하면, 모든 브랜드 팀이 한자리에 모여 일상적인 업무에서 떠나 전략적으로 생각하는 시간을 가질 수 있게 되었기 때문이다.

지난 몇 년 동안 인텔의 베렛은 인텔의 리더십 개발 프로그램에 비즈니스 워게임을 도입하였다. 인텔은 경영진이 사업부서와 함께 매년 3회 정도의 워게임을 하고 있는 것으로 나타났다. 그런데 최근에는 시장 변화에 대응하고 미래 전략을 개발하기 위해 오히려 사업부서에서 워게임을 요구하는 빈도가 늘어났다고 한다. 베렛은 "이제는 모든 사업부서가 비즈니스 전략에 대한 책임을 지고 있기 때문에 경쟁 환경이 어떻게 변해가고 있는지를 이해할 필요성이 있습니다. 특히, 산업의 변화가 우리가 지금 하고 있는 일들을 어떤 방식으로 붕괴시킬 수 있을 것인가에 대한 정확한 이해가 필요합니다. 우리는 붕괴 방정식의 양면을 모두 접촉하고 있기 때문에 이제 붕괴라는 말은 우리의 일상용어가 되었지요. 어떤 영역에서 우리는 붕괴자가 되기도 하고, 붕괴를 당하기도 하기 때문입니다."라고 말한다. 이제는 전략 부서가 따로 없는 듯하다. 모든 부서가 미래를 예측하면서 전략적으로 일을 해야 하는 것이다. 너무나 당연한 말이지만, 연습과 훈련만이 경쟁력을 유지할 수 있는 유일한 방법이다. 여기에는 기업의 전략도 예외일수 없다.

눈에 보이지 않는 기업의 자산은 무엇인가?

지금까지 비즈니스 조기경보가 성공적으로 작동되기 위한 네 가지 요소에 대해 살펴봤다. 기업이 조기경보를 통해 미래를 준비하는데 필요한 것은 최신의 경영학 용어로 포장된 화려한 프레젠테이션 자료나 두꺼운 시장 보고서와 같은 것들이 아니다. 기업의 비즈니스에 영향을 미치는 다양한 요소들에 대해 지속적인 조사와 분석, 토론을 통해서 정보와 의견이 교환되고 정제됨으로서 시장 시그널의 실체를 정확히 인식할 수 있고, 이와 같은 과정을 통해서 마침내 제대로 된 의사결정을 할 수 있는 것이다. 그렇기 때문에, 이러한 의사결정 과정은 눈에 보이지 않는 기업의 자산이라고 할 수 있다. 경쟁사가 하니까 우리도 한번 해 보자는 식으로 조직 만들고 예산만 투입해서 되는 것이 아니다. 꾸준한 투자와 훈련, CEO와 직원들의 공감대 형성과 커뮤니케이션, 모두가 참여하고 서로를 존중하는 조직 문화 등이 종합적으로 어우러져야만 제대로 된 경쟁정보를 수집할 수 있고, 이러한 정보를 기반으로 조기경보 시스템이 제 기능을 하는 것이다. 물론, 이러한 조기경보 시스템을 운영한다고 해서 산업과 시장의 붕괴, 기업의 위기를 100% 정확히 예측할 수는 없다. 그렇지만 제때에 정확한 의사결정을 할 확률을 높일 수 있다는 것은 분명하다. 그렇지 않고서야, 지금까지 살펴본 기업들이 왜 그렇게 오랜 시간 동안 이런 프로그램에 투자를 해 왔겠는가?

제5부

비즈니스 기회와 위기, 어떻게 감지할 것인가?

Competitive Intelligence

1장
곳곳에서 감지되고 있는 시그널들

비즈니스 기회를 포착하고 위기를 감지하기 위해서는 우리 회사와 관련되어 있는 산업이 어떻게 변해가고 있는지를 면밀히 살펴야 한다. 이것은 자사의 제품이나 서비스 관점에서 한걸음 떨어져 보다 넓은 시각에서 산업을 바라볼 수 있어야 한다는 말이다. 물론, 이것은 쉽지 않다. 산업의 변화라는 것이 누구나 확연하게 인식할 수 있도록 하루아침에 변하는 것이 아니고 시나브로 변하기 때문이다.

지금부터 자동차 산업, 교육 산업, 제약 산업 등 세 개의 산업을 중심으로 어떠한 변화들이 진행되고 있는지를 살펴본 후, 해외시장의 환경 변화와 기존 대기업들에게 위협적으로 다가오는 붕괴 시그널에 대해 하나하나 알아보자.

1. 변화의 중심에 서 있는 자동차 산업

자동차 산업에서는 두 가지가 산업을 완전히 붕괴시킬 것으로 보인다. 너무나 잘 알려져 있듯이 하나는 자동차 자율 주행 기술이고 다른 하나는 카쉐어링과 같은 공유 비즈니스 모델이다. 다른 시각에서 보면, 이 두 가지는 혁신의 기회가 될 수도 있는 것이다. 이러한 것들이 붕괴의 위협으로 다가올지 아니면 혁신의 기회로 다가올지는 아직 불확실하지만 이 두 가지가 우리의 생활과 산업을 완전히 변화시킬 파괴력을 가지고 있다는 것은 분명해 보인다.

카쉐어링은 자동차의 잠재 수요를 끄집어내고 에너지와 환경 문제를 해결할 수 있는 대안으로 등장한 공유 경제의 한 유형이다. 미국의 20-30대 학생, 주부, 젊은 직장인들을 중심으로 시작되어 지금 전 세계로 확산되고 있다. 이들은 평소에는 대중교통을 이용하지만 단거리 여행 등 차가 급하게 필요할 때 카쉐어링 서비스를 이용한다. 미국의 집카(Zipcar)가 대표적인 기업으로 2011년 나스닥 상장 후 1조 원 이상의 기업으로 급성장했다.

포드 자동차의 CEO인 마크 필드(Mark Field)는 2015년 국제 소비자 가전 박람회(CES)의 개막 기조연설에서 스마트 모빌리티(Smart Mobility)라는 자동차 공유 모델에 대해 발표했는데, 여기에서 그는 자동차 산업의 혁신과 미래는 공유에 달려 있다고 말했다. 집카, 우버, 리프트와 같은 차량 공유 기업이 아니라 미국의 대표적인 완성차 기업이 차량 공유 서비스를 주도하고 있다는 점에서 주의 깊게 볼 필요가 있다. 포드가 주도하는 차량 공유 모델인 카스왑(Car Swap)은 현재 디트로이트 인근 도시인 디어본에서 시험 중이다.

우리나라에서도 우버 택시와 같은 공유 모델이 사회적 이슈가 된 적이 있고 아직도 해결되지 않았다. 법제도 개선, 사회적 합의 등 공유 모델이 정착되기까지는 이런저런 해결해야 할 문제들이 아직 많지만 전 세계적으로 확산되고 있는 공유 경제의 쓰나미는 거스를 수 없는 트렌드임이 분명하다.

현재 지구상에 얼마나 많은 차들이 있는가, 그런데 이러한 차들의 95%는 쉬고 있다. 말할 수 없을 만큼의 낭비가 있는 것이다. 카쉐어링을 통해 차량 수를 90%까지 감소시킬 수 있다. 엄청난 주차 공간도 필요 없게 된다. 이것은 단지 자동차 산업만의 변화를 말하는 것이 아니다. 여러분 회사와 관련된 산업, 여러분 회사의 미래가 어떻게 변화될 것인가를 예측할 수 있는 중요한 시그널을 주는 것이다.

또, 자율 주행 시스템은 자동차 산업뿐만 아니라 우리의 사회, 경제, 일상생활 전반에 걸쳐 파격적인 변화를 줄 것이다. 더 이상 교통경찰이 필요 없고 면허증이 필요 없을 것이다. 자동차 보험도 필요 없을 것이다. 모든 것이 변화될 것이다. 자동차 사고의 90%가 운전자 과실로 발생한다는 것을 생각하면 그야말로 혁명적인 것이다. 세계보건기구에 따르면 전 세계적으로 매년 130만 명의 사람들이 교통사고로 사망한다. 이 얼마나 안타까운 일인가, 구글과 같은 IT 공룡 기업들이 주도하는 자율 주행 차는 바퀴는 엔진이 돌리고 운전은 사람이 한다는 자동차의 정의를 거침없이 무너뜨리고 있다. 우리는 일상의 15%를 출퇴근을 위한 운전에 소비하고 있다. 이 시간을 좀 더 생산적인 데 쓸 수 있는 것이다. 이러한 시간을 경제적인 효과로 환산한다면 얼마나 될까?

구글은 2009년부터 지금까지 자율 주행 차에 대한 시험 주행을 하고 있다. 그동안 약 200만km를 운행했는데 이 기간에 발생한 17번의 사고를 공개했다. 모두 경미한 사고로 자율 주행 차가 가해 차량이 된 경우는 단 한 차례뿐이고 대부분은 정지 중 다른 차들이 추돌한 경우다. 단 한 차례의 사고도 2016년 2월에 버스와 가벼운 접촉사고를 낸 것이 전부였다. 저자는 구글 옹호론자도 아니고 기술 만능주의자도 아니다. 그러나 이것이 오늘의 현실이다. 2012년에 미국의 네바다, 캘리포니아 등 7개의 주에서 자율 주행 차의 시험 주행을 합법화 하였고 2016년 12월에는 미시간 주에서 자율 주행 차의 판매와 운전이 처음으로 합법화되었다. 이제는 일반인들도 자율 주행 차를 사용할 수 있는 것이다. 이것이 바로 우리가 미래에 집중을 해야만 하는 이유다.

그러나 역사적으로 봤을 때 혁신과 도전에는 항상 저항이 따르게 마련이다. 앞으로 자율 주행 차가 완전히 정착하기까지는 해킹과 같은 보안 문제와 싸울 것이고, 사람이 운전대를 잡아야 한다는 고정관념과 싸울 것이고 또, 각종 규제와 싸울 것이고 이해 관계자들의 로비와 싸울 것이다. 그러나 분명한 것은, 험난한 여정이 예상되지만 산업과 시장과 기술은 어김없이 바뀌어 간다는 것이다.

테슬러(Tesla) 얘기를 잠시 해 보자. 모험을 두려워하지 않는 인물로 알려진 테슬러사의 CEO인 엘론 머스크(Elon Musk)는 신생 기업 스페이스 엑스(SpaceX)를 만들었는데 이 회사는 최소의 비용으로 우주선을 쏘아 올려 국제 우주 정거장과 도킹시켰다. 처음에는 모든 사람들의 비웃음을 샀지만 결국 실현시켰다. 최근에 선보인 순수 전기 자동차 Model S도 모든 사람들이 불가능하다고 생각한 것을 가능하게 한 사례다. 기존의 전기 자동차들이 1회 충전으로 100km 정도를 주행하는 데 비해 Model S는 426km

를 달려 가솔린 자동차의 주행 거리를 달성했다.

Model S는 2016년에 총 5만 935대를 판매하며 글로벌 전기 자동차 판매량 1위를 기록했다. Model S의 인기로 2010년 나스닥 상장 당시, 19달러였던 테슬러의 주가는 340달러(2017. 8)를 기록하고 있다. 또, 2016년 4월에 출시된 모델 3는 이틀 만에 25만 대 예약을 기록했다. 전기 자동차는 안 된다고 기존의 완성차 기업들이 회의적일 때 엘론 머스크는 전기 자동차 중의 최고가 아니라 모든 차 중의 최고를 만들겠다며 시장에 뛰어들었다. 테슬러의 전기 자동차 열풍이 일시적이든 아니든 테슬러는 새로운 시그널을 제시하고 있는 것만은 분명해 보인다.

자, 비즈니스 역사를 더듬어 보자. 새로운 변화의 물결을 부정하거나 늦장 대응한 기업 중에서 고난과 참담함을 겪지 않은 경우를 찾아볼 수 없다. 우리 기업들은 이러한 모든 변화에 대해 심도 있게 논의하고 준비를 해야 한다. 이러한 과정을 통해 시장의 충족되지 않는 니즈와 욕구를 발견할 수 있기 때문이다.

2. 붕괴가 임박해 있는 교육 산업

붕괴 위기가 임박해 있는 또 하나의 산업은 대학 교육 산업이다. 대학 교육을 산업으로 표현하는데 거부감을 가지고 있는 사람이 있을지도 모르겠다. 하지만, 대학 교육에는 엄연한 이해 당사자들이 있고 학문 연구와 더불어 서비스 활동을 직간접적으로 하고 있다는 점을 감안하면 산업으로 분류해도 무리가 없다고 생각한다. 그럼, 대학 교육의 이해 당사자들은 누구인가? 학생, 대학, 기업, 정부 등이다. 그런데 지금, 모든 이해 당사자들이 불만을 토로하면서 만족하지 못하고 있다. 학생들은 감당할 수 없는 학비에 불만이다. 우리나라의 대학생 160만 명이 학자금 대출을 받고 있는데 누적 금액이 무려 약 12조원(2016년 기준)에 이른다. 감당할 수 없을 정도의 대출금으로 인해 사회 첫발부터 모라토리엄(moratorium) 늪에 빠지는 경우가 늘고 있다.

또, 어렵게 대학을 졸업해도 직장을 잡지 못해 불만이다. 기업은 기업이 필요로 하는 인력을 구할 수 없다고 불만이고 대학을 졸업한 학생들을 또다시 교육시켜야 한다며 불만이다. 대학은 대학대로 점점 높아지고 있는 재정 압박으로 인해 불만이다. 정부는 또 정부대로 낮은 고용율과 사회 경제적 효과가 미흡한 것에 만족하지 못하고 있다. 이해 당사자들 모두가 불만인 가운데 그동안 쌓여 왔던 불만의 분출구들이 하나둘씩 터지고 있다. 이는 우리나라뿐만 아니라 미국, 유럽 등 전 세계적으로 대부분의 나라들이 겪고 있는 현상이다.

최근에 발생한 경고 시그널이 하나 있다. 스탠포드 대학의 한 통계학 교수 얘기다. 그는 그가 가르치는 통계학 코스를 인터넷에 올려놓고 누구나 무료로 강의를 듣게 한 후 평가를 하였다. 첫 번째 코스에서 17만 명의 학생들이 등록을 했다. 그중에 80%는 대학 졸업자들이었는데 그들은 팀워크를 이루면서 코스를 마쳤고, 성적은 스탠포드 학생들보다 좋았다. 그는 온라인 강의에 전념하기 위해 대학에 사직서를 제출했다. 그가 평생 동안 스탠포드에서 가르칠 학생들보다 1년 동안에 더 많은 학생들을 가르칠 수 있다고 했다. 두 번째 코스에서는 21만 5천 명이 등록했다. 이것은 하나의 사례에 불과하지만 시사하는 바는 적지 않다.

자, 현재의 대학 교육 시스템은 어떤가? 한마디로 말해, 유연성이 전혀 없다. 전 세계의 상위 2-3%만이 제대로 된 교육을 받고 있고 60억의 사람들이 교육에서 소외되어 있다. 이런 이유로 인해 전 세계적으로 교육 시스템의 효율성을 높이고 불평등을 해소하기 위한 변화가 가속화되고 있다. 오늘날, 교육의 불평등은 부의 불평등으로 이어지기 때문이다. 이러한 불평등을 해소하기 위한 대안으로 떠오르고 있는 것이 온라인 교육 시스템이다.

그런데 지금 생각보다 빠르게 온라인으로의 전환이 진행되고 있다. 온라인 교육을 통해 발급되는 학위나 자격증이 엄청나게 증가하고 있다. 개인의 시간과 특성에 맞게 완전한 맞춤형 교육을 할 수 있기 때문이다. 지금의 온라인 교육은 예전처럼 일 방향으로 동영상만을 시청하는 것을 의미하는 것이 아니다. 다양한 학습 도구와 정보기술이 동원되면서 강의실 교육보다 훨씬 더 효율적으로 진행되고 있다. 앞으로는 대학 교육뿐만 아니라 우리 인생 전반에 걸쳐서 온라인 교육이 확산될 것이다. 물론, 온라인 교육 시스템이 해결해야 할 문제들도 분명히 있다. 그러나 온라인 교육으로의 이동은 급속히 진행되고 있다. 이것이 현실이다. 우리는 여기에서 사람들의 충족되지 않은 욕구가 얼마나 많은지를 볼 수 있다. 그리고 이러한 욕구는 결국, 혁신의 기회가 되는 것이다.

최근 미국 변호사 시험에 합격한 한 여성의 언론 기사가 화제가 된 적이 있다. 이 여성은 흥분된 모습으로 인터뷰를 했다. 캘리포니아 주 변호사 시험에 한 번에 합격했는데 온라인으로만 공부했다고 했다. 예전에는 상상할 수도 없는 일이었다. 만약 여러분이 변호사를 뽑아야 한다면 온라인 학위로 공부한 변호사를 채용하겠는가? 아니면 하버드 출신의 변호사를 채용하겠는가? 아마도 대부분은 하버드 출신을 채용하겠다고 할 것이다. 그러나 미래에는 대학 브랜드가 지금과 같이 중요하지 않을 것이다. 왜냐하면, 대학 브랜드가 서서히 몰락하고 있기 때문이다. 가격과 품질 경쟁력이 있는 무명의 브랜드가 SNS나 소비자 입소문을 통해 급속히 확산되면서 맹목적으로 명품 브랜드만을 찾는 시대가 끝나가고 있는 것처럼, 맹목적으로 대학 브랜드만을 찾는 시대가 끝나가고 있기 때문이다.

물론, 명문 대학들의 브랜드가 하루아침에 그 명성을 잃지는 않을 것이고, 기업 브랜드 명성과 대학 브랜드 명성이 똑같은 방향으로 몰락할 것이라고 단언할 수는 없다. 하지만, 지금 대학의 파괴적 혁신이 서서히 진행되고 있다는 것은 부인할 수 없는 사실이기 때문에 많은 대학들이 머지않아 존립의 위기에 직면할 것이다. 최근 급속히 진행되고 있는 인구의 감소까지 감안하면 상황은 더 심각해질 것이다.

그렇다면 대학들은 어떻게 해야만 하는가? 기업들과의 협력 관계를 통해 기업 맞춤형 교육을 강화해야 하며 학생들뿐만 아니라 일반인들에게 제공할 다양한 교육 프로그램을 개발해야 한다. 또, 온라인 교육 기관들과의 코피티션(Co-opetition, 경쟁자들과의 협력)을 통해 상생 방안을 모색해야 할 것이다. 이를 위해서 빠르게 변화하는 무크(MOOC, 대중을 위한 오픈 온라인 코스)와 점점 증가하고 있는 기업 대학들의 움직임을 추적하는 것은 너무나 당연한 일이다. 파괴적 혁신에 대한 보다 자세한 내용은 하버드 경영대학의 클레이튼 크리스텐슨(Clayton M. Christensen) 교수가 쓴 『파괴적 의료 혁신』을 참고해 주기 바란다. 3부에서도 소개했지만, 의료 혁신뿐만 아니라 산업과 시장의 변화에 대한 통찰력을 얻는데 저자는 이만한 책을 보지 못했다.

3. 베일이 벗겨지고 있는 제약 산업

제약 산업이 어떻게 변화되고 있는지 살펴보자. 제약 산업의 특성상 의사와 약사라는 전문가들에 의해 의약품이 유통되고 평가될 수밖에 없는 구조이기 때문에 소비자들은 항상 수동적이었고 제한적인 정보만을 가지고 있었다. 한마디로 말하면, 정보 비대칭이 가장 심한 산업이었다. 그런데 최근 들어 제약 산업의 투명성에 대한 요구가 상당히 거세지고 있고, 이로 인해 모든 것들이 투명해질 수밖에 없는 구조로 바뀌어 가고 있다. 우선, 가장 큰 시장인 미국에서의 변화를 중심으로 알아보자.

지금 미국은 지난 수십 년간 베일에 가려 있었던 제약 산업의 비밀을 벗기고 투명성을 확대하기 위한 움직임들이 여기저기에서 빠르게 진행되고 있다. 그런데 이런 투명성 확보가 시급할 수밖에 없는 가장 큰 이유 중의 하나가 제약 산업 명성의 추락이다. 미국의 여론조사 전문 업체인 해리스 인터액티브(Harris Interactive)의 산업별 명성 조사에 의하면 제약 산업은 21개 산업 중 가장 인기가 없는 산업 군에 속한다. 제약 산업의 이러한 형편 없는 평판이 새삼스러운 것은 아니지만 상황은 점점 더 나빠지고 있다. 이러한 평판의 위기로 인해 제약사들은 임상 실험 결과를 적극적으로 알리고, 회사의 전략을 홍보하고, 약값을 미리 공개하는 등의 다양한 노력을 하고 있다.

아스트라제니카의 전략 담당자는 이런 말을 한다. "제약 산업은 거의 바닥까지 와 있어요. 담배 산업보다 바로 한 등급 위에 있습니다." 2000년대로 접어들면서 제약 업계는 벌금과 분쟁의 합의 비용으로만 매년 수십 억 달러를 지불하고 있다. 2014년 리서치 기업인 페이션트뷰(Patient View)가 전 세계 600개 환자 그룹을 대상으로 29개 글로벌 제약사들의 평판을 조사한 결과, 2011년에 비해 더 하락한 것으로 나타났다. 자, 그럼 이런 상황에서 제약 산업의 투명성을 확보하기 위한 움직임들이 어떤 형태로 어떻게 표출되고 있는지 살펴보자.

첫 번째 움직임은 의약품의 가격과 관련되어 있다. 미국은 전통적으로 모든 산업에서 가격 결정권을 정부가 행사하지 않고 대부분 시장에 맡겨 두었다. 제약 산업도 예외가 아니었다. 그런데 1990년대 초반에 의약품에 대한 가격 통제가 곧 임박 할 것이라는 얘기가 있었다. 그러나 많은 사람들이 믿지 않았다. 왜냐하면, 정부가 헬스케어와 제약업계를 개혁하려다가 실패한 사례들을 수없이 목격했기 때문이다. 물론, 1990년대 당시에도 결국 가격 통제는 없었기 때문에 제약 업계는 안도의 한숨을 쉬었다. 그러나 지금은 상황이 다르다. 오바마의 의료보험 개혁으로 금융위기 이후 잠잠했던 의료비용이 다시 상승하기 시작했기 때문이다. 물론, 지금의 트럼프 대통령은 의료비 상승 문제를 집요하게 물고 늘어지면서 오바마 케어를 원점으로 돌리려고 하고 있다.

결론이 어떻게 되든지 간에, 미국 정부 입장에서 보면 이제 더 이상 시장 개입을 하지 않으면 안 될 상황까지 온 것은 분명해 보인다. 사실, 이러한 가격 통제 정책은 미국뿐만 아니라 서유럽, 캐나다 등에서 지금 가장 큰 이슈가 되고 있다. 물론, 미국 의회는 청문회 등을 통해 제약사들의 불평을 듣고는 있다. 제약사들이 말하는 불평의 핵심은 이런 것이다. 가격 통제는 제약사 연구 개발 투자의 목을 쬠으로써 결국, 신약 개발이 불가능 할 것이라는 주장이다. 그러나 환자와 시민단체들은 그들이 감당할 수 없는 일부 의약품의 높은 판매가에 대한 항의 시위와 온라인을 통한 공감대 형성 운동 등을 통해 정치권이 개입할 수밖에 없는 상황으로 만들어 가고 있다. 여러 시그널들을 종합해 볼 때 현재와 같이 시장에 맡겨 두는 미국의 의약품 가격 정책은 곧 막을 내릴 것으로 보인다.

우리나라도 신약 약가 협상, 실거래 제도, 제네릭 대체 조제, 급여 결정 문제 등 제약 시장을 둘러싼 변화의 바람이 점점 거세지고 있다. 미국의 보스턴 컨설팅그룹(BCG)에 의하면 세계 각국의 의료개혁에서 항상 감초처럼 거론되고 있는 정부의 의약품 가격에 대한 통제나 개입은 장기적 차원에서 의료비 절감 효과를 거두지 못할 것이고 환자들이 새로운 치료법에 접근하는 기회를 차단함으로써 오히려 역효과를 초래할 것이라는 보고서를 발표한 바 있다. 한 마디로 제약사들의 신약 개발 동기를 꺾을 것이라는 분석이다. 그러나 다른 한편으로 생각해 보면, 과연 제약사들이 지금까지 쌓아 놓은 막대한 수익을 연구 개발에 충분히 투자해 왔는가에 대해서도 냉철하게 생각해 봐야 한다. 왜냐하면, 우리나라의 경우만 보더라도 많은 제약사들이 병원과 약국에 대한 마케팅, 이른바 디테일링에 과도하게 치중해 온 것도 사실이기 때문이다.

두 번째 움직임은 점점 더 엄격해지는 정부의 관리 시스템이다. 미국 정부는 제약사의 내부 정보로만 여겨졌던 것들을 공개하기 위한 노력을 지속적으로 하고 있다. 가장 대표적인 것 중의 하나가 임상 실험 결과를 FDA에 등록하고 공시하는 제도다. FDA는 제약사들이 임상 실험 결과를 등록 사이트(www.clinicaltrials.gov)에 의무적으로 등록하고 공시하도록 했다.

세 번째 움직임은 보건경제학(Health economics)의 발달과 똑똑해진 감시기관들의 등장이다. 과거에는 기존의 약에 약간의 차별성이나 변화를 준 약들도 병원의 처방집에 쉽게 올라갔다. 그러나 지금은 그렇지가 않다. 예전과 달리 등록기관들은 기존의 약과 비교하여 어떤 현저한 이점들이 있는지를 철저하게 증명할 것을 요구하고 있다. 제약 산업은 규제기관의 영향력이 가장 큰 산업 중의 하나다. 따라서 이들 기관의 정책 방향을 미리 예측하고 파악하는 것은 아무리 강조해도 지나치지 않다. 이 중 잘 알려져 있지 않지만 특히 주목해야 할 기관이 하나 있다. 바로 미국보건의료 품질연구소(AHRQ, Agency for Healthcare Research and Quality)다. 이 기관은 현재의 헬스케어 시스템과 보건 경제학을 접목시키는 역할, 비교의학(comparative effectiveness) 연구, 제도 개선 업무 등을 하고 있는데, 향후 제약 업계 이윤의 폭을 결정짓는 아주 중요한 역할을 할 것으로 보인다. 따라서 보건의료 품질연구소 주요 인사들의 신문 칼럼이나 인터뷰, SNS 등에서 논의되고 있는 내용들은 앞으로 정책이나 규제로 이어질 수 있는 가능성이 크기 때문에 면밀하게 체크할 필요가 있다.

네 번째 움직임은 돈과 관련되어 있다. 제약사들은 점점 얇아지는 수입구조로 인하여 임상 초기 파이프라인에 관심을 갖기 시작했다. 2000년대 전까지만 해도 제약사들은 초기 단계의 프로그램에 대해서는 별로 관심을 두지 않았다. 그러나 바이오 산업의 부상으로 인해 초기 파이프라인에 대한 관심도는 상당히 높아졌다. 그럼에도 불구하고, 제약사의 초기 R&D 프로그램은 여전히 큰 위험성을 안고 있고 신약 개발 실패는 주가를 급락시키고 시장에서의 입지를 약화시킨다.

브리스톨 마이어스 스큅(Bristol-Myers Squibb, BMS)은 지난 2000년에 회사의 차세대 블록버스터로 생각되었던 항고혈압제 반레브(Vanlev)의 부작용이 알려졌을 때 엄청난 어려움을 겪었다. 결국 브리스톨은 신약 신청을 포기했고, 주가는 거의 40%나 급락했다. 이와 같이 기업에 막대한 손실을 줄 수 있는 소송과 잠재적인 위협으로 인해 많은 제약사들이 변하고 있다. 신약의 부작용이나 문제점이 뒤늦게 발견되면 수습이 불가능할 지경에 이를 수도 있기 때문에 제약사들은 임상 전 과정에 걸친 효과와 부작용을 더욱 적극적으로 공표하고 있다.

다섯 번째 움직임은 환자들의 적극적인 참여다. 환자들은 인터넷에서 임상 실험에 관한 정보를 수시로 접하고 있을 뿐만 아니라 실제로 임상 실험에 적지 않은 영향을 미치고 있다. 오늘날의 환자들은 많은 것을 알고 있기 때문에 많은 것을 요구한다. 그들은 그들에게 투약될 약을 결정할 권리와 최고의 치료를 받을 권리를 주장한다. 어떤 환자 그룹은 개발 초기 단계에 있는 약들을 의사보다 먼저 발견한 후 새로운 치료약을 쓸 것을 의사들에게 요구하기도 한다. 실제로 노바티스(Novartis)의 전 CEO인 바셀라(Vasella)는 환자들의 적극적인 요구로 인해 예정보다 빨리 신약을 출시하는 경우가 많았다고 했다.

지금까지 제약 산업의 변화를 이끌고 있는 다양한 움직임에 대해 살펴봤다. 물론, 이러한 것들이 전부는 아닐 것이고 부문별로 좀 더 디테일한 모니터링이 필요할 것이다. 한 조사 결과에 따르면 제약 업계가 경쟁정보를 가장 잘 활용하는 것으로 나타났다. 제약사들은 왜 경쟁정보 활동을 그토록 열심히 할까? 모든 산업이 마찬가지겠지만, 특히 제약 산업에서의 한 번의 실수는 기업에게 엄청난 타격을 준다. 제약 산업의 특성상 어마어마한 연구 개발비와 10년 이상 소요되는 연구 기간을 생각할 때 잘못된 의사결정은 치명적일 수밖에 없기 때문이다.

바로 이와 같은 이유 때문에, 경쟁 환경을 모니터링하고 예측하는 것은 모든 제약사들에게 일상적인 활동이 되었다. 경쟁사의 포트폴리오 변화와 연구 개발 동향 모니터링, 임상 실험과 특허 분석, 판매 정책과 조직 구조, 경쟁 약품의 포지셔닝 분석, 환자들의 불만과 움직임, 각종 규제, 자사에 위협을 줄 수 있는 인수 합병의 영향 등을 정확하게 인식하고 대응하지 않으면 생존할 수 없는 산업으로 변해가고 있기 때문이다.

4. 변하고 있는 해외시장

한때 브릭(Brazil, Russia, India And China, BRIC) 시장이 황금알을 낳는 거위로 여겨지면서 모든 기업들이 앞다투어 이 시장에 진출했다. 한 글로벌 시장 조사 기관은 2012년 발간된 보고서에서 브릭을 제약사들의 미래 성장을 뒷받침할 수 있는 시장이라며 한껏 부풀렸다. 2011년 3월, 한 경제 전문지의 기사를 보자. 독일의 제약사 바이엘(Bayer)이 2015년까지 브릭 국가로부터 100억 유로의 매출을 전망한다는 내용이다.

당시 전 세계의 수많은 기업들이 브릭을 성장 엔진으로 보고 너 나 할 것 없이 일단 진출하고 보자는 분위기였다. 제약 업계도 예외가 아니었다. 미국과 유럽에서의 경쟁이 치열해지면서 성장이 둔화되자, 제약사들도 새로운 시장으로 브릭 진출을 앞 다투어 추진했다. 전 세계 인구의 50%를 차지하고 있는 이 이머징 시장은 글로벌 제약사들에게 놓칠 수 없는 기회임에 분명했다. 브릭은 엄청난 경제 성장률을 보이고 있었고, 정부 주도하에 진행되는 의료 개혁 등 제약 시장의 잠재력도 분명히 컸다. 모두들 브릭의 꿈에 한껏 부풀어 있었다.

그런데 브릭 시장이 그렇게 환상적이기만 했을까? 자, 이제 몇 년이 지났다. 이 시장에 진출한 글로벌 제약사들은 어떻게 되었을까? 장밋빛 전망만으로 진출했다가 현지 제약사들의 공격, 현지 정부의 가격통제 등으로 곤욕을 치른 경우가 허다했다. 진출 대상 국가의 정책, 규제, 의료개혁 방향 등 시장 환경에 대한 조사와 분석을 제대로 하지 않고 진출했다가 큰 낭패를 본 것이다. 몇몇 사례를 보자.

우선, 해외 기업들을 견제하기 위한 중국의 가격통제 정책이 어떻게 전개되고 있는지 살펴보자. 중국 정부는 다국적 제약사들의 담합과 폭리 여부를 조사하는 등 약품 가격 시스템을 바꾸기 위한 시도를 하고 있다. 2013년, 중국 국가발전개혁위원회는 다국적 제약사를 포함한 제약사 60곳의 원가와 가격 구조에 대한 일제 조사를 한 바 있다. 속내는 다국적 제약사들의 폭리를 견제하겠다는 것이다. 자동차, 정보 통신 분야의 다국적 기업들을 상대로 한 견제가 제약사들을 향하고 있었다.

미국의 오바마 대통령이 전 국민 의료보험 가입을 위한 헬스케어 혁신을 추진했듯이 현재의 중국 정부도 전 국민이 의료 혜택을 골고루 받을 수 있는 정책을 펼치고 있다. 그러나 현재의 약가 시스템으로서는 중국 정부에게 엄청난 부담이기 때문에 중국 정부가 노리는 것은 결국, 글로벌 제약사들의 약가 인하였던 것이다.

이번에는 인도의 경우를 보자. 2012년에 독일의 제약사 바이엘에게 어떤 일이 발생했는지를 알아보자. 인도 정부는 바이엘의 항암치료제 넥사바(Nexava)에 대해 강제 실시 명령을 내려 인도의 제약사 나코아(Natcoa)가 넥사바의 복제 약을 제조하여 판매할 수 있도록 하였다. 바이엘은 인도에서

2020년까지 넥사바에 대한 특허를 보유하고 있었으므로 인도의 지식재산 항소위원회(IPAB)에 이 복제 약의 판매 허용에 대한 철회 소송을 냈지만 패소하고 말았다. 결국, 오리지널보다 95% 이상 저렴한 가격에 넥사바의 제네릭 판매가 허용된 것이다. 넥사바 알약 120개 가격은 오리지널이 5,500달러인 반면, 제네릭은 176달러에 불과하다. 인도의 입장은 이런 것이다. 인도 국민들이 고가의 오리지널을 이용할 수 없기 때문에 강제 실시권 발동은 정당하다는 것이다. 이는 다른 글로벌 제약사들의 의약품에도 적용될 수 있기 때문에 다국적 제약사들에게는 큰 충격이었다. 결국, 미국은 인도를 지식재산권보호 감시 대상국으로 지정했다.

자, 생각해 보자. 이와 유사한 사건들이 여러분 회사의 장밋빛 계획을 파괴한다면 어떻게 할 것인가? 여러분 회사는 이와 유사한 상황이 발생하기 전에 감지되는 시그널들을 어떻게 포착하고 해석할 것인가? 이것이 여러분이 풀어야 할 숙제인 것이다. 여러분이 어떤 해외시장에 진출하든지 간에 다음과 같은 질문들에 대한 답을 찾아나서야 한다.

1. 진출 대상 국가의 규제를 얼마나 정밀하게 추적하고 있는가?
2. 진출 대상 국가의 산업과 시장의 변화에 대한 다양한 시나리오를 가지고 있는가? 만약에 가지고 있다면, 얼마나 탄력적으로 각각의 시나리오에 대처할 수 있을 것인가?
3. 기존의 전통적인 경쟁사 이외에 여러분 기업의 제품을 붕괴시킬 수 있는 파괴적 기술은 무엇인가? 그리고 대응 전략은 무엇인가?
4. 바이오시밀러와 바이오베터를 개발하고 상용화하는 중국, 인도 기업들의 전략과 제조 능력을 정확히 파악하고 있는가?

5. 의약품의 판매가와 라인센싱 비용을 낮추고자 하는 글로벌 트렌드에 대해 어떻게 대처할 것인가?

6. 경쟁사와 공급사들의 움직임을 얼마나 정확하게 모니터링하고 있는가? 특히, 이들이 특정 시장에서 투자를 높이거나 줄이는 등의 주목할 만한 변화를 제대로 포착하고 있는가?

5. 기존 대기업들의 위기 시그널

2015년 7월에 물러난 시스코의 CEO인 존 체임버스(John Chambers) 회장은 10년 안에 현존하는 기업의 40%가 사라질 것이라고 장담하면서 기업 스스로 변하고 파괴하지 않으면 파괴를 당할 것이라고 경고했다. 특히, 지금 성공 가도를 달리고 있는 대기업들이 파괴당할 가능성이 가장 높다고 했다. 그는 어떤 근거로 이런 말을 했을까? 체임버스 회장은 그 근거까지 제시하지는 않았다. 저자는 그의 인터뷰 기사를 보고 왜 기존의 성공한 대기업들이 위기에 봉착할 가능성이 가장 클 것인가에 대해 생각을 해 봤다.

저자의 판단으론 사회, 경제, 기술적 변화들로 인해 기존의 대기업들이 수십 년간 누려 왔던 전통적인 이점들이 하나둘씩 약해지고 있다는 것이 원인 중의 하나가 아닐까 하는 생각을 한다. 대기업, 그들만의 아성으로 여겨졌던 이점들은 무엇일까? 아마도 브랜드 명성, 대규모 생산 설비와 유통망, 다양한 고객군과 같은 것들이다. 대부분 오랜 시간과 엄청난 투자를 통해 만들어진 것들이다. 그런데 그동안 대기업들의 전유물로만 여겨졌던 이러한 이점들이 이미 상당 부분 붕괴되기 시작했다. 정말 그럴까?

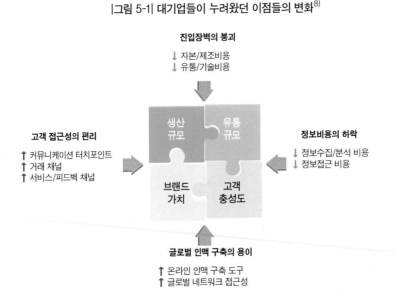

|그림 5-1| 대기업들이 누려왔던 이점들의 변화[8]

진입장벽의 붕괴
↓ 자본/제조비용
↓ 유통/기술비용

고객 접근성의 편리
↑ 커뮤니케이션 터치포인트
↑ 거래 채널
↑ 서비스/피드백 채널

생산
규모

유통
규모

브랜드
가치

고객
충성도

정보비용의 하락
↓ 정보수집/분석 비용
↓ 정보접근 비용

글로벌 인맥 구축의 용이
↑ 온라인 인맥 구축 도구
↑ 글로벌 네트워크 접근성

상품과 서비스에 대한 정보를 모두 꿰고 있는 똑똑한 소비자들에게 유명 브랜드라는 것이 과연 어떤 의미일까? 매일경제(2014. 5)에 실린 기사를 잠시 보자. 대만의 PC 제조 기업인 에이수스(ASUS)에 대한 얘기다. 이 기업의 시작은 미미했다. 다른 기업들의 컴퓨터 부품을 생산해 납품하는 회사였다. 그런데 2007년 에이수스는 자사 브랜드를 단 첫 PC인 이 피시(Eee

---

8) Unlocking the true power of competitive intelligence, CEB marketing leadership counsil, 2014

PC)를 미국 시장에 내놓는다. HP나 델컴퓨터와 같은 경쟁사들은 에이수스를 비웃었다. "소비자들은 에이수스라는 브랜드를 모른다. 이 피시의 품질을 의심할 것이다. 팔릴 리가 없다."라고 코웃음을 쳤다. 그러나 이 피시는 대박을 쳤다. 미국 소비자들은 2008년 말까지 500만 대의 이 피시를 구매했다. 이후, 에이수스는 다양한 브랜드를 지속적으로 출시하면서 2017년 현재, 세계 시장 점유율 4위의 기업으로 성장했다. 특히, 게이밍 노트북 시장에서는 시장 점유율 40%로 1위 자리를 차지하고 있다.

이에 대해 스탠퍼드 대학의 시몬슨(Simonson) 교수는 브랜드의 힘이 추락하고 있다는 증거라며 이제는 소비자들이 브랜드를 기준으로 제품의 품질을 판단하지 않기 때문이라고 진단했다. 당시, 이 피시가 출시되자 블로거들이 사용 후기를 인터넷에 올리기 시작했다. "가볍다. 가격이 399달러로 정말 저렴하다. 그 가격에도 무선 인터넷이 장착돼 있다. 큰 메모리 용량이 필요 없다." 일반 사용자들도 이 피시에 대해 온라인에서 토론을 벌였다. 이런 사용 후기와 토론 내용만 참고해도 이 피시는 가격 대비 품질이 뛰어나다는 사실을 알 수 있었다.

이 피시 사례에서 보듯이, 오늘날은 누구라도 약간의 손품만 판다면 제품과 서비스에 대한 정보를 손쉽게 얻을 수 있다. 리뷰 사이트와 쇼핑 애플리케이션, SNS 등을 잘 활용하면 전문가 의견도 쉽게 찾을 수 있다. 이와 같은 점을 들어 시몬슨 교수는 우리가 살고 있는 오늘날은 제품에 대한 정보를 거의 완벽하게 얻을 수 있는 완전 정보 시대로 향하고 있다고 말한다. 이런 이유들로 인해 브랜드 파워가 점점 사라지고 있다고 할 수 있다.

과거 인터넷이 없던 시기에는 자금력과 해외 지사가 있는 대기업들만이 해외 시장 정보, 바이어 정보, 경쟁사 정보를 수집할 수 있었다. 지금은 어떤가? 중소기업들도 얼마든지 이러한 정보를 수집할 수 있다. 군이 빅 데이터라는 거창한 말을 쓰지 않더라도 시스템적으로 쉽고 저렴하게 고객의 취향과 구매 행태에 대한 정보를 생산하고, 저장하고, 관리할 수 있게 되었으며 그 비용도 점점 낮아지고 있다. 정보에 접근하는 비용 역시도 거의 제로에 가깝게 되었다.

예컨대, 미국 경쟁사의 재무제표가 급히 필요한 경우를 생각해 보자. 어디서 어떻게 얼마의 비용으로 구할 수 있을까? 인터넷이 보편화되기 전에는 기업정보 전문 제공기관에 의뢰하여 팩스나 우편으로 받아보는 것이 일반적이었는데 며칠에서 몇 주의 시간이 소요되었다. 지금은 어떤가? 미국 증권거래위원회(www.sec.gov)에 들어가면 책상 앞에서 바로 미국 상장기업의 재무제표를 무료로 보고 출력할 수 있다. 일부 대기업들의 정보 독점으로 인한 경쟁 우위가 점점 사라지고 있다. 다시 말하면, 정보의 비대칭이 사라지고 있다고 할 수 있다.

시장에 진입하기 위한 자본비용, 제조비용, 유통비용, 기술비용도 엄청나게 낮아짐으로써 창의적이고 번뜩이는 아이디어를 가진 사람은 누구라도 시장에 진입하는 것이 가능해졌다. 구글, 델컴퓨터, 페이스북을 보자. 이들 기업들이 수십 년에 걸쳐 막대한 자본과 설비가 투입되어 만들어지고 성장했는가? 그렇지 않다. 대학 기숙사에서 아이디어 하나로 시작하여 비교적 짧은 시간 동안에 세계적인 기업으로 성장하였다. 과거에는 상당한 자본을 보유한 기업만이 새로운 시장에 진입할 수 있었다. 지금은 어떤가? 시장 진입 환경이 바뀌고 있다.

물론, 지금도 여전히 설비 투자와 자본이 필수적인 산업이 있다. 하지만, 과거와는 확연히 다른 환경임은 분명하다. 다른 측면에서 생각해 보면, 시장 진입 문턱이 낮아졌다는 것은 결국 경쟁이 그만큼 치열해지고 있다는 말이 된다. 어찌되었든, 대부분의 산업에서 시장 진입 문턱이 점점 낮아지고 있다는 것도 부인할 수 없는 사실이다.

또, 오늘날에는 누구라도 글로벌 인맥을 만드는 것이 가능해졌다. 몇 번의 클릭만으로 전 세계의 누구와도 연결할 수 있기 때문이다. 페이스북, 트위터, 링크트인 등과 같은 SNS와 블로그를 통해 언제든지 전문가의 조언을 받을 수 있고 끈끈한 글로벌 인맥을 만들 수 있다. 오프라인에서 반드시 만나야만 관계가 형성되는 것이 아니다. 인터넷상에서 서로 필요한 정보를 주고받으면서 신뢰를 쌓고 이러한 신뢰들이 하나둘씩 모여져 큰 인맥으로 이어질 수 있다.

예컨대, DrugWonks와 같은 블로그는 FDA의 커뮤니케이션 책임자인 피터 피츠가 운영하고 있는데 FDA의 주요 이슈, 메디케어, 헬스케어 등 제약 산업의 변화와 관련된 다양한 분야에 대해 토론하면서 자문도 받을 수 있다. 최고의 전문가로부터 최신의 살아 있는 정보를 접할 수 있는 것이다.

손안에 있는 핸드폰과 SNS를 일상의 얘기를 전달하고 공유하는 소소한 용도로만 사용할 수도 있고, 기업의 비즈니스와 연계하여 보다 유용하게 사용할 수도 있는 것이다. 이러한 혁명적인 정보 도구를 어떻게 사용할 것인가는 순전히 사용자의 선택에 달려 있는 것이다. 아무리 좋은 내용을 담고 있는 책이 눈앞에 있어도 어떤 사람들은 그것을 라면 받침대로만 쓰고, 어떤 사람들은 그것을 활용해서 통찰력을 얻고 기회를 포착한다.

마지막으로, 고객들과 다양한 통로로 언제나 만날 수 있는 환경이 되었다. 과거에는 영업점이나 특정 유통망을 통해서만 고객들과 만나고 그들의 반응을 알 수 있었다. 아무리 좋은 제품이라도 유통망을 확보하지 못하면 판매가 어려웠다. 지금은 어떤가? 고객들과의 접점 포인트가 폭발적으로 늘어났다. 고객들과 커뮤니케이션하고 피드백 할 수 있는 채널이 다양해지고 빨라졌다는 말이다. 인터넷 블로그, SNS, 쇼핑몰, 온라인 해외 직판 등 고객들과의 통로는 엄청나게 늘어났다. 언제 어디서든 고객과 만날 수 있는 환경이 된 것이다.

지금까지 살펴보았듯이, 지난 수십 년간 기존의 대기업들이 누려 왔던 브랜드 명성, 정보의 독점, 대규모 유통망, 충성도 높은 고객 군이 무력화되고 있다. 앞으로 무력화 속도와 강도는 점점 더 빠르고 커질 것이다. 일부 대기업들만이 누려 왔던 이런 아성을 약화시키고 이용할 수 있는 사람은 누구라도 새로운 기회를 얻을 수 있다. 그렇다면 기존의 대기업들은 어떻게 이를 극복할 것인가? 그리고 중소기업들은 이러한 기회를 어떻게 활용할 것인가? 이것이 각자가 풀어야 할 숙제인 것이다.

6. 시장의 판이 바뀌는 시기를 찾아라

지금까지 몇몇 산업에서 감지되고 있는 변화와 위기 시그널에 대해 살펴보았다. 그런데 이러한 변화는 누구나 쉽게 인식할 수 있는 것도 아니고, 누군가가 친절하게 알려주는 것도 아니다. 또, 이 변화라는 것이 초기에는 아주 미세하게 새로운 방향으로 아주 조금씩 움직이는 듯이 보이지만 어느 정도 시간이 흐른 후에는 완전히 방향이 바뀌고 가속도까지 붙어 도저히 손을 쓸 수 없는 상황으로 되어 버리는 경우가 대부분이다. 산업의 변화와 통찰력에 대해 얘기할 때 마이크로소프트의 빌게이츠와 인텔의 앤드류 그로브를 빼놓을 수 없다. 앤드류 그로브의 책 『오직 편집광만이 살아남는다』와 빌게이츠의 『하드 드라이브』를 보자. 한 치 앞을 예측하기가 쉽지 않은 IT산업에서 두 기업이 직면했던 당시의 치열했던 경쟁 상황과 그 가운데서 고뇌하는 CEO들의 삶과 경쟁 전략에 대해 생생하게 얘기하고 있다.

인텔은 1969년 메모리(DRAM) 칩을 발명한 이후, 메모리가 주력 사업이었지만 1970년대 후반부터 일본 반도체의 맹렬한 물량 공세로 인해 이 분야의 사업을 포기한다. 그로브는 컴퓨터 산업에서 가치 사슬의 변화가 시작되고 있음을 빠르게 읽고 마이크로프로세서 기업으로 변신한다. 컴퓨터 구성 부품과 그 구성 요소들 간의 인터페이스가 표준화되고 모듈화 됨에 따라 경쟁 우위와 가치는 설계와 조립이 아니고 제품 내부에 있는 구성 요소의 성능으로 결정될 것이라는 것을 인식한 것이다. 이것이 바로 앤드류 그로브가 말하는 '전략적 변곡점'이다.

전략적 변곡점을 읽지 못한 IBM, 컨트롤 데이터, 디지털 이큅먼트 등 수직적 통합 기업, 다시 말하면 컴퓨터의 설계, 조립, 유통 등 과거의 핵심 역량을 그대로 유지했던 기업들은 모두 파산하였거나 컴퓨터 산업에서 손을 떼야만 했다. 전략적 변곡점은 산업과 시장에서 근본적인 변화가 일어나는 시기다. 한마디로, 시장의 판이 바뀌는 시기다. 어느 산업이든, 어느 기업이든 이러한 전략적 변곡점을 반드시 만나게 된다. 물론, 산업별로 나타나는 모습과 강도는 다를 것이다. 이러한 변화를 일찌감치 인식하고 대응하는 기업은 생존하고 성장할 것이며 그렇지 못한 기업의 미래는 참담함 그 자체가 되는 것이다.

Competitive Intelligence

2장
시그널 감지를 위한
정보 수집과 분석

1. 정보 수집, 다양한 관점에서 하라

기업이 필요한 대부분의 정보는 이미 공개되어 있다

우리가 자연스럽게 숨을 쉬듯이 기업이 생존하고 성장하기 위해서는 신선한 정보를 지속적으로 수집하여 산업의 변화와 시장의 움직임을 제대로 읽어내야 한다. 오늘날 그 어떤 기업도 정보 수집을 하지 않아도 될 만큼의 여유를 가진 기업은 없다. 그렇다면 왜 정보를 수집하고, 왜 산업과 시장을 면밀히 살펴야만 하는 것일까? 누차 강조했듯이, 제때에 제대로 된 의사결정을 하기 위해서다.

그런데 기업이 필요한 대부분의 정보는 이미 공개되어 있다는 사실을 알고 있는 사람은 많지 않다. 제2차 세계 대전 당시 미군의 해군 소장으로 참전한 후 해군 정보국(US Naval Intelligence)의 부국장을 지냈던 엘리스 자카리아스(Ellis M. Zacharias)는 그의 저서인『정보 장교의 이야기, The Story of an Intelligence Officer』(2003, Naval Institute Press)에서 전쟁에서 필요한 모든 정보의 95%는 공개되어 있었다고 말했다.

무엇보다도 보안이 생명인 군사작전에서도 그러한데, 비즈니스 세계에서는 어떻겠는가? 앞서 얘기했듯이, 기업이 필요한 대부분의 정보는 이미 다양한 형태로 공개되어 있다. 문제는 기업들이 정보의 안테나를 제대로 세우고 있지 않기 때문에 그들이 필요로 하는 정보가 이미 공개되어 있다는 사실을 알지 못한다는 데 있다. 어디에, 어떤 모습으로 존재하고 있는지를 인식하지 못하고 있다는 말이다. 여기에서 공개라는 말은 공식적으로 공표한다는 의미는 아니다. 불법적인 활동을 하지 않고도 얼마든지 합법적이고 윤리적인 방법으로 필요한 정보를 수집할 수 있다는 의미다.

물론, 이러한 정보 수집은 많은 예산을 필요로 하는 것도 아니며 특정한 사람들만이 할 수 있는 일도 아니다. 약간의 교육과 훈련을 받는다면 누구라도 가능하다. 그런데, 그리 어려운 일도 아니지만 결코 만만한 일도 아니다. 때로는 SNS나 블로그를 지속적으로 추적해야 하고, 때로는 고객이나 유통사 직원들과 진솔한 대화를 나눠야 하고, 때로는 경쟁사의 특허를 정밀하게 분석해야 한다. 이러한 모든 것들은 집요함과 끈기를 필요로 하지만 결코 폼 나는 일은 아니다. 그러나 누군가는 이러한 활동을 통해 분산되어 있는 정보 조각들을 하나둘씩 맞추어 나가야 한다.

돈이 오가는 곳에 정보도 오간다

이 제목을 보고 여러분 중에는 007 영화에서 검은색 가방에 돈을 가득 채우고 비밀리에 무언가를 교환하는 장면을 상상하는 사람이 있을지도 모르겠다. 그러나 오해하지 말길 바란다. 그러한 불법적인 거래를 말하는 것이 아니다. 여기서 돈이 오간다는 것은 합법적인 비즈니스 거래를 말하는 것이다.

자, 이런 경우를 생각해 보자. 경쟁사에 관한 정보를 수집하려고 할 때 우리는 종종 무엇을 상상하는가? 경쟁사가 수십 미터 높이의 중세시대 성으로 둘러싸여 있을 것으로 생각한다. 성 주위를 둘러싼 연못에는 악어들이 득실거리고 있다. 성벽의 난간에는 철갑 투구와 갑옷을 입고 있는 병사들이 외부에서 누군가가 다가오면 끓는 기름을 쏟아 부을 준비를 하고 있다. 우리는 경쟁사가 이와 같이 도저히 헤치고 들어갈 수 없는 철통같은 정보의 방어진을 구축했을 것으로 생각한다. 그러나 실상은 이와 정반대다. 오늘날의 모든 기업들은 부지불식간에 연못 위에 있는 정보의 방어진을 무너뜨리면서 외부에서도 기업의 전략을 충분히 알 수 있도록 허용할 수밖에 없는 구조로 되어 있다.

물론, 이러한 정보의 방어진이 무너지는 것은 기업들이 하고 있는 수많은 비즈니스 활동의 결과다. 아무리 기업정보를 중요시하는 기업이라도 직원을 채용하고 해고하며, 공장을 짓고, 고객들과 소통하고, 공급사들과 거래하며, 정부나 규제기관에 자료를 제출하며, 무역박람회나 전시회에 참석하여 제품을 홍보하고, 연구 결과를 논문으로 발표하고, 특허를 출원하고, 주주 총회를 통해서 경영 활동을 보고하고, 회사의 홈페이지나 소셜 미디어를 통해 외부와 소통하고, CEO는 신년 메시지나 언론과의 인터뷰를 통해 그의 생각을 표출한다. 또 어떤 비즈니스 활동이 있을까? 어느 기업을 막론하고 외부와의 비즈니스 거래나 외부 활동을 하지 않는 기업은 없다.

우리는 정보 수집을 너무 어렵게 생각하거나 불법적인 산업 스파이 활동 또는 은밀한 뒷거래로 생각하는 경우가 많다. 그러나 시각을 조금만 바꾸어 생각해 보면 그다지 어려운 것이 아니라는 것을 알 수 있다. 앞서 얘기했듯이, 모든 기업들은 이런저런 비즈니스 활동을 할 수밖에 없고 이러한 활동의 결과는 외부로 공개되기 마련이기 때문이다. 이것은 단지 경쟁사뿐만 아니라 산업, 시장, 고객, 공급사, 유통사, 규제 등 기업 비즈니스와 관련된 모든 정보를 수집하고 분석하는 데 똑같이 적용된다.

살아 있는 정보를 원하면, 책상을 떠나라

다시 한 번 강조하지만, 기업의 정보 수집 활동을 처음부터 너무 거창하거나 어렵게 생각할 필요가 전혀 없다. 단지 묻기만 하는 것만으로도 엄청난 정보를 알아낼 수 있기 때문이다. 그러나 요즘 사람들은 사람에게 묻는 것을 그다지 좋아하지 않는 듯하다. 책상 앞에서 컴퓨터를 통해 모든 것을 혼자 해결하려고 한다. 하지만 묻는 것만큼 원하는 답을 빠르게 찾는 방법은 없다. 예컨대, 경쟁사의 공급 망에 대해 알고 싶으면 자사의 구매부서 직원들을 만나 어떤 공급사와 거래하고 있는지를 묻는 것으로 시작해야 한다. 경쟁사도 우리 회사 거래처와 같거나 유사한 공급사와 거래할 가능성이 크기 때문이다. 정보 수집은 이렇게 시작해야 한다.

사실, 기업이 필요한 대부분의 정보는 이미 기업 내부에 존재하는 경우가 많다. 영업 직원들은 시장의 분위기를 잘 알고 있다. 어떤 직원들은 경쟁사에서 근무한 경험을 가지고 있다. 구매 직원들은 산업 내에서의 공급사 정보를 훤히 알고 있다. 연구 개발을 하는 직원들은 논문, 특허, 보고서 등을 통해 최신의 기술에 대해 잘 알고 있다. 콜센터 직원들은 고객의 불만과 요구를 항상 듣는다. 전략부서의 직원들은 산업 내의 각종 규제에 대해 잘 알고 있다. 이러한 정보들은 경쟁사뿐만 아니라 산업의 변화와 시장의 움직임을 파악하는데 아주 중요하다. 그러나 이부서 저 부서에 분산되어 있는 정보 조각들을 큰 시각에서 종합적으로 맞추려는 노력을 하는 기업은 많지 않다.

누차 강조했지만, 통찰력은 하나의 시각으로만 봐서는 절대로 생기지 않는다. 그렇기 때문에, 경영학을 공부한 사람, 기획과 전략 부서의 사람들만이 경쟁 환경을 분석하고 전략을 만들어서는 안 된다. 이런 사람들만 모여 있으면 소위 말하는 탁상공론이 될 가능성이 다분히 있다.

자, 이제 시각을 회사 밖으로 돌려 보자. 경쟁사의 고객들에게 물으면 그들은 경쟁사의 제품, 서비스, 가격에 대해 허심탄회하게 말해 줄 것이다. 경쟁사의 고객들이 여러분에게 기꺼이 말하는 이유는 가장 적당한 가격으로 가장 좋은 제품을 구매하려는 그들의 목적이 있기 때문이다. 당연히 경쟁사도 여러분 회사의 고객들에게 묻는다는 사실도 염두에 두어야 한다.

그런데 가장 짧은 시간 동안에 가장 효율적으로 산업과 시장의 동향을 파악할 수 있는 방법이 무엇이라고 생각하는가? 바로 산업 전시회에 참석하여 듣고 묻는 것이다. 요즘은 산업별로 크고 작은 박람회나 전시회가 수시로 개최되고 있다. 무역 박람회나 전시회는 경쟁사와 터놓고 얘기해도 전혀 문제가 되지 않는 가장 중요한 장소가 되었다. 보통 때라면 기업들이 자사 제품에 대한 정보를 감추려고 하는데 전시회 기간 동안은 자사 제품을 자랑하느라 기술에 대한 정보, 기업에 대한 정보가 쏟아져 나온다. 이런 전시회에 참석하여 제대로 모니터링을 한다면 시장 보고서 수십 권을 봐도 알 수 없는 산업의 변화와 시장의 생생한 움직임을 포착할 수 있다.

그런데 많은 사람들이 정보 수집을 너무 편하게만 하려고 한다. 사무실에 앉아 인터넷을 검색하고 DB에 키워드를 입력한다. 그러나 책상 앞에서 모든 것을 해결하려는 것은 아주 위험한 방법이라는 것을 알아야 한다. 왜냐하면, DB나 보고서 정보는 이미 수개월 내지 수년 전의 정보일 가능성이 크고 인터넷 정보는 대부분 누군가에 의해 걸러지고 편집된 정보이기 때문이다. 또, 검은 양복을 잘 차려입은 컨설턴트의 화려한 파워포인트 슬라이드만을 봐서는 안 된다. 아마 여러분 회사에서 한두 번쯤은 경험했겠지만 이런 자료는 온갖 최신의 경영학 용어와 그래픽, 테이블로 가득 차 있지만 정작 의사결정에 필요한 알맹이는 빠져 있는 경우가 많다. 결국, 제대로 된 살아 있는 정보를 수집하려면 책상을 떠나 지금 시장에서 무슨 일이 벌어지고 있는지를 보고, 듣고, 묻는 방법이 최선인 것이다.

앞 장에서 말한 정보의 안테나를 세운다는 것은 무엇을 의미하는가? 관심을 가지라는 말이다. 신문을 볼 때, 전시회에 참석했을 때, 또 인터넷을 보다가 우연히 시장의 움직임과 관련된 중요한 정보를 볼 수도 있고, 유통업체 직원들로부터 경쟁사가 기존의 제품보다 다양한 기능을 가진 신제품을 저가에 출시할 준비를 하고 있다는 얘기를 들을 수도 있다. 이때 관심이 없는 사람에게 그것은 정보가 아니다. 그냥 스쳐 지나가는 하나의 얘깃거리에 불과한 것이다. 세상일이 다 마찬가지겠지만, 정보 수집에서도 이 관심이라는 것은 이루 헤아릴 수 없을 만큼의 큰 차이를 만든다.

기본적인 정보 수집 방법

경쟁사 분석을 예로 들어보자. 예컨대, 경쟁사 공장에 주차된 차량 수를 통해 경쟁사 공장의 직원 수를 추정할 수 있다. 경쟁사의 구인 광고를 통해서 경쟁사가 어떤 분야의 인력들을 채용하고 있는지를 알 수 있고 이를 통해, 경쟁사가 어떤 기술에 투자하고 있는지를 예측할 수 있다. 경쟁사가 새로운 소프트웨어 개발을 위해 프로그래머를 구하는 채용 광고를 우연히 볼 수도 있고, 영업 직원을 통해 경쟁사가 해외에 영업점을 오픈한다는 소식을 들을 수도 있다. 자사의 우량 고객들이 경쟁사의 신제품을 테스트했다는 얘기도 있다. 이러한 것들은 일상적인 비즈니스 활동에서 접할 수 있는 정보 조각들이라고 할 수 있다. 그러면 이러한 정보들은 무엇을 의미하는가? 경쟁사는 곧 출시될 신제품을 위하여 상당한 수의 프로그래머를 채용할 계획을 가지고 있거나 이미 채용했다는 것을 알 수 있다. 경쟁사의 제품은 지금 어느 정도 완성 단계에 있을 수도 있다. 왜냐하면, 경쟁사는 벌써 해외 영업점을 오픈할 준비를 하고 있기 때문이다.

또, 이런 경우를 생각해 보자. 미국에 있는 경쟁사의 재무 상태는 어떤지, 지금 어디에 투자를 하고 있는지, 또 어떠한 소송에 연루되어 있는지를 알고 싶다. 어떻게 해야 할까? 어느 나라든 모든 기업들은 직간접적으로 그들의 정부와 연계되어 있다. 미국의 경우 공개된 모든 기업은 재무 정보를 분기별, 연도별로 증권거래위원회(Securities and Exchange Commission, SEC)

에 제출하도록 되어 있다. 그렇기 때문에, 미국에 있는 모든 상장기업의 재무 정보는 미국증권거래위원회 웹 사이트를 통해 쉽게 확인할 수 있다.

주식에 관심이 있는 사람이라면 미국 CNBC 뉴스에서 "Filing 10K, Filing 10Q, Filing 8K" 라는 말이 나오는 것을 들어본 적이 있을 것이다. 이러한 Filing은 상장 기업의 재무성과를 공시하는 자료로 일 년마다 공시하는 10K(연차보고서), 매 분기마다 공시하는 10Q(분기보고서), 8K는 수시로 제공하는 정보다. 10K는 회계연도 마지막 일로부터 90일 내에, 10Q는 45일 내에 제출하도록 되어 있다.

이러한 10K와 10Q는 대차대조표(Balance sheet), 손익계산서(Income statement), 현금흐름표(Cash flow) 등으로 구성되어 있다. 그런데 이러한 재무 정보는 통상 몇 달 뒤에 공표되기 때문에 과거 자료라는 것은 분명히 인식을 하고 활용해야 한다. 또, 미국증권거래위원회의 보고서를 검토하다가 경쟁사의 임원이 다른 경쟁사의 이사로 선임된 사실을 알게 되었다. 이를 통해 두 기업의 전략적 파트너십이나 인수 합병이 임박했음을 예측할 수도 있다.

미국 경쟁사가 보유한 주요 설비나 재무 상태를 파악하기 위한 자료로 UCC(Uniform Commercial Code, 미국통일상법전) 파일이라는 것이 있다. 미국은 기업이 은행 융자를 통해 장비를 구입하거나 리스를 했을 경우, 기업의 자산과 담보 융자 등에 관한 정보를 주정부에 의무적으로 제출하도록 되어 있다. 따라서 주정부의 홈페이지를 통해 제공되는 UCC 파일을 보면 경쟁사가 어느 정도의 설비 투자를 하고 있는지, 어떤 기계 장비를 구매 했는지를 알 수 있다. 장비 제조업체에 전화를 하면 이 장비가 어떤 용도로 활용되는지 알 수 있고 결국, 경쟁사가 무엇에 투자를 하고 있는지를 파악할 수 있다. 이를 통해, 경쟁사 공장의 생산 용량이나 전체적인 확장 계획 등을 추정할 수도 있다.

또, 이런 경우도 있다. 경쟁사의 제조 공장에서 발생되는 화학 물질로 인해 여러 이해 당사자들이 관련된 경우인데, 이때는 이런저런 정보들이 주변 커뮤니티를 거쳐 공개되게 마련이다. 보통 이런 경우에는 환경 단체, 지역 언론, 인접 공장, 규제 기관 등이 직간접적으로 관련되어 있기 때문에 환경 영향 평가 보고서, 지역 뉴스, 지역 사람들이나 업계 종사자들 사이에서 회자되는 소문 등을 통해 다양한 사실들이 공개되는데 이러한 정보를 통해 공장의 프로세스, 용량, 생산방식 등을 알 수 있다.

자, 앞에서도 언급했듯이, 모든 비즈니스 활동에는 반드시 정보가 발생되기 마련이기 때문에 비즈니스 활동의 성격을 이해하면 정보를 추적할 수 있다. 물론, 이러한 것들은 합법적이고 윤리적인 방법으로 정보를 수집하는 기본적인 방법 중의 하나다.

그런데 여러분이 정보를 수집할 때 일반적으로 부딪치는 문제들이 있다. 하나는 정보의 최신성과 관련된 문제다. 정보를 수집할 때는 당연히 최신의 정보를 수집해야 한다. 그렇지 않다면, 그 정보는 무용지물이 될 수 있다. 다시 말하면, 유통기한이 지난 정보가 될 수 있다는 말이다. 또 하나는, 정보의 범위나 깊이와 관련된 문제다. 여러분이 필요로 하는 것은 어떤 특정한 것에 대한 아주 구체적이고 세부적인 정보를 원하는 것이지, 신문이나 경제지에서 다루고 있는 일반적인 산업 동향이나 경제 정책을 알고자 하는 것이 아니다.

그렇기 때문에, 여러분이 알고 싶어 하는 정보는 기본적인 방법만으로는 입수할 수 없는 경우가 많다. 신문을 발간하고 경제 저널을 만드는 사람들은 그들 독자들의 욕구를 충족시켜야 하기 때문에 특정 산업이나 몇몇 기업에 대한 세부 내용에만 집중하여 기사를 만들 수는 없다. 예컨대, 경쟁사의 물류창고 운영에 대한 구체적인 정보를 찾고 있는 사람은 여러분을 비롯한 몇몇 사람에 불과하기 때문이다. 따라서 정보 수집을 할 때는 정보원의 특성과 한계를 항시 염두에 두고 있어야 한다.

창조적인 정보 수집 방법

어떤 정보를 공개적으로 구할 수 없다고 해서 그것이 비밀이라는 것을 의미하지는 않는다. 이 말은 여러분이 원하는 것을 얻기 위해서는 더 끈기 있고, 더 영리해야 한다는 것을 의미한다. 다시 말하면, 기본적인 정보 수집뿐만 아니라 남들이 알지 못하는 창조적인 방법을 써야 한다는 말이다. 앞서 보았듯이, 기본적인 정보 수집 방법은 일반적으로 생각할 수 있는 방법이다.

그렇다면 창조적인 정보 수집 방법은 무엇인가? 창조적이란 말은 화가의 캔버스나 작곡가의 깨끗한 오선 노트와 같은 이미지를 연상시킨다. 다시 말하면, 완전히 새로운 이미지나 주제를 그려 넣을 수 있는 하얀 여백을 말한다. 똑같은 종류의 창조성이 정보 수집에서도 필요하다. 언뜻 보기에는 아무 관련성이 없을 것 같은 정보를 새로운 시각에서 관찰하고 조망하는 능력이 필요하고 이런 정보를 여러분이 해결하고자 하는 문제와 연계하고 통합하는 능력이 필요하다.

이런 경우를 생각해 보자. 어느 기업의 매출 성장세를 알고 싶다. 그런데 이 기업은 상장되지 않은 개인 기업이다. 미국의 경우 개인 기업은 증권

거래위원회에 재무 정보를 제출할 의무가 없다. 또 신생 기업인 경우에는 인터넷 등에 공개된 정보가 거의 없다. 이때, 대부분은 구글에서 몇 개의 키워드로 검색해 보고 자료가 없으면 포기해 버리고 만다. 맞다. 이때는 포기할 수밖에 없다. 왜냐하면, 기본적인 정보 수집 방법으로 아무리 찾아본들 이러한 기업들의 재무 정보를 말끔하게 정리된 하나의 보고서로 받아 볼 수는 없기 때문이다. 이럴 경우에는 어떻게 해야 할지 막막한데, 이때가 바로 창의성을 발휘할 때다. 이 경우에는 손익계산서를 구성하는 각종 데이터를 하나하나씩 확보하여 그 기업의 손익을 대략적으로 추정해야 한다. 다양한 형태로 분산되어 있는 데이터를 기반으로 매출 항목들을 추정하고 서비스나 제조 프로세스를 이해한 상태에서 유통사, 공급사 등과의 인터뷰를 통해 비용 항목들을 추정해야 한다. 말 그대로 창조성과 통합 능력이 필요하다.

이 경우 우선, 매년 발간되는 협회지나 업계의 저널을 통해 그 기업의 총 종업원 수를 파악한다. 물론, 공장 주차장의 차량 수로 종업원 수를 추정할 수도 있다. 또, 기업의 공장이 있는 지역 사람들과의 인터뷰를 통해 노무 임률을 알 수 있고, 공장 지역 부동산을 통해 공장을 임대하고 있는지 아니면 소유하고 있는지를 확인할 수 있다. 공장 지역의 포장이나 박스 공급업자는 그 공장의 생산량이나 판매량에 대해 알려 줄 것이다. 이러한 하나하나의 작업을 통해 손익계산서의 형태가 갖춰지는 것을 알 수 있다.

이렇게 만들어진 손익계산서는 물론, 정확하지는 않다. 또, 반드시 정확할 필요도 없다. 우리는 이러한 자료를 누구에게 보여주거나 제출하기 위해서 만드는 것이 아니다. 합리적 판단을 위한 참고 자료로 활용할 수만 있으면 그만이다. 이와 같은 작업을 통해 아주 정확하지는 않지만 다음과 같은 몇몇 질문들에 대한 답을 얻을 수 있다. 이 기업의 재무적인 강약점은 무엇인가? 지금 성장 단계인가 아니면 쇠퇴기인가? 비용 구조는 어떤가? 현금 흐름은 괜찮은가? 이런 정보는 비상장된 해외 M&A 후보 기업을 분석하는 데 아주 중요한 요소가 되는 것이다.

또, 이런 경우를 생각해 보자. 10년 전에 판매 되었던 구강 청결제를 생산했던 기업을 찾아야 할 필요가 있을 때 어떻게 할 것인가? 또, 작은 도시 지역에 있는 특정 체인의 소매 판매점 수를 알고 싶을 때는 어떻게 해야 할까? 어떤 지역에 있는 한 대기업 자회사의 공장 종업원 수는 어떻게 파악할까? 경쟁사의 인력 채용 패턴과 연금 관리 프로그램을 알기 위해서는 어떻게 해야 하나? 이러한 모든 질문들은 시각을 조금만 바꾸어 생각해 보면 그렇게 어려운 문제들도 아니다.

대형 유통 기업 체인의 판매 관리자에게 간단한 전화 한 통으로 구강 청결제 생산 기업에 대해 알 수 있다. 물론, 그러한 관리자를 찾는데 시간이 다소 걸릴 수는 있다. 소매 판매점의 수는 지역의 전화번호부를 뒤적이거나 인터넷 검색을 통해 알 수 있다. 경쟁사 공장의 종업원 수를 알기 위해서는 정부문서 공개 제도를 이용하거나 구글의 항공사진으로 차량 수나 공장의 면적을 추정할 수 있다. 정부 문서 공개 제도를 활용하는 방법은 뒤에서 자세히 설명하겠다. 경쟁사의 인력 채용 패턴은 경쟁사가 위치한 지역신문의 구인 광고란을 통해 알 수 있는 경우가 있다. 이러한 것들은 까다로운 문제를 해결하려고 할 때 사용할 수 있는 접근 방법 중의 일부다.

여러분이 산업의 변화나 시장의 움직임, 또 어떤 기업에 대한 조사를 할 때 그것이 간단한 것이든 아주 복잡한 것이든 간에 여러 난간에 부딪치게 될 것이다. 그러나 이것을 기억하자. 창조성의 핵심은 지속성이라는 것이다. 이런 종류의 일을 하다 보면 당연히 장애물이 나타날 것인데, 이때 포기하지 말기를 바란다. 이때는 한 걸음 물러나서 다음과 같은 질문을 스스로 해 보자. 어디에서 그러한 정보가 기록되어 있을까? 나 말고 이러한 정보를 필요로 하는 사람은 누구일까? 내가 찾고자 하는 정보를 대체할 수 있는 정보는 무엇일까? 이러한 질문들을 가만히 생각해 보길 바란다.

인텔리전스 이야기

일본의 어느 기업은 공개되지 않은 미국 경쟁사 공장의 생산 규모를 파악하고자 했으나 알 수 있는 방법이 전혀 없었다. 이 일본 기업의 직원은 컨설턴트와 재료공학 엔지니어를 데리고 미국 경쟁사의 제조공장과 연결된 기차선로 옆에 차를 세운다. 경쟁사는 이 선로를 이용하여 생산품을 하역장까지 운송한다. 재료공학 엔지니어는 선로에 난 녹을 연구한다. 녹의 상태로 선로의 사용 횟수를 가늠할 수 있기 때문이다. 이것은 위법적인 행동이 아니다. 이와 같은 연구를 통해 경쟁사의 생산 규모를 대략적으로 파악하여 이 지역에 공장을 설립할 것인가, 말 것인가를 판단할 수 있다.

시카고의 산업과학 박물관에서는 여러 생태 전시물 중에서 달걀을 품고 있는 닭의 그림이 가장 인기가 있는 전시물이라는 것을 어떻게 알 수 있었을까? 이 박물관에는 특정 전시물을 관람하는 인원수를 따로 세는 사람이나 기계 장치가 없다. 답은 바닥의 카펫에 있었다. 박물관의 관리인은 큐레이터에게 와서 이 전시물 주변의 카펫이 다른 곳보다 빨리 닳고 있다며 불평을 했다. 큐레이터는 그 순간 유레카를 외쳤다.

고대 중국에서 옥을 판매하는 상인들은 물건을 사러 온 사람들이 특별한 말이나 행동을 하지 않아도 전시된 물건 중에서 어느 특정한 옥에 관심이 있다는 것을 빠르게 알아차릴 수 있었다. 어떻게 알 수 있었을까? 그들은 단지 물건을 사러 온 사람들의 눈동자만을 관찰했다. 어느 특정한 옥을 보는 순간 다른 옥을 볼 때보다 동공이 커지는 것을 알 수 있었다. 이런 관찰을 통해 그들은 사람들이 어떤 물건에 관심이 있는지를 알 수 있었다.

가장 중요한 정보는 사람에게서 나온다

공개된 정보가 반드시 종이로 인쇄된 것만을 의미하는 것은 아니다. 예컨대, 미국의 경우 주정부가 보유하고 있는 기업 정보는 주정부의 홈페이지에 공개되어 있지만 인쇄되어 유통되지는 않는다. 우리는 인쇄된 것만이 전부가 아니라는 사실을 알아야 한다.

예컨대, 어떤 사건이 이름 있는 경제지에 실리면 대부분의 사람들은 그것이 사실이라고 믿는다. 그러나 똑같은 사건을 어떤 사람들의 대화를 통해 듣는다면 그것은 루머가 된다. 당연히, 유명 경제지의 기사와 사람들이 주고받는 대화에 똑같은 신뢰를 줄 수는 없을 것이다. 그러나 모든 사람들이 알고 있는 사실보다는 일부 사람들만이 알고 있는 노하우, 암묵 지식, 루머가 비즈니스 문제 해결에 더 중요한 역할을 하는 경우가 많다. 기업에서 정말 필요한 정보는 누구나 알고 있는 경제지의 기사보다는 업계에서 오랜 경험을 가지고 있는 사람들과의 대화에서 얻을 확률이 훨씬 더 크다.

2부의 4장에서도 언급했지만, 사람들은 자전거 타는 법을 책자로 인쇄된 매뉴얼로 배우지 않는다. 자전거 타는 방법은 매뉴얼로 배워야 될 게 아니기 때문이다. 이렇듯 눈에 보이지는 않지만, 사람들의 머릿속에 있는 암묵적 지식이나 통찰력이 훨씬 더 중요한 경우가 많다. 우리가 글로 쓸 수 있는 것, 그 이상의 것을 말하듯이 우리는 말로 할 수 있는 것, 그 이상의 것을 알고 있다. 그러나 이러한 노하우나 암묵적 지식, 경험과 같은 것들은 인쇄되어 유통되지 않는다.

실제로 기업의 문제 해결 사례들을 봐도 공식적으로 인쇄되어 유통되는 정보가 회사의 복잡한 비즈니스 문제를 해결한 경우는 그다지 많지 않다. 이렇게 말을 하면 여러분은 조금 혼란스러울 것이다. 공개된 정보로 비즈니스 문제를 해결할 수 없다면 왜 우리는 공개 정보를 그렇게 수집하려고 하는 것일까? 그것은 바로 그 공개 정보를 통해 사람을 찾을 수 있기 때문이다. 공개 정보를 통해 여러분이 필요로 하는 정보를 가지고 있거나 여러분의 비즈니스 문제를 해결하는데 도움을 줄 수 있는 사람을 찾을 수 있기 때문이다. 결국, 가장 중요한 정보는 사람에게서 나오기 때문이다. 바로 이러한 이유 때문에, 우리 회사가 가지고 있는 비즈니스 이슈와 관련된 공개 정보를 우선적으로 찾아야 하는 것이다. 만약, 이러한 공개 정보가 없다면 여러분이 필요로 하는 사람을 찾는데 상당한 어려움을 겪을 것이기 때문이다.

남들이 무시하는 정보원에 주목하라

경쟁정보가 새로운 기회를 포착하고 위기를 인식하는 것이 목표라면 어디부터 봐야할까? 이상하게 들릴지 모르지만 구인·구직 사이트가 중요한 정보원이 될 수 있다. 제약 산업을 예로 들어 보자. 잡 헌팅 사이트에서 키워드를 던져 보면 전혀 생각지도 못했던 엄청난 숫자의 경쟁자들이 활동한다는 사실에 놀랄 것이다. 이런 간단한 검색을 통해 어떤 기업들이 어떤 분야에 관심을 가지고 있는지, 또 어떤 치료법을 개발하고 있는지에 대한 탐색이 가능하다.

예컨대, Monster.com에서 obesity(비만)라는 키워드로 검색해 보면 수십 개 정도의 구인 광고를 볼 수 있다. 기업들을 보면 제약사뿐만 아니라 수많은 신생 바이오 회사, 의료기기 회사, 건강센터 등 다양한 종류의 기업들이 경쟁을 하고 있다는 것을 알 수 있다. 비만은 비교적 새로운 시장이라고 할 수 있기 때문에 경쟁자들은 어디서든 나타날 수 있다. 비만의 경우, 새로운 의료기구나 라이프스타일 치료법이 약을 복용하는 것보다 훨씬 경제적이고 효과적인 것으로 증명될 수도 있고 건강관리를 통한 접근법이나 동종요법, 한방치료가 제약사의 약품을 대체할 수도 있다. 구인 광고를 검색하는 것은 가장 짧은 시간에 산업과 시장 동향을 포괄적으로 파악할 수 있는 매우 신선한 방법이다.

또, 요즘에는 투자자 컨퍼런스에 적극 참여해야 한다. 더 이상 기술 컨퍼런스만을 참석해서는 안 된다. 그곳에서는 바이오 기업, 전통적 제약사, 투자 그룹들 사이에서의 토론과 융합이 그 어느 때보다 활발하게 이루어지고 있기 때문이다. 어떤 투자자 컨퍼런스는 제약 산업의 변화와 제약사들의 경쟁 활동을 한눈에 파악할 수 있는 빅 포럼이 되고 있다. 너무나 당연한 말이지만 임상적, 재무적 효과성을 입증하는 것이 과학적 이론을 만드는 것보다 훨씬 중요하기 때문에 산업을 경제적 관점에서 진단할 수 있어야 한다. 결국, 제약 산업에서는 의약품 처방집(formulary) 등록 경쟁에서 이기는 것이 최종적으로 승리하는 것이기 때문이다.

제약 산업에서는 새로운 징표를 포착하는 방법으로 블로그와 채팅룸을 추적하는 것이 의외로 큰 도움이 된다. 많은 CEO들이 cafepharma.com과 같은 블로그나 채팅룸을 시간이나 낭비하는 것으로 묵살하는 것을 자주 보았다. 이런 사이트에서 오가는 얘기들은 근거도 없고 허풍도 심하며 자기 목소리만 크게 내는 쓸데없는 것으로 치부해 버린다. 그러나 다시 한 번 강조하지만 논문, 특허, 시장보고서, 협회지 등 공식적으로 공표되고 인쇄된 정보만으로는 한계가 있다는 것을 알아야 한다. 물론, 이러한 블로그나 채팅룸 사이트가 노이즈만으로 가득한 곳도 있고 검증되지 않은 정보도 많다. 그러나 제대로 된 사이트를 잘만 활용하면 시장의 움직임을 간파할 수 있는 신선한 정보원이 될 수 있다. 예컨대, cafepharma의 게시판을 통해 제약사의 영업사원들이 그들이 판매하고 있는 의약품을 어떻게 생각하고 있고, 시장에서의 위치를 어떻게 바라보고 있는지를 알 수 있다. 이러한 블로그나 게시판이 경쟁사들의 전략적인 비밀을 직접적으로 누설하지는 않지만 시장의 현실을 읽고 경쟁사의 의도를 예측하는데 많은 도움을 준다. 이러한 블로그의 정보를 검증하고 확인하는 노력을 통해 남들이 보지 못하는 살아 있는 알짜배기 정보와 진정한 통찰력을 얻을 수 있다. 다음은 제약사가 모니터링 할 필요가 있는 몇몇 파워 블로그들이다.

첫 번째는 DrugWonks다. 이 블로그의 모토는 "오늘의 제약 정책에 대한 토론"이다. 비영리기구인 공익의약센터(Center for medicine in the public interest)에서 운영하고 있는데 전 FDA 커뮤니케이션 책임자인 피터 피츠가 지원하고 있다. FDA 이슈, 메디케어, 헬스케어 지출 등에 대해 분석하고 토론한다. 다음은 Patent Baristas다. 두 명의 특허 전문 변호사가 운영하는 블로그로 지식재산권과 관련된 이슈들을 추적하고 토론한다. 제네릭, 특허침해, FDA 경고장, IP 소송 등에 대한 이슈를 다룬다. 또 하나는 Pharma's Cutting Edge다. 생명과학 컨설턴트가 운영하는 블로그로 임상 연구, 영업과 마케팅, 안전성 규제와 관련된 이슈들을 다룬다.

가까이에 있는 도구를 잘 활용하라

여러분 중에 혹시 영국의 로스차일드(Rothschild) 일가 얘기를 알고 있는 사람이 있을지 모르겠다. 영국에서 금융업을 하던 로스차일드는 워털루에서 나폴레옹이 패배한 것을 가장 빠르게 파악한 후 영국의 금융시장을 장악했다. 어떻게 한 것일까? 그는 오늘날의 이메일과 같은 기능을 하는 전서구를 정보 수집 도구로 이용했다. 1815년, 영국에 있던 로스차일드는 워털루 전투에서 나폴레옹이 패배했다는 사실을 전서구를 통해 가장 먼저 알았다. 이 소식을 듣자마자 그는 보유하고 있던 채권을 모두 팔았다. 이것을 본 사람들은 영국의 윌링턴이 패배한 것으로 생각하여 채권을 헐값에 모두 내놓았다. 채권 가격이 가장 밑바닥까지 떨어지자 로스차일드는 시장에 나와 있던 채권들을 모두 사들여 엄청난 이득을 봤다. 전서구와 경쟁정보를 활용하여 영국의 금융시장을 장악한 것이다.

최근의 사례를 보자. 어느 제약사의 경쟁정보 담당자는 경쟁사 신약의 임상 실험을 모니터링 하다가 특정 질환의 환자 권익을 대변하는 그룹의 트위터를 발견했다. 이 그룹은 경쟁사가 한동안 중단했던 임상 실험을 다시 추진해 주기를 간절히 바라고 있었다. 얼마 후, 이 그룹이 새로운 환자를 모집하는 특별 이벤트를 통해 경쟁사를 돕고 있는 것이 모니터링 되었다. 이 트위터 피드는 약 2주 동안 계속되다가 갑자기 중단되었다. 제약사의 경쟁정보 담당자는 경쟁사가 모집 환자 수를 다 채운 것으로 추정했다. 바로 이와 같은 시그널이 기업에서 알아차려야 할 일종의 특종 정보다. 의사결정에 필요한 정보는 수백 페이지 분량의 보고서일 필요도 없고, 온갖 용어로 화려하게 장식된 파워포인트 슬라이드일 필요도 없다. 이 트위터 피드 하나로 경쟁사의 향후 움직임을 예측할 수 있는 것이다.

만약, 이 제약사의 경쟁정보 담당자가 경쟁사의 트위터를 모니터링하지 않았더라면 경쟁사가 임상 실험을 다시 시작한다는 사실을 놓쳤을 것이다. 이 경우에는 환자를 모집한다는 대규모 메일링도 없었고, 홈페이지 게시판을 통한 광고나 전단지와 같은 요란한 홍보도 없었다. 잠시 트위터를 통해 반짝 나타났다가 사라진 것이 전부였다. 경쟁사는 그들의 움직임이나 변화를 다른 기업들이 인식하지 못하도록 이런저런 연막작전을 쓸 것이다. 그러나 아무리 비밀리에 기업 활동을 하려고 해도 오늘날에는 모든 것들이 그물망처럼 연결되어 있기 때문에 대부분의 비즈니스 활동이 외부로 공개될 수밖에 없는 구조로 되어 있다. 그것을 포착하고 못하고는 기업들 각자의 선택과 능력인 것이다.

우리는 지금 얼마나 좋은 정보 환경에서 살고 있는가? 우리 손안에 있는 스마트폰, 인터넷, 소셜 네트워크, 너무나 좋은 정보 수집 도구들이다. 오늘날 우리들은 로스차일드가 사용했던 전서구와는 비교할 수 없을 정도의 첨단 도구들을 가지고 있음에도 불구하고 이러한 것들을 제대로 활용하지 못하고 있다. 이러한 것들은 어떻게 사용하는가에 따라 그 활용도와 효과는 그야말로 천양지차다. 이러한 것들을 소소한 일상생활의 재미로만 사용하는 것과 비즈니스 관점에서 어떻게 사용할 것인가를 고민하는 것은 완전히 차원이 다른 것이다.

경쟁사의 움직임을 예측하기 위한 정보 수집 전략

2010년 6월에 아이폰 4가 출시되자마자 차기 모델인 아이폰 4S에 대한 소문이 떠돌기 시작했다. 화질이 좀 더 뛰어난 카메라, 빠른 처리 속도, 커진 스크린, 대화 기능, 무선 충전 등 이런저런 최신의 기능이 탑재된 모델이 될 것이라는 추측들이 무성했다. 우리는 지금 어떤 추측들이 사실이었는지 알 수 있다. 그러나 이러한 추측뿐만 아니라 애플이 무엇을 하려고 하고 있고, 얼마나 잘할 수 있을 것인가에 대해서도 예측할 수 있다.

어떻게 알 수 있을까? 전략 맵을 만드는 것이다. 하버드 경영대학의 로버트 카플랜(Robert Kaplan)과 데이비드 노턴(David Norton) 교수에 의해 개발된 전략 맵은 비교적 간단한 다이어그램 형태의 그림으로 표현될 수 있는데, 이 전략 맵을 통해 기업의 전략적 목표와 운영상의 지표들을 연계함으로써 기업의 미래 움직임을 예측할 수 있다.

예컨대, 스타벅스를 보자. 스타벅스는 커피나 음료 이상의 그 무엇을 팔기 때문에 다른 브랜드에 비해 높은 가격을 받는다고 말한다. 소위 말하는 라이프스타일을 판다는 것이다. 스타벅스의 전략 맵은 스타벅스의 사회적 네트워킹이 얼마나 성장하고 있는지, 스타벅스와 지역 사회와의 동반자 관계를 통해 스타벅스의 보급률이 얼마나 확대되는지, 사람들이 스타벅스에서 얼마나 편안함을 느끼고 또 얼마나 오랫동안 머물고 있는지를 측정한다. 반면에 던킨도넛은 어떤가? 던킨도넛은 설탕이 가미된 패스트푸드를 주로 판매하며 전통적인 광고에 집중하고 있다. 던킨도넛의 전략 맵은 스타벅스와 전혀 다른 측정 지표를 가지고 있다.

자, 이번에는 델컴퓨터를 보자. 델의 전략 맵은 가장 효율적인 방법으로 개인용 컴퓨터와 노트북을 사람들에게 제공하는 것이 핵심인 기업임을 보여주는 지표들로 구성되어 있다. 단가를 낮추기 위한 델의 전략은 조립 비용, 주문 처리 시간, 재고 자산 회전율, 온라인을 통한 고객 지원과 같은 지표들을 모니터링하고 향상시키는 데 집중되어 있다. 반면, 애플의 전략 맵은 완전히 다르다. 애플은 사용 편의성을 향상시키는 데 맞추어져 있다. 애플의 측정 지표는 소프트웨어와 하드웨어의 통합 정도, 디자인 수준, 탑재된 미디어 콘텐트의 활용도, 공급망의 타이밍 등으로 이루어져 있다.

그런데 이렇게 만들어진 전략 맵이 경쟁사의 움직임을 예측하는 데 매우 중요한 방향성과 단초를 제시해 주는 것은 분명하지만 이것은 단지 출발점에 불과하다. 경쟁사의 의도를 제대로 이해하고 그러한 의도를 실행할 수 있는 능력이 있는지를 파악하기 위해서는 각각의 지표들을 정밀하게 관찰할 필요가 있다. 결국, 중요한 것은 누가 그러한 지표들에 대해 알고 있고, 무엇을 알고 있는지를 파악하는 것이다. 물론, 이러한 것들을 파악하기 위해서는 약간의 집요함이 필요하다.

자, 그렇다면 경쟁사의 의도와 실행 능력을 어떻게 알 수 있을까? 예컨대, 어떤 기업이 경쟁사인 할리 데이비슨 모터사이클(Harley-Davidson Motor-cycles)을 분석한다고 치자. 할리 데이비슨 모터사이클의 본사는 미국 위스콘신주 밀워키(Milwaukee, Wisconsin)에 있다. 밀워키에 있는 지역신문들은 할리 데이비슨에 관한 많은 기사를 내보낼 것이다. 반면, 타임이나 비즈니스위크와 같은 국제적 저널에서는 특정 기업인 할리 데이비슨에 관한 기사를 찾기가 어려울 것이다. 또, 이런 경우도 있다. 할리 데이비슨에 부품을 납품하는 공급사의 웹사이트에서는 알 수 없는 것들이 공급사가 위치한 지역의 언론 보도 자료를 보면 알 수도 있다. 어떤 경우에는 자사의 구매 담당 직원과 공급사 직원들과의 대화 가운데 우리가 찾는 정보가 숨어있을 수도 있다.

조금 더 구체적으로 알아보자. 앞서 얘기했던 아이폰 4S의 경우, 사용 편의성과 관련된 측정 지표는 유리 케이스, 앱, 조립 등을 납품하고 있는 아이폰 공급사들을 추적함으로써 파악할 수 있다.

우선, 아이폰 부품 공급사 중의 하나인 코닝(Corning)의 고릴라 글래스(Gorilla Glass)에 무슨 일이 생기고 있는지 알아보자. 코닝이 생산하고 있는 유리는 대부분의 전자 기기에 사용되고 있는데 스크래치가 적게 나고 잘 깨지지 않기 때문에 보호용 유리재로 폭넓게 사용된다. 몇 년 전에 코닝은 점점 증가하는 시장의 요구에 대응하기 위해 미국 켄터키주의 해로즈버그와 일본의 시즈오카에 설비 확장을 위한 공장 신축을 한다는 계획을 공공연하게 발표했다. 물론, 코닝은 그들의 핵심 거래처인 애플의 아이폰에 대해 구체적으로 언급하지는 않는다. 그러나 코닝과 같은 아이폰 핵심 부품 공급사의 계획을 면밀히 관찰하면 아이폰 유리의 디자인과 물량에 관한 귀중한 정보를 얻을 수 있다.

케이스의 경우 아이폰 4S가 기존 모델과 다른 고객 지향적인 모양을 추구한다면 과연 누가 이 아이폰 4S를 디자인할 것이고, 시간은 얼마나 소요될 것인가에 대해 생각해 볼 필요가 있다. 앱의 경우도 마찬가지다. 앱 디자이너들의 세계에서 요즘 어떤 일들이 일어나고 있고 어떤 것이 이슈가 되고 있는지를 살펴볼 필요가 있다. 일부 열광적인 디자이너들은 사용 편의성을 위해 스마트폰에 말을 하면 앱이 실행되는 것을 만드는데 골몰하고 있다. 그렇기 때문에, 앱 디자이너들과 많은 얘기를 나누고 앱 디자인과 관련된 공개 포럼과 컨퍼런스에 참석하여 최근의 이슈들을 모니터링 해야 한다.

아이폰의 조립은 대만 기업인 폭스콘(Foxconn)의 중국 공장이나 대만의 패가트론(Pegatron)에서 하고 있다. 따라서 애플의 경쟁사들은 이러한 기업들의 공장 주변에서 어떤 말들이 오고 가는지 관심을 가져야 한다. 애플 내부에서는 차기 제품의 특성에 대해 절대 보안을 유지하겠지만 애플 제품을 조립하는 공급사들 주변에서는 사람들의 대화 속에서 아이폰 4S에 관한 말들이 오고 갈 수 있기 때문이다.

전략 맵을 구성하는 지표들과 이러한 지표들의 움직임을 추적할 수 있는 다양한 정보원들을 따라가는 과정을 통해 제품의 스타일과 특성, 생산량 예측 등 경쟁사의 의도와 움직임을 파악하는 데 필요한 소중한 정보를 얻을 수 있다. 아이폰 8은 이미 늦었을 수도 있다. 그러나 아이폰의 신규 모델 출시는 계속될 것이고 전략 맵은 지금 그들이 무엇을 하려고 하는지를 말해 줄 것이다.

남들이 알지 못하는 고급 정보 수집 방법

이번 장에서는 관점을 조금 달리하여 각국 정부나 정부 산하기관이 보유하고 있는 문서나 자료를 입수하여 기업이 원하는 것을 얻는 방법에 대해 알아보자. 아, 오해하지 말길 바란다. 불법 스파이 활동을 하자는 말이 아니다. 합법적으로 정부문서 공개제도를 이용하는 것을 말하는 것이다. 우리나라를 비롯한 많은 국가에서 정부문서 공개제도를 운영하고 있는데 가장 적극적으로 정보공개 정책을 추진하고 있는 미국을 중심으로 살펴보자.

미국은 정보자유법(Freedom of Information Act, FOIA)을 근거로 정부기관이 보유하고 있는 정보를 공개하도록 되어 있다. 1966년에 제정되었는데 미국의 국민은 물론, 전 세계의 누구라도 연방정부나 주정부, 정부 산하기관이 보유하고 있는 문서나 자료의 공개를 청구할 수 있다. 정보자유법 홈페이지(www.foia.gov)를 통해 신청하면 된다. 물론, 모든 종류의 정보가 공개되지는 않는다. 국가 안보, 개인 사생활 침해 등 법률이 정한 9개 항목에 해당되면 비공개 정보로 분류되어 공개하지 않으며 이러한 사유를 정보공개 신청자에게 통지하게 되어 있다.

정보자유법 홈페이지에는 공개 요청에 대한 처리 현황이 게시되는데 요청 건수가 매년 수십만 건에 이른다. 2016년도를 보면 총 49만 건의 정보공개 요청이 있었는데 그중 약 18만 건이 요청한 대로 공개되었고, 27만은 부분적으로 공개되었으며, 4만 건 정도가 거부되었다. 정보자유법에 따르면 정부기관이 정보공개 요청서를 받으면 10일 이내에 복사본을 제공하도록 되어 있다. 대부분은 무료이지만 기관에 따라 약간의 수수료를 받는 곳도 있다.

그런데 정보공개를 요청하면 요청한 사람이나 기업도 기록된다. 따라서 누가 이 정보를 요청했는지에 대한 정보 요청을 하면 누가 이 정보를 입수했는지도 알 수 있다. 기업들은 누가 자사의 정보를 수집하고 있는지를 파악하기 위해 이 제도를 활용하기도 한다. 경쟁사가 자사의 무엇을 알고 싶어 하는지를 알 수 있기 때문이다. 경쟁사가 자사의 어떠한 정보를 알고 싶어 하는지를 안다는 것 자체로도 매우 중요한 정보가 될 수 있는 것이다. 그래서 대부분의 기업들은 컨설팅 기관이나 로펌 등을 통해 정보공개 요청을 한다.

대부분의 국가에서 그러하듯이, 미국 내에서 기업 활동을 하기 위해서는 환경보호국(Environmental Protection Agency, EPA)이나 증권거래위원회(Securities and Exchange Commission, SEC) 등 이런저런 정부기관에 기관들과 관련된 기업 정보를 제출해야 한다. 물론, 이런 기업 정보 중에는 공개가 가능한 정보가 있는가 하면, 기업 기밀로 유지되어 공개를 하면 안 되는 정보도 있다. 따라서 기업이 기밀로 유지되기를 원하면 공개되지 않는다. 그러나 많은 기업들이 이러한 것에 대해 잘 모르고 기업 기밀을 유지할 수 있는 권리 행사를 태만히 하는 경우가 많다. 일단, 어떤 문서나 자료가 정부기관에 제출되고 비밀로 분류되지 않으면 이러한 것들은 언제나 정보자유법을 통해 공개될 수 있는 것이다.

그런데 이러한 정보자유법을 가장 많이 활용하는 그룹이 누구라고 생각하는가? 통계에 의하면 기업에서 가장 많이 이용하는 것으로 나타났다. 정보공개 요청의 약 50%가 비즈니스와 관련된 것들이다. 예컨대, 정부조달 물품 계약 관련 정보나 환경, 보건 등 미국 정부의 규제 정책을 심도 있게 분석하려는 전 세계의 기업들이다. 여러 산업 중에서도 식품의약국

(FDA)의 규제를 가장 많이 받고 있는 제약사들이 정보자유법을 가장 적극적으로 이용한다.

예컨대, 식품의약국이 제약사 A를 조사한 적이 있다. 경쟁사 B는 식품의약국이 A사의 무엇을 조사했는지를 알고 싶어 한다. 이러한 정보를 통해 경쟁사 B는 식품의약국의 검열을 통과하는 데 중요한 정보를 확보할 수 있기 때문이다. 또, 변호사들이 정보공개 제도를 적극적으로 활용하고 있다. 캐나다의 한 변호사는 일 년에 약 700건의 정보공개 요청을 한다. 소송 당사자를 대신하여 정보를 수집하고 이를 연방정부와의 소송에 활용하는 것이다. 정보공개 제도를 잘만 이용한다면 수십만 명의 정부기관 직원들을 자사의 훌륭한 정보요원으로 쓸 수 있는 것이다.

물론, 정보자유법을 이용하여 정보를 수집하는 것이 우리나라 등기소에서 토지나 건물의 등기부등본을 떼는 것처럼 그리 간단한 것은 아니다. 왜냐하면, 우리가 원하는 정보가 주정부에 있는 것인지, 연방정부에 있는 것인지, 아니면 정부의 어느 산하기관에 보관되어 있는지를 알아야 하기 때문이다. 이러한 것들을 정확하게 알고 있어야 신청 양식에 맞게 요청을 할 수 있다. 그런데 이런 정보원을 찾아가는 과정 역시, 그리 간단한 일이 아니다. 정부기관들의 역할과 기능 등을 알아야 하고 앞서 언급했듯이, 연방정부에 없는 자료가 주정부에 있을 수 있고, 주정부에 없는 자료가 연방정부에 있을 수도 있기 때문이다. 또 정보원을 파악하여 요청을 했다고 하더라도 우리가 원하는 정보를 한 번에 말끔한 보고서 형태로 받을 수 있다는 생각은 버려야 한다. 복사된 자료 뭉치들이다. 전혀 관련이 없거나 일부 자료만이 올 수도 있고, 보유하고 있지 않다는 답변이 올 수도 있다. 그러나 여기에서 포기하면 안 된다. 정보자유법을 통한 정보 수집은 지속성과 집요함이 필요하기 때문이다. 물론, 그 대가는 그 어느 정보보다도 달콤하다. 기업의 정보수집 전략에 대해 좀 더 깊이 있는 이해를 원하면 레오나드 펄드(Leonard fuld)의 『The new Competitor intelligence』(1994, Wiley)를 추천한다. 20년이 지난 오래된 책이지만 비즈니스 정보수집 전략의 지침서가 될 만한 책이다. 아쉽게도 우리말 번역서는 없다.

사례 1: 연료 첨가제 시장에서 경쟁하고 있는 한 회사는 해외에 주둔하고 있는 미군에게 제트 연료 첨가제가 얼마나 공급되고 있는지를 알고 싶었다. 국방부의 연료소비 관련 정책기관(Department of Defense Fuel Spending, Supply, Acquisition, and Policy)에 자료 요청을 하여 미군에게 선적된 연료 첨가제의 양과 가격 등이 포함되어 있는 정부 계약에 대해 알 수 있었다. 자료에는 해외기지에 첨가제를 운반했던 유통사업자에 대한 정보도 포함되어 있었다. 이로 인해 이 회사는 신제품에 대한 전체 수요량과 시장가치에 대한 조사를 쉽게 끝낼 수 있었다.

사례 2: 미국에 있는 모든 화학제품 생산 기업들은 화학물질 제조 현황 보고서(SARA Tier Reporting)를 기업이 위치하고 있는 주(state)의 관련 기관에 제출해야만 한다. 보고서에는 화학물질에 대한 상세한 설명, 재고 현황, 회전율 등이 기재되어 있다.

이러한 사실을 잘 알고 있는 A기업의 경쟁정보 담당자는 각 주의 보건복지부(department of health and human services)에 자료 요청을 하여 기업별 재고량과 회전율을 파악할 수 있었다. 여기에는 제조공장 설비에 대한 자료들도 포함되어 있었다.

※ SARA Tier Ⅰ&Ⅱ Reporting: 위험한 화학물질을 10,000파운드 이상 생산할 수 있는 시설을 보유하고 있는 기업은 연차보고서를 주(state)의 비상대책위원회(State Emergency Response Commission, SERC), 지역비상계획위원회(Local Emergency Planning Committee, LEPC), 지역별 소방서와 같은 응급 대응 기관에 매년 3월 1일 이전에 제출해야 한다. 1970년도에 제정된 산업안전보건법(Occupational Safety and Health Act)에 근거하여 추진되고 있는데 연차보고서에는 화학물질의 재고 현황 등이 포함되도록 규정되어 있다.

(출처: https://www.scribd.com/document/18059847)

2. 정보 분석, 집중력과 습관이 전부다

분석이라는 말 대신 다른 좋은 용어가 있었으면 좋겠다. 왜냐하면, 많은 사람들이 분석이라는 말에 알레르기 반응을 보일 수도 있기 때문이다. 이 말이 복잡한 방정식이나 통계, 회귀 분석과 같은 것을 연상시키기 때문이다. 그러나 걱정하지 않아도 된다. 분석이란 것은 그렇게 복잡할 필요가 전혀 없다. 분석은 수집된 정보를 다양한 방법으로 분류하고 통합하여 상식과 경험을 접목하는 과정에 불과하기 때문이다. 경쟁사 분석, 산업 분석, 시장 분석, 기술 동향 분석 등을 하기 위해 통계학이나 수학을 다시 공부할 필요는 없다.

자, 그렇다면 어떻게 시작을 해야 할까? 가장 중요한 것은 누구나 이해할 수 있는 평범한 언어로 분석을 하는 것이다. 기업이 당면한 문제를 CEO와 직원들이 공유하면서 해결하는 것이 목적이기 때문이다. 그런데 많은 기업들이 복잡하고 어려운 이런저런 분석 모델에 사로잡혀 있는 경우를 자주 볼 수 있다. 이러한 분석 모델들은 복잡한 알고리즘과 많은 데이터를 필요로 하고 상당한 예산과 시간이 투입되지만, 정작 기업이 필요로 하는 것은 제시해 주지 못하고 단지 수십, 수백 장의 파워포인트 자료만을 생산해 내는 경우가 많다.

특히, 비즈니스 조기경보를 위한 분석은 산업, 시장, 기술, 규제 등 자사의 미래 방향성에 영향을 미칠 수 있는 요소들을 다양한 관점에서 이해하여 통찰력을 얻는 것이 목적이므로 너무 지나치게 세부적인 것에 집착하여 큰 그림을 보지 못하는 우를 범해서는 안 된다.

그런데 2부에서도 언급했지만, 대부분의 기업들은 운영 효율성에 모든 것이 맞추어져 있다. 운영 효율성은 말 그대로, 현재의 것을 좀 더 잘 하자는 것이다. 다시 한 번 강조하지만, 운영 효율성이라는 것이 전략적 방향성과는 전혀 다르다는 것을 정확히 인식해야 한다. 자, 그러면 수집된 정보를 어떻게 바라보고 분석할 것인가? 예컨대, 자사의 산업과 관련된 신문기사를 면밀히 검토하면서 기업 현장에서의 경험과 연계시켜 생각해 볼 때, 그 기사가 담고 있는 행간의 의미를 파악할 수 있다. 이것이 분석의 시작이다. 여러분이 관심을 가지고 있는 산업, 시장, 기술, 경쟁사 등과 관련되어 있는 이런저런 자료나 기사들을 한 번 읽고 버리지 말고 하나하나 클리핑 하여 컴퓨터 파일로 정리하는 습관을 가져보길 바란다. 이런 습관을 통해 수집된 다양한 정보들을 서로 비교하고 연결시키다 보면 산발적으로 보아서는 알 수 없었던 새로운 사실들을 발견할 수 있고, 새로운 시각을 얻을 수 있다. 이러한 습관이 바로 분석의 시작이라고 할 수 있다.

포커스와 타이밍이 중요하다

2부에서 강조했듯이, 조기경보의 핵심은 포커스와 타이밍이다. 여기에서 포커스라는 말이 의미하는 것은 여러분의 기업과 관련되어 있는 산업과 시장, 기술에 집중해야 한다는 말이다. 그러나 이것이 말처럼 그리 쉬운 것이 아니다. 요즘 같은 융복합 시대에는 우리 회사가 어느 산업에 속해 있고 어느 시장에서 누구와 경쟁하고 있는지를 정확히 파악하는 것도 쉽지 않기 때문이다.

또 너무나 당연한 말이지만, 조기경보는 타이밍이 가장 중요하기 때문에 시간을 현명하게 써야 한다. 가장 적절한 타이밍에, 가장 적합한 정보가 분석되어 의사결정에 활용되어야 하기 때문이다. 관련성이 없는 산업이나 시장, 잘못 선정된 기술과 경쟁사를 조사하고 분석하느라 시간을 낭비할 여유가 없다. 정보는 유통기한이 있는 식품과 같아서 제때에 사용하지 않으면 아무런 쓸모가 없는 것이다. 버스가 떠난 뒤에 제아무리 훌륭한 분석을 한들 무슨 소용이 있겠는가? 따라서 분석 타이밍의 중요성은 아무리 강조해도 지나치지 않다.

제발 덮어놓고 SWOT 분석만을 하지 마라

다음은 올바른 분석 모델을 찾는 것이다. 분석을 하기 전에, 무엇 때문에, 어떤 문제를 해결하기 위해 분석을 하는지를 명확히 인식하고 있어야 한다. 그냥 남들이 하니까 습관적으로 스왓(SWOT) 분석이나 벤치마킹만을 해서는 안 된다. 또, 어떤 분석 모델을 사용할 것인가를 결정하기 전에 정보 수집을 시작한다면 정보 분석에 필요 없는 잘못된 정보를 수집하느라 시간만 낭비할 수 있다. 따라서 반드시 정보 수집 전에 분석 모델에 대한 이해를 바탕으로 정보 수집에 들어가야 한다.

예컨대, 기업에서 알고 싶은 것이 산업의 구조나 변화라면 포터의 5 세력 모델(Five Forces Model)을 사용해야 한다. 또, 경쟁사의 향후 움직임을 예측하고 싶다면 4 코너(Four Conners) 분석과 비즈니스 워게임과 같은 전략 시뮬레이션을 해야 한다. 경쟁사의 신제품 출시시기를 예측하기 위해서는 타임라인 분석을 해야 하고, 제품의 시장 성숙도에 따라 전개되는 문제점과 대처 방안에 대해 알기를 원하면 제품 수명주기 분석을 해야 한다. M&A 를 염두에 두고 있는 기업 CEO의 생각을 읽고 싶으면 프로파일 분석이 유효할 것이다. 이처럼 어떤 문제를 해결하기 위해서 어떤 분석 모델을 쓸 것인가에 대한 분명한 이해를 토대로 정보 수집과 분석이 진행되어야 한다.

알고 싶은 것	필요한 분석 모델
산업의 구조와 변화	5 세력 모델
자사 전략의 시장 경쟁력	비즈니스 워게임
미래의 기업환경 변화	시나리오 분석
우리 회사의 맹점	블라인드 스팟 분석
경쟁사의 의도와 움직임	4 코너 분석, 전략 맵
비즈니스 사건의 발생 시기	타임라인 분석
시장 성숙도에 따른 대응전략	제품 수명주기 분석
경쟁사 CEO의 의사결정 성향	프로파일 분석
기술과 시장동향	3P(Patent, Paper, Product) 분석
시장 참여자들의 상호작용	공급사슬관리(SCM) 분석

나만의 비즈니스 예측 기법을 만들어라

이 책 전반에 걸쳐서 설명하는 이런저런 가이드를 통해 여러분은 다양한 정보와 만나게 될 것이다. 정보 수집 이후, 분석에 들어가기 전에 여러분이 당면하게 되는 가장 큰 문제는 어떤 정보가 과연 신뢰성 있는 정보인지를 결정하는 것이다. 이를 위해 여러분이 수집한 정보나 데이터에 신뢰도에 따라 등급을 한번 매겨볼 것을 권고한다. 예컨대, 3, 2, 1과 같이 점수를 주는 것이다. (3, 2, 1 = 신뢰도가 높은 것부터 낮은 순으로) 이러한 방법은 미국의 정보기관에서 주로 사용하는 방법이다. 3=사실(적어도 두 개 이상의 정보원을 통해 확인된 것), 2=다소 신뢰(하나의 정보원에서 확인된 것), 1=루머(상충되는 정보가 존재하거나 정보원이 확인되지 않은 것)

이러한 단순한 방법을 통해 가장 신뢰성 있는 정보를 선별하여 분석할수 있다. 그러나 등급이 제대로 매겨졌는지를 확신하기 위해서는 수개월,경우에 따라서는 수년 동안 조사하고 추적할 필요도 있다. 예컨대, 루머수준의 정보를 모니터링 한 결과, 시간이 지남에 따라 상당 부분이 사실로드러날 수도 있다. 이것은 루머에 대해서도 관심을 가질 필요가 있다는 것을 말해 주는 것이다. 이와 같은 과정을 통해 여러분의 산업에서 어떤 정보가 어떤 형태로 유통되는지 또, 어떤 종류의 정보원을 유심히 살펴야 하는지를 판단할 수 있다. 이를 통해, 여러분만의 고유한 정보 수집 전략과비즈니스 예측 기법을 창조할 수 있다. 자, 백문이 불여일견이라고 했다.하나의 분석 사례를 보자.

분석 사례 : 비즈니스 타이밍 예측 기법

이 사례는 A 제약사가 경쟁사의 신약 출시시기를 예측한 경우다. A 제약사는 경쟁사가 OTC 약품(의사의 처방 없이 살 수 있는 약)에 대해 미국 식품의약국(FDA)으로부터 승인을 받았다는 것을 알았다. 따라서 경쟁사의 OTC 약품은 A 제약사와 직접적으로 경쟁하게 될 것이 명백해졌다. 그런데 이번에경쟁사가 받은 FDA 승인은 최종적으로 약품을 생산, 판매하는 것을 승인하는 것은 아니고 최종 승인 전에 경쟁사가 제조설비를 갖추도록 준비하는 것을 승인한 것이다. 최종 승인은 다음 해에 있을 것으로 예상되었다.

A 제약사는 경쟁사가 언제 약품을 출시할 것인지, 그 시기를 알고 싶었다. 사전에 이러한 정보가 주어진다면 A 제약사는 최적의 타이밍에 대응

광고와 가격 전략으로 선제적인 마케팅을 할 수 있기 때문이다. 만약 A 제약사가 약품 출시 시기, 수량 등에 대한 정확한 정보를 놓친다면 수백억 원에 이르는 매출에 타격을 받을 수도 있는 심각한 상황이었다. 여기에서 중요한 것은 시간, 즉 타이밍이다. A 제약사는 경쟁사가 약품을 출시하는 데 필요한 시간을 예측해야만 한다. 이 분석의 핵심은 산발적으로 입수되는 경쟁사의 약품 출시 관련 정보를 시간적 순서에 따라 연계시키는 방법을 찾는 일이다.

타임라인은 기업들이 어떠한 순서로 일을 하는지를 차트화한 후, 이러한 일의 결과로 발생한 정보를 추적하여 타임라인 차트에 배치하는 것이다.

|그림 5-2| 시간의 흐름에 따른 일(사건, 거래)과 정보원[9]

정보원	기업 보고서	지역신문 지역개발 기관	정부 규제기관	엔지니어링 업체	건설 공급업체	설비 제조 판매 업체	구인 사이트
					발생하는 정보량		
일 (사건)	공장설립 결정	부지 선정	환경영향 평가	엔지니어링 디자인	건설	장비구매 /설치	채용
		1년		2년		3년	

이와 같은 시각화 작업을 통해 이미 발생한 일, 발생하고 있는 일, 그리

---

9) Leonard fuld, New Competitor Intelligence

고 아직 발생하지 않은 일들을 순서대로 볼 수 있다. 앞장의 정보 수집 편에서도 강조했지만, 기업은 다양한 주체들과 이런저런 비즈니스 거래를 할 수밖에 없고 기업이 원하든 원하지 않든 이러한 거래의 결과로 소문이나 정보가 발생되게 마련이다. 타임라인은 이러한 것들을 수집하고 분류하여 시간적 순서에 따라 배열함으로써 일정한 패턴을 찾는 것이다.

예컨대, M&A, 신제품 출시, 신규 시장 진출 등 대부분의 비즈니스 프로세스에는 일정한 패턴이 있다. 그렇기 때문에, 시장에서 포착한 다양한 시그널들을 개별적, 산발적으로 보지 않고 1, 2, 3, 4…N처럼 시간의 흐름에 따라 일정한 패턴을 만들어 보는 것이다. 가장 오래전에 발생한 일부터 최근에 발생한 일까지 논리적 흐름에 따라 배열한다. 일정한 순서와 패턴이 있다는 것은 이러한 일들이 서로 연관성이 있다는 것을 말해 주는 것이기 때문이다.

우리가 수집하는 정보는 시간적 순서 없이 랜덤하게 수집되기 때문에 산발적으로 보면 아무런 의미를 찾을 수 없지만 타임라인 차트에 놓고 보면 이러한 정보들 간의 상호관계를 시계열적으로 파악할 수 있고, 이를 통해 이어질 수 있는 일들을 예측할 수 있다. 설사, 정보의 일부를 놓친다고 하더라도(1, 2, 3, -, 5, -, 7) 패턴을 파악하는 데는 크게 영향이 없다.

그림 5-2는 공장 설립 결정부터 가동까지의 과정을 타임라인에 따라 배치한 것이다. 공장을 설립하여 가동하기까지는 시간의 흐름에 따라 단계별로 해야만 하는 일들이 있다. ① 공장 설립 결정, ② 위치 선택, ③ 환경영향 평가, ④ 엔지니어링 회사의 설계, ⑤ 건설, ⑥ 장비 구입, ⑦ 장비 설치, ⑧ 구인 등의 순서로 통상 진행되는데 이러한 각각의 단계별로 많은 거래와 사건들이 일어날 수밖에 없다. 그림에서 알 수 있듯이, 새로운 장비

의 설치와 플랜트 검사 등 공장의 가동이 다가올수록 정보의 발생량은 많아진다. 그런데 앞서 설명했듯이, 1, 2, 3, 5, 7과 같이 정보의 일부가 누락된다고 하더라도 언제쯤 공장이 가동에 들어갈지를 추정하는 데는 전혀 지장이 없다. 이것이 타임라인 분석의 장점이다. 단지 몇 개의 핵심적인 정보 조각만으로 일정한 패턴을 발견했다면 그것만으로도 답을 찾을 수 있기 때문이다.

경쟁사의 신약 출시 시기 예측의 경우, 타임라인 차트를 그리기 위해서는 신약 출시에 필요한 설비는 어떤 것들이 있는지, 이러한 설비들은 어떻게 작동되는지에 대한 이해와 함께 각 설비별로 얼마나 많은 사람들이 필요한지를 파악해야 한다. 이를 위해 우선, A 제약사의 공장 투어를 통해 각 설비의 용도에 대해 이해를 했다(이것은 어떤 프로젝트를 하든지 간에 반드시 필요한 절차다. 프로젝트를 수행할 사람이 제조나 서비스 과정에 대해 완벽한 그림을 그릴 수 있을 정도의 이해가 되어야만 정확한 인터뷰를 할 수 있기 때문이다). 이 외에도 A 제약사의 엔지니어링, 생산부서 사람들과의 인터뷰를 통해 기술적으로 궁금한 것들에 대한 답을 들었다. 이러한 인터뷰는 경쟁사가 어느 정도 규모의 약품을 생산할 수 있을 것인지를 예측하는 데 큰 도움이 된다. 기억하고 있지요? 경쟁사의 공장은 아직 가동되고 있지 않습니다.

OTC 약품 생산의 주요 프로세스는 화학물질의 조합, 알약 압축, 코팅, 포장의 단계를 거쳐야 한다. A 제약사를 조사하고 인터뷰한 결과를 토대로 세부 조사에 들어갔다. 제약 시장에서 활동하는 다양한 사람들과의 인터뷰, FDA 문서, 뉴스 기사 등을 통해 경쟁사의 약품 생산과 관련된 정보를 수집했다. 구인 사이트 모니터링을 통해 공장 가동을 위한 인력 채용이 시작되었다는 것을 알게 되었고 장비 업체 사람들과의 인터뷰를 통해 어떤 설비와 장비가 들어갔는지도 드러났다. 또, 공급사 사람들과의 대화를 통해 약품의 브랜드명이 밝혀졌고, 포장업체를 통해 복용량에 대해서도 알게 되었다. 이후 과립기의 용량에 대한 정보도 확보했다. 앞서 얘기했지만, 정보 수집은 약간의 집요함과 끈기가 필요하다. 또, 누구나 할 수 있는 일이지만 아무나 할 수 있는 일도 아니다. 자, 이제 이러한 정보들을 토대로 최종 타임라인을 구성할 요소들을 종합한 후, A 제약사 담당 직원들의 견해를 들었다. 다음 단계는 시간 순으로 배열하는 것이다. 우리는 이미 프로세스를 이해했기 때문에 외부로부터 입수된 사건과 정보를 연속적인 맵으로 만들 수 있었다.

최종 결론을 내리기 전에 추가 정보를 통해 타임라인을 보완했다. 그래픽 디자이너, 최종 약품을 담는 사각 골판지 상자제작 업체, 화물 운송 회사, 소매상 등 산업 내에서 활동하는 다양한 사람들과 얘기를 나눴다. 여러 설비업체들을 인터뷰한 결과, FDA가 이미 조사를 끝냈으며 약품의 생산과 관련된 설비의 인증을 받은 것이 추가적으로 드러났다.

물론, 이러한 모든 활동은 합법적인 방법으로 이루어졌다. 마지막으로 FDA 인증 일자, 채용된 직원들이 약품을 생산하는데 소요되는 시간 등을 종합하여 경쟁사가 약품 출시를 위해 충분한 약을 비축하려면 어느 정도의 시간이 소요되는지를 알 수 있었다. 이와 같은 과정을 통해, 경쟁사의 약품 출시시기를 예측할 수 있었다.

A 제약사는 경쟁사의 약품 출시 전에 할인 쿠폰, 브랜드 홍보, 판촉 활동 등을 통해 시장을 공략함으로써 선제적으로 대응했다. 여기에서 사용한 분석 기법은 타임라인이고 최종 경쟁정보는 경쟁사의 약품 출시시기를 예측하는 것이었다. 누차 강조했지만, 분산된 정보들을 단편적으로만 보면

이 정보가 어떤 의미를 가지고 있는지를 알 수 없다. 그러나 이러한 정보들이 하나하나 모여서 퍼즐을 맞추듯이 제 위치를 찾게 될 때 데이터와 정보는 인텔리전스, 다시 말하면 경쟁정보가 될 수 있다.

제6부

결론은 단순하다.
교육과 훈련으로 준비하라

Competitive Intelligence

1. CEO의 가장 중요한 일은 무엇인가?

기업을 경영하다 보면 이런저런 위기에 직면하게 마련이다. 주가의 요동부터 경쟁사의 혁신적인 기술에 이르기까지 위기의 종류도 다양하다. 이때, 기업의 운명을 책임지고 있는 CEO가 결코 하지 말아야 할 말이 하나 있다. 바로 이런 말이다. "아니, 어떻게 이런 일이 우리에게 일어날 수 있다는 말인가." 참으로 안타깝기 그지없는 말이다. 누구를 원망하겠는가. 너무나 당연한 말이지만, 기업이 생존하기 위해서는 성장해야 하고 성장하기 위해서는 혁신해야 한다. 또, 혁신하기 위해서는 산업의 변화와 시장의 움직임을 다양한 시각에서 날카롭게 꿰뚫어 보는 통찰력과 이를 행동으로 옮길 수 있는 실행력이 필요하다.

저자는 CEO들을 만날 때마다 산업과 시장이 어떻게 변해가고 있는지를 새로운 시각으로 다시 한 번 바라볼 것을 당부한다. 그렇게 하지 않으면, 기업이 생존 위기에 처할 수 있기 때문이다. 몇 년 전에 빌게이츠가 한 말이 화제가 된 적이 있다. 마이크로소프트가 가장 두렵게 생각하는 경쟁사가 어느 기업인지를 기자가 물었다. 그는 이렇게 대답했다. "나는 매일 매일 경쟁하는 눈에 보이는 경쟁사들은 두려워하지 않습니다. 차고에서 우리가 전혀 생각하지 못했던 방법으로 무엇인가를 하고 있는 사람들이 정말 두렵습니다." 빌게이츠가 왜 이런 말을 했는지를 생각해 보자. 이것이 바로 우리가 다양한 시각에서 산업과 시장을 바라봐야만 하는 이유인 것이다.

스티브 잡스는 2007년에 회사명을 애플컴퓨터에서 애플로 바꾸었다. 왜 그랬을까? 그는 컴퓨터가 범용화 됨으로써 컴퓨터 산업이 머지않아 어려움을 겪게 될 것이라는 것을 알고 있었다. 컴퓨터 산업의 한계를 미리 읽은 것이다. 대신, 세상을 깜짝 놀라게 할 그 무엇인가를 만들자고 직원들을 독려하면서 비전을 제시했다. 스티브 잡스의 이러한 비전 제시와 이를 믿고 실행하는 직원들의 노력이 아이팟과 아이폰을 만든 것이다.

CEO가 해야 할 가장 중요한 일은 무엇일까? 그것은 산업과 시장의 변화를 정확히 읽어내는 것이고 이것이 곧 조기경보가 되는 것이다. 이를 위해서는 누차 강조했지만, 기회와 위협이 될 수 있는 다양한 이슈들에 대해 CEO와 직원들이 격의 없이 치열하게 토론하면서 다양한 시각에서 산업과 시장을 바라볼 수 있어야 한다. 이러한 과정을 통해 혁신적인 아이디어와 새로운 해법이 나올 수 있기 때문이다.

인텔의 주력 사업을 메모리에서 비메모리로 전환해야 한다는 제안을 맨처음 낸 사람은 CEO인 앤드류 그로브가 아니었다. 현장에서 일하는 직원이었다. 현장의 직원들은 고객, 유통업체, 공급사, 경쟁사 영업직원 등 시장을 매일매일 접하는 사람들이다. 따라서 시장의 움직임을 가장 빠르고 정확하게 알고 있다. 이들은 책상에 앉아서 데이터베이스, 시장 보고서, 인터넷만을 뒤져서는 도저히 알 수 없는 정말 가치 있는 정보들을 알고 있다. 그렇기 때문에, CEO는 이들의 의견을 잘 듣고 이들이 아이디어와 생각을 마음껏 발산할 수 있는 기업 문화를 만들어 주어야 한다.

2. CEO와 직원들의 분명한 역할이 있다

여기에서 CEO와 직원들의 역할에 대해 생각해 보자. 우리 회사는 지금 어디에 있는지, 그리고 지금 어디를 향해 가고 있는지를 정확히 인식한 상태에서 명확한 비전과 목표를 제시해야만 하는 사람은 CEO다. 반면, 이렇게 만들어진 비전과 목표를 달성하기 위한 실행 전략을 만들고 행동으로 옮겨야 하는 사람은 직원들이다. 이것은 분명한 각자의 역할이다. 물론, 회사의 규모나 특성에 따라서는 CEO와 직원들의 일을 무 자르듯이 명쾌하게 나누기 어려운 경우가 있을 수도 있겠지만 기본적으로 각자의 역할이 있는 것이다. 이때 각자의 역할을 제대로 하지 않으면 문제가 발생하고 삐걱 소리가 나는 것이다. 예컨대, CEO가 산업과 시장에 대한 정확한 진단을 통하여 제대로 된 비전과 목표를 제시했다고 하더라도 직원들의 실행력이 뒷받침되지 않는다면 공염불로 끝나는 것이다. 마찬가지로, CEO가 방향을 잘못 잡고 있다면 직원들이 밤낮 없이 죽어라고 일을 하더라도 이는 밑 빠진 독에 물 붓는 꼴이 되는 것이다.

자, 조금 현실적으로 생각해 보자. 직원들은 지금 돈이 되는 영역에서 주어진 일을 잘하면 된다. 연구 개발 열심히 해서 좋은 제품 만들고, 마케팅하고, 판매하고, 고객 관리를 잘하면 된다. 그러나 CEO는 직원들과 똑같은 타임라인과 시각으로 비즈니스를 바라보고 똑같은 일에만 몰입해서는 안 된다. CEO는 다른 기업들이 아직 인식하지 못하는 기회를 빠르게 포착하고, 다른 기업들이 미처 인식하지 못하는 위기를 사전에 감지해야만 한다. 다시 말하면, CEO는 산업과 시장의 변화를 직시하고 꿰뚫어 볼 수 있는 통찰력으로 기업의 방향을 제대로 잡아 나가야 한다. 어쩌겠는가? 이것이 CEO의 운명이다. 이것이 부담스러우면, CEO 자리를 내려놓고 대주주로만 남는 것이 회사와 자신을 위해서 현명한 선택이다.

3. 성공한 CEO들의 보이지 않는 세 가지 능력

해외의 한 컨설팅사에서 성공적으로 전략을 만들고 실행한 전 세계 60여 명의 경영자들을 대상으로 심층 인터뷰를 했다. 이 결과에 의하면 이들은 적어도 세 가지 능력을 가지고 있었다고 분석했다. 물론, 이런 종류의 조사는 여러 논쟁거리를 만든다. 방법론은 타당한지, 신빙성은 있는 것인지 등등 이런저런 의견들이 있을 수 있다. 그러나 저자가 보기에 이 조사 결과는 상당히 타당성이 있어 보이므로 잠시 알아보자. 첫 번째 능력은 큰 그림을 볼 수 있는 능력이고, 둘째는 큰 그림 속에서 자사의 위치를 정확하게 파악하는 능력이고, 셋째는 한두 단계 미리 앞서 생각할 줄 아는 능력이라고 진단했다.

큰 그림을 볼 수 있는 능력은 교육을 통해 가능하다. 큰 그림, 소위 비즈니스 환경이라는 것은 기업에서 수십 년 동안 사용해 온 용어 중의 하나다. 2부의 3장에서 설명했듯이 큰 그림을 보고 분석하는 프레임은 있다. 그러나 대부분의 기업들이 이 프레임을 제대로 사용하는 방법을 모르고 있다. 또, 큰 그림 속에서 여러분의 기업이 어디에 위치해 있는지를 이해하기 위해서는 시장 참여자들 간의 힘의 관계를 명확히 이해한 상태에서, 자사를 제3자의 시각에서 객관적으로 바라볼 수 있어야 하고 이러한 과정을 통해 기업의 포지션을 정확히 파악할 수 있다.

그러나 한두 단계 미리 앞서 생각하는 능력은 가르쳐서 되는 것이 아니다. 왜냐하면, 이것은 정말 선천적인 능력이기 때문이다. 바둑이나 체스의 대가들은 보통 네다섯 단계를 미리 앞서 생각한다. 이것은 대단한 능력이다. 그러나 평범한 사람들이 한두 단계를 미리 앞서 생각한다는 것은 결코 쉬운 일이 아니다. 하지만 실망하지 말자. 방법은 있다. 바로, 2부의 3장에서 설명한 비즈니스 워게임과 같은 전략 시뮬레이션을 통해서 가능하다. 비즈니스 워게임을 통해 아주 구체적으로 미리 앞서 생각하고 예측할 수 있는 가상의 환경을 만들 수 있기 때문이다.

4. 가로등 아래에서만 열쇠를 찾고 있는 기업들

이미지 소스 : https://en.wikipedia.org/wiki/Streetlight_effect

"측정될 수 있는 것만이 관리될 수 있다." 피터 드러커(Peter F. Drucker)가 한 말로 알려져 있다. 맞다. 그가 한 말이다. 그런데 경쟁정보 전문가인 벤자민 길라드(Benjamin Gilad)는 이 말은 측정에 대한 그의 생각을 정확히 나타내지 못한 것이라고 지적한다. 어떤 사람들은 그가 이런 말을 하지 않았다고 주장하기도 하고, 또 어떤 사람들은 그가 말하고자 하는 본질을 사람들이 잘못 파악하여 왜곡된 것이라고 말한다. 결국, 2013년에 피터 드러커 연구소의 한 연구원은 피터 드러커 경영 이론의 전체 맥락에서 볼 때, 정작 중요한 것은 측정하지 못하면서 측정하기 쉬운 것들만을 측정하고 관리하는 것을 그가 한탄한 것이라는 칼럼을 썼다.

정보의 영향력도 가장 측정하기 어려운 것 중의 하나다. 이 정보라는 것이 눈에 보이지도 않고, 중요성이나 수준을 숫자로 나타낼 수도 없기 때문에 어떤 비즈니스의 결과도 정보 때문이라고 그 원인을 말할 수가 없다. 그래서 관리자들은 손쉽게 측정할 수 있는 지표들만을 측정한다. 피터 드러커는 이것을 우려한 것이다. 그런데 이러한 행태는 가로등 아래에서만 열쇠를 찾는 것이나 다름없다. 다시 말하면, 사람들은 눈으로 쉽게 볼 수 있는 데에서만 답을 찾으려고 애를 쓴다는 말이다.

그렇기 때문에, 대부분의 기업들은 딜레마에 빠질 수밖에 없다. 정보를 고려하지 않음으로써 중요한 기회를 포착하지 못했거나 위기를 인식하지 못한 것이 명백한 경우에도, 기업에서는 이런 상황을 어떻게 타개해 나가야 할지 당황할 수밖에 없다. 왜냐하면, 무엇을 모르고 있는지를 모르고 있기 때문이다.

5. 기업의 위기관리 능력은 교육과 훈련에서 나온다

이미지 소스 : http://www.highmountainguides.com/index.php

엄홍길과 같은 세계적 수준의 등반가가 되려면 선천적 능력과 체력이 반드시 필요하다. 그러나 타고난 능력만으로 그가 세계적인 등반가가 되었을까? 결코 그렇지 않다. 세계적 수준의 등반가들은 영하 수십 도의 혹독하고 변덕스러운 기후와 눈보라에 대비하는 체험 훈련을 하지 않고는 절대로 산에 오르는 법이 없다. 이러한 훈련 없이 등반한다는 것은 미친 짓이나 다름없다는 것을 잘 알고 있기 때문이다. 그들은 오르고자 하는 산의 기후와 지형에 대해 연구하고 보통 사람들이 사용하지 않는 산악 장비를 활용하는 법을 알고 있다. 이러한 노력과 훈련을 통해 보통 사람들이 위험으로 인식하지 못하는 미묘한 기후의 변화를 미리 감지하고 대비하는 능력을 가지게 되는 것이다. 이러한 훈련이 엄홍길을 최고의 산악인으로 만들었고, 이것이 그의 경쟁력이 된 것이다.

그럼 기업의 위기관리 능력을 높이기 위해서는 어떻게 해야 할까? 다양한 정보를 수집하고, 선별하고, 통합하는 능력이 필요하다. 여러분은 기업 활동을 하면서 이런저런 다양한 정보를 접할 것이다. 그런데 그러한 모든 정보가 진실은 아닐 것이고 보이는 모습이 전부도 아닐 것이다. 따라서 이러한 정보의 연막 속에서 시장의 실체를 정확히 꿰뚫어 볼 수 있어야 한다. 이를 위해서는 다양한 정보 조각들을 퍼즐 맞추듯이 선별하고 통합하는 능력과 함께 시장 참여자들과의 커뮤니케이션 능력이 필수적이다.

무엇보다도 중요한 것은 자신만의 관점에서 벗어나 제3자의 시각으로 산업과 시장을 바라보고 이해할 수 있는 능력일 것이다. 그런데 이런 모든 능력을 키우기 위해서는 교육과 훈련이 필요하다. 가혹한 환경에서의 훈련이 엄홍길을 최고의 산악인으로 만들었듯이 기업의 위기관리 능력 역시, 교육과 훈련이 반드시 필요하다. 이를 통해 남들보다 한발 앞서 위기와 기회를 인식하고 대응할 수 있는 능력이 생기는 것이고, 이러한 능력이 바로 기업의 경쟁력으로 이어질 수 있기 때문이다.

|표 6-1| 비즈니스 기회 포착과 위기 감지를 위한 교육 프로그램

교육 프로그램	교육 내용	소요 시간
·산업붕괴 예측 기법	산업붕괴 프로세스의 이해와 파괴적 기술 식별 기법	5
·정보수집 전략	인텔리전스 소스와 스마트한 비즈니스 정보수집 방법	5
·인터넷정보 활용 전략	SNS 활용 방법 등 Google을 뛰어넘는 인터넷정보 수집 전략	4
·블라인드 스팟 분석 (Blindspot)	기업 스스로는 보지 못하는 기업의 맹점 도출 기법	7
·밸류체인 분석 (Value-chain)	산업구조와 기업의 가치창조 활동 분석을 통해 기업의 포지션과 강약점을 파악하는 방법	6
·비즈니스 워게임 (Business war game)	자사 전략을 사전에 테스트하는 비즈니스 전략 시뮬레이션 기법	8
·시나리오 분석 (Scenario)	기업의 미래 환경을 미시적, 거시적 시각에서 예측하는 기법	6
·3P 분석 (Patent, Paper, Product)	특허, 논문, 시장분석을 통해 기업의 RnD 방향성을 제시하는 방법	4
·M&A 후보기업 선별 기법	국내외 기업 조사·분석을 통한 최적의 M&A 후보 선별 기법	5
·경쟁사 분석 방법	잠재적 경쟁사 탐색과 현재 경쟁사의 의도와 움직임을 파악하는 방법	6
·경쟁정보 구축 전략	경쟁정보 프로그램 개발과 경쟁정보 조직 운영 방법	5
·조기경보 시스템 구축 방법	조기경보 타임라인, 포커스, 프로세스 개념 및 초기 시그널 감지 방법	4

부록

참고문헌

참고문헌

서문

1. http://www.hankookilbo.com/v/f0722e8725064de3bab3a6b3025af518
2. http://www.pressian.com/news/article.html?no=119856
3. http://www.etoday.co.kr/news/section/newsview
4. 머니투데이, http://news.mt.co.kr/mtview.php?no=2014091814097677339 : 석유公, 1조원에 산 加 에너지 기업 1/10토막에 판다
5. 이투데이, http://www.etoday.co.kr/news/section/newsview.php?idxno=1072904 : 캐나다 언론도 '가우뚱'한 '하베스트 에너지' 인수

제1부

1. Leonard Fuld, Four suggestions as you face your industry's steamroller, http://www.fuld.com/blog, July 16, 2013
2. Leonard Fuld, Don't be blind-sided by industry upheavals, white paper, Fuld&Company, 2004
3. http://news.donga.com/3/all/20160111/75827221/1
4. http://www.thescoop.co.kr/news/articleView.html?idxno=20886
5. Leonard Fuld, What Do Mount St. Helens and Industry Disruptions Have in Common?, http://insights.fuld.com, 2013(3장은 상기 자료 5를 기반으로 비즈니스 환경의 변화 속도가 과거와 별반 다르지 않다는 것을 몇몇 산업의 사례를 통해 보여주고 있음)
6. Fuld-Gilad-Herring Academy of Competitive Intelligence, Unlocking the true power of competitive intelligence, CEB marketing leadership counsil, 2014
7. 클레이튼 크리스텐슨, 미래기업의 조건, 비즈니스북스, 2005
8. 프릭 버뮬렌, 비즈니스의 거짓말, 프롬북스, 2011

제2부

제1장

1. Ben. Gilade, Are data driven decisions better decisions?
   http://www.academyci.com, 2015
2. Ben. Gilade, Your big data analytics can't save your company
   http://academyci.com, 2015
3. https://www.linkedin.com/pulse/state-competitive-intelligence-lessons-from-japan
4. http://www.economist.com/news/business/21653638-prospects-shaking-up-japanese-firms-have-never-looked-so-good-winds-change
5. http://www.usatoday.com/story/money/business/2015/06/09/sony-charts-comeback-with-no-name-products/28309539/
6. http://www.reuters.com, At Sharp, decline marked by over confidence
7. 유종기, http://www.insightofgscaltex.com/?p=73765, 기업의 리스크 관리기법-위기, 새로운 가치를 창출하는 기회로 전환시켜라, 2014

제2장

1. DavidFrigstad, The journey to visionary innovation,GIL, Frost & sullivan, 2012
2. Mark S. Beasley, Bruce C. Branson, Bonnie V. Hancock, Developing Key Risk Indicators to Strengthen Enterprise Risk Management, COSO, December, 2010
3. Arjan Singh, How to Build a Strategic Early Warning System, The Next IntelCollab Webinar from Aurora WDC, 16th September, 2015
4. Paulo Gustavo Franklin de Abreu, Embraer, How good does your early warning system have to be?, www.scip.org, v(13), n(4), 2010
5. Leonard Fuld, The BIG Leap : Will tech Companies replace traditional life sciences incumbents? what's next for life sciences if big data dominates the world?, http://insights.fuld.com/blog, May 20, 2014
6. Leonard Fuld, An exercise to get your team thinking differently about the future, Harvard business review, https://hbr.org.org, Jan 23, 2015

7. Leonard Fuld, Pharmaceutical Executive, Early warning, May 2004, and The intelligence diaries, Nov 2007

8. Fuld&company, LexisNexis, Boiling the frog, A competitive intelligence story on how to expect surprises and overcome them, 2012

9. Dr. Ben Gilad, President Fuld-Gilad-Herring Academy of Competitive Intelligence Competitive blindspot analysis : A tool for the brave, scip insight, 2011

10. 현실성 떨어지는 은행 조기경보 시스템, 머니투데이 뉴스, 2012. 10. 22

제3장

1. Mark Chussil, With all this intelligence, why don't we have better strategies, The journal of business strategy, January/february, 2005

2. Mark Chussil, Why business war games work : You ask better questions, you get better strategies, www.scip.org, competitive intelligence, v=15, n=4, 2012

3. Mark Chussil, Why strategies fail, Advanced Competitive Strategies, 2011

4. Mark Chussil, You've got data. now what?, An invited chapter for starting a CI function, forthcoming in 2008(3장의 1, 2는 상기 1~4의 자료를 기반으로 기업들이 실패하는 전략을 선택하는 원인과 올바른 질문의 중요성에 대해 설명하고 있음)

5. Mark Chussil, Business simulation and war games : an interview with advanced competitive strategies, http://saulnier.typepad.com/blog/2009/03

6. Wargaming : experience the future, Booz Allen Hamilton

7. Robert Simons, Stress-test your strategy ; the 7 questions to ask by Robert Simons, HBR, November, 2010

8. Chris Bradley, Martin Hirt, and Sven Smit, Have you tested your strategy lately? http://www.mckinsey.com/insights/strategy, Mckinsey Quarterly, January, 2011

9. Fuld&company,, Healthcare War game briefing book, 2009

10. Ben Gilade, Business War game, 살림Biz, 2009

11. 리처드 루멜트, 전략의 적은 전략이다, 생각연구소, 2011

제4장

1. Stanley K. Ridgley, Exclusive Seminar on Competitive Intelligence, 2011

2. http://en.wikipedia.org : There are known knowns

3. Economist Intelligent Unit : know how managing knowledge for competitive advantage, June 2005

4. The Economist, The Three Habits highly irritating management gurus http://www.economist.com/node/14698784, http://www.economist.com, 2009

5. Scip, Early warning system : for your competitive landscape, Scip, v(10), n(3), 2007

6. Leonard Fuld, Are short ceo tenures the reason companies don't see industry disruptions coming?, http://insights.fuld.com/blog, December 2, 2014

7. Leonard Fuld, The intelligence : Boards want-and rarely receive, SCIP, 2006

8. DBR, 우연한 성공이 이어질 때, 117호(2012년 11월 issue 2)

제3부

제1장

1. Fuld&Company, Forest Laboratories : Plucked from the boiling pot, Fuld&Company White paper, 2014(제1장의 2는 상기의 자료를 토대로 작성함)

2. Leonard Fuld, Boiling the frog, how to expect surprises and overcome them-The findings of a global life science survey, 2013

3. Leonard Fuld, Boiling the frog, a global survey and report about potential industry shocks that concern life sciences executives, 2013

4. Fuld&Company, Forest Laboratories : Plucked from the boiling pot, Fuld & Company White paper, 2014

5. Clayton M. Christensen, Michael E. Raynor, and Matthew Verlinden, Skate to Where the Money Will Be, HBR, 2001

6. Rick Cartwright, Skate to where the puck is going to be, not where it has been, http://www.rickcartwright.com/blog/skate-to-where-the-puck-is-going-to-be-not-where-it-has-been/, February 11, 2011

7. Dr. Ben Gilad, Eliminating Your Blind Spots - Your Worst Enemy is Within, http://www.thoughtleadersllc.com, 2015

8. Dr. Ben Gilad,, Competitive Blindspot Analysis : A Tool for the Brave, SCIP. insight, 2011

9. Margaret Reynolds, Business Blind Spot: You Have One; Where is it?, http://www.breakthroughmaster.com/blog/business-blind-spot, 2014

10. Shaker A. Zahra Sherry S. Chaples, Blind spots in Competitive analysis, Academy of Management Executive, v(7), no(2), Fortune Magazine, 1993

11. 삼성, 바이오 의약 신사업, 위탁생산 전문업체로 키운다. http://biz.chosun.com, 2014

12. 애플 위탁생산 업체, 폭스콘, 자체 브랜드로 홀로서기 나서나? http://kr.wsj.com, 2014

13. 클레이튼 M. 크리스텐슨, 제롬 H. 그로스만, M.D., 제이슨 황, M.D, 파괴적 의료 혁신, 청년의사, 2010

14. 클레이튼 M. 크리스텐슨, 마이클 E. 레이너, 성장과 혁신, 세종서적, 2012

15. 노벨 경제학상 받은 심리학자 대니얼 카너먼, http://biz.chosun.com, 2012

제2장

1. Fuld&company, LexisNexis, Boiling the frog, A competitive intelligence story on how to expect surprises and overcome them, 2012(제2장의 1은 상기의 웨비나(webinar) 내용을 토대로 작성함)

2. Fuld-Gilad-Herring Academy of Competitive Intelligence, Unlocking the true power of competitive intelligence, with guest : CEB marketing leadership counsil, 2014(제2장의 2, 3, 4는 상기의 웨비나(webinar) 내용을 토대로 작성함)

3. Shawn Tully, How United Technologies became a top gun, FORTUNE, June 2, 2014

4. David Frigstad, The journey to visionary innovation,GIL, Frost & sullivan, 2012

5. David Frigstad, SCIP in Orlando, Florida, 2011

6. David Frigstad, The CEO's perspective on competitive intelligence, Frost & sullivan, SCIP 2010

7. 레너드 펄드, 경쟁게임에서 승리하는 기술, 예지, 2007

8. 참이슬 경쟁상대는 파브? 엔씨소프트 맞수는 미드?, 동아일보, 2009

9. 항공기 엔진, 친환경 에너지로 가볍게 비상하다. http://webzine.ts2020.kr, 2009

제4부

제1장

1. Leonard fuld, The new Competitor intelligence, 1994

2. Arjan Singh, How to Build a Strategic Early Warning System, The Next IntelCollab Webinar from Aurora WDC, 16th September, 2015

3. President's daily brief, http://en.wikipedia.org

4. The evolution of the president's daily brief, https://www.cia.gov

5. Jan P. Herring, Key intelligence topics : A process to identify and define intelligence needs, Competitive intelligence review, 1999

제2장

1. Amy Cortese, Strictly Bicycles: On the Road to Success, https://www.americanexpress.com/us/small-business/openforum, 2011

2. Dr. Ben Gilad, ACI Faculty, What a bicycle shop owner in NJ knows about competitive intelligence that many Fortune 500 companies don't, http://www.academyci.com, 2014(2장의 1은 상기의 1, 2 두 자료를 기반으로 작성함)

3. Dr. Ben Gilad, ACI Faculty, Strategy without intelligence, intelligence without Strategy, Business Strategy Series, 2011(2장의 2는 상기 자료를 기반으로 경쟁정보 없이 수립된 비즈니스 전략의 문제에 대해 설명하고 있음)

4. Halclifford, ColonyCapital, http://www.colonyinc.com/articles/news_curve.htm, 2012

5. Jan Davis Tudor, Super searchers on Mergers & Acquisitions, Cyber age books, 2001

6. Leonard Fuld, The softer side of due deligence, CI Magazine, 2003

7. Nina Platt, Competitive Intelligence in Law Firms Survey Results, Strategic Librarian, http://strategiclibrarian.com/2009/08/21/competitive-intelligence-

in-law-firms-survey, 2009

8. America's Largest 350 Law Firms, http://www.ilrg.com/nlj250/

9. ANN LEE GIBSON, 50 Tips to help you win client competitions, September. 2001. Law Practice Management : beauty contest crown, arter&hadden, turning small size to big advantage, 2001

10. Jonathan Rayner, law firm librarian play crucial intelligence role, http://www. lawgazette.co.uk, 2008

11. ANN LEE GIBSON, 33 CRITICAL QUESTIONS FOR CLIENTS, Competitive Intelligence in Law Firms ; How can you begin, LexisNexis, 2008

12. Leonard fuld and mark chodnowsky, The Art of Anticipating Disruptions, Fuld&company White paper, Jan. 2010(2장의 6은 상기 자료를 기반으로 비즈니스 조기경보 시스템을 잘 운영하고 있는 해외 기업들에 대해 설명하고 있음)

제5부

제1장

1. David Frigstad, The journey to visionary innovation,GIL, Frost & sullivan, SCIP in Orlando, Florida, 2011

2. David Frigstad, The CEO's perspective on competitive intelligence, Frost & sullivan, SCIP, 2010

3. Leonard Fuld, Embrace the business model that threatens you, HBR, May 22, 2013

4. Leonard M. Fuld, Don't be blind-sided by industry upheavals-how an early warning system helps you anticipate the future, Fuld&Company White paper, 2004,

5. Leonard M. Fuld, Be Prepared, HBR, November 2003

6. Leonard M. Fuld, The intelligence diaries, Pharmexec.com, 2007(제1장의 3은 상기의 5, 6 두 자료를 기반으로 작성함)

7. Reuters Staff, Bayer plans to raise BRIC revenue to 10 bln-paper, http://www.reuters.com/article/bayer-idUSLDE72R25020110328, 2011

8. India Appeals Body Rejects Bayer's Plea on Nexavar, http://online.wsj.com, 2013

9. India Orders First Compulsory License for Bayer's Nexavar Cancer Drug to Natco, http://www.genengnews.com, 2012

10. Fuld-Gilad-Herring Academy of Competitive Intelligence, Unlocking the true power of competitive intelligence, with guest : CEB marketing leadership counsil, 2014

11. 클레이튼 M. 크리스텐슨, 제롬 H. 그로스만, M.D., 제이슨 황, M.D, 파괴적 의료 혁신, 청년의사, 2010

12. 독일 Bayer사, 인도 특허청의 강제실시명령에 대해 불복 & 인도, 미국의 지식재산권보호 감시 대상국 지정에 항의, http://in.reuters.com/article, 2012

13. 제품정보 손쉽게 얻는 시대, 브랜드 파워 사라진다. 매경, 14. 05. 17

제2장

1. Leonard fuld, The new Competitor intelligence, 1994
   (2장은 상기 자료를 기반으로 기업의 정보수집 전략, 경쟁사 분석방법, 정보 분석 등에 대해 설명하고 있음)

2. http://insights.fuld.com/blog/bid/70405/Your-Competition-Doesn-t-Wait-To-Turn-Their-Clocks-Ahead-So-Why-Should-You

3. Leonard M. Fuld, How To Predict Your Competitor's Next Moves, http://www.forbes.com/sites/onmarketing/2011/

4. Crowley, Using FOIA for Competitive Advantage, https://www.scribd.com/document/18059847/Using-the-Freedom-of-Information-
   Act-for-Competitive-Intelligence, February 25, 2003

5. Leonard M. Fuld, Pharmaceutical Executive, Early warning, MAY 2004

6. Leonard M. Fuld, Pharmaceutical Executive, The intelligence diaries, NOV 2007

7. Larry Kahaner, Competitive Intelligence, 1997

8. 메디팜스투데이, 제약 산업 명성 추락, 2013

1. Ben Gilad, Companies Collect Competitive Intelligence, but Don't Use It https://hbr.org/2015/

2. http://www.druckerinstitute.com

3. Fuld-Gilad-Herring Academy of Competitive Intelligence, Unlocking the true power of competitive intelligence, with guest : CEB marketing leadership counsil, 2014